普通高等教育"双一流"建设社会学专业精品教材

Sociology of Development

发展社会学

鄢庆丰　主编

华中科技大学出版社
http://press.hust.edu.cn
中国·武汉

内 容 提 要

人类社会的发展已经进入了"人类命运共同体"时代，但是究竟如何来理解人类作为一个整体的发展历程，如何避免当下社会科学常识中较为普遍的"西方中心论"误区，仍然是一个问题。本教材吸取了全球史和社会学最新研究成果，率先以全球史和世界文明体系的视角，解析人类发展观包含的历史线索和社会常识，以期获得新时代有关人类命运共同体的基础性共识。从全球史和世界文明体系的角度，来解析民族国家世界文明体系的历史路径依赖，"现代化"在时间轴上的优劣变化，以及各种"文明"在世界体系意义上的互相依赖、相互冲突和融合。本教材的创新之处在于，结合全球史和思想史来解读发展社会学的理念与历史进程。

图书在版编目（CIP）数据

发展社会学/鄢庆丰主编. —武汉：华中科技大学出版社，2023.11
ISBN 978-7-5680-8909-8

Ⅰ.①发… Ⅱ.①鄢… Ⅲ.①发展社会学 Ⅳ.①K02

中国国家版本馆CIP数据核字（2023）第146298号

发展社会学 鄢庆丰 主编
Fazhan Shehuixue

策划编辑：钱　坤　张馨芳
责任编辑：余晓亮
封面设计：刘　婷　赵慧萍
责任校对：张汇娟
责任监印：周治超
出版发行：华中科技大学出版社（中国·武汉）　　电话：(027) 81321913
　　　　　武汉市东湖新技术开发区华工科技园　　邮编：430223
录　　排：华中科技大学出版社美编室
印　　刷：武汉科源印刷设计有限公司
开　　本：710mm×1000mm　1/16
印　　张：19.75　　插页：2
字　　数：316千字
版　　次：2023年11月第1版第1次印刷
定　　价：68.00元

本书若有印装质量问题，请向出版社营销中心调换
全国免费服务热线：400-6679-118　竭诚为您服务
版权所有　侵权必究

前言

发展社会学是一门研究"发展"与"现代化"的学科。

当下的发展观,已经从古典的认知模式进步到人类整体发展观的阶段。

中国的发展,也已经进入中国式现代化阶段,深具引领人类命运共同体方向的使命,但另一方面,有关发展和现代化的很多默认常识里,都隐藏着或明或暗的"西方中心论"的影子,需要我们进一步梳理和澄清。更重要的是,自冷战格局解体之后,西方推出了所谓"文明冲突论",试图以西方文明的某种"普遍性"和"独特性"论证来区分敌我,剥夺其他文明体系的内在发展道路的合法性。

究其根源,这种"认知"的傲慢及其对很多人常识的"误导",是对世界发展历史的错误归因的结果,仅仅将1500年代发现新大陆之后部分西方文明崛起以来的历史当作认知的唯一起点,无疑是一种片面的观点。

有鉴于此,本教材吸收最新的全球史和世界文明体系的研究成果,指出人类发展观的整体性建构,早就已经内在于"亚欧大陆世界文明体系"的古代历史之中,而所谓近现代部分西方文明的崛起,只是世界文明体系边缘地带逆袭成长的又一次律动过程。在这个意义上,所谓西方文明的"普遍性"和"独特性",都只是世界文明体系历史规律的体现而已。

自"轴心突破"时代开始,亚欧大陆的文明就具有了深厚的"世界主义"特质,并形成了三大文明区,即"环地中海一神教文明区""南亚印度教文明区""东亚儒教文明区",均发展出"世界宗教"和"世界帝国",引领人类文明发展的方向。在整个亚欧大陆古代的文明互动中,建立于社会大分工基础上的中心"农业文明"和边缘"游牧文明"的冲突与融合成为内在动力。今天意义上的西方文明,在古代是"环地中海一神教文明区"的一部分,服从于亚欧大陆世界文明体系运作的内部规律。

随着东西罗马帝国的分野,古代的西方文明逐渐成为亚欧大陆的边缘地带文明,在蛮族入侵和文明融合的背景下,逐渐孕育出新的文明发展可能性。尤其当 1500 年代之后,新大陆的发现给西方文明输入了大量的新资源,使得传统亚欧大陆边缘地带的西方文明发展壮大,逆袭成为新的文明中心。所谓大一统的大陆法理和新的权力制衡特质的海洋法理的对立冲突,成为取代传统农业文明与游牧文明对立的主要文明互动模式。在这个过程中,传统的亚欧大陆世界文明体系,也逐渐转化为包括新大陆在内的"全球民族国家世界文明体系"。

希望此种以世界文明体系化转变的全球史角度来看待"发展"和"现代化"进程的分析方法,有助于我们从时间、空间两个方面打破传统视野的局限，以更开放和平等的姿态认知人类整体发展观，在文明冲突和融合的历史视域中，获得有关中国式现代化和人类命运共同体的某些新共识。

值得一提的是，从方法论的角度，既尊重既有学术传统，沿用一些常用的西化学术概念，比如轴心时代、世界主义、世界体系等，又警惕西方中心主义，将其纳入世界文明体系的全球史视域中，消解其脱离历史条件的各种西方中心论固化，是将学术认知推进到人类命运共同体时代的某种必要尝试。

恳请各位读者在阅读本书学术话语使用时能以此为镜，观照和理解写作者的立场与出发点，以免误读。

诚意正心，揖手相谢！

2023 年 1 月

目 录

第一章 发展社会学与人类发展观 /1
- 第一节 发展社会学与"西方中心论"的发展常识困境 /2
- 第二节 发展观的演变 /7
- 第三节 人类发展观与文明冲突论 /15
- 第四节 人类发展观与全球史视角 /19
- 第五节 人类发展观与世界体系理论 /22

第二章 文明起源与亚欧大陆世界文明体系 /29
- 第一节 文明的起源与"世界文明体系"的分析起点 /30
- 第二节 "亚欧大陆世界文明体系":"世界主义"特质及其产生与发展的动力机制 /34
- 第三节 亚欧大陆世界文明体系之环地中海一神教文明区 /40
- 第四节 亚欧大陆世界文明体系之印度次大陆多神教文明区 /46
- 第五节 亚欧大陆世界文明体系之东亚儒教(儒家)文明区 /49

第三章 亚欧大陆世界文明体系古代史 /57
- 第一节 亚欧大陆世界文明体系古代史之环地中海一神教文明区 /59

第二节　亚欧大陆世界文明体系古代史之印度次大陆多神教
　　　　文明区　　　　　　　　　　　　　　　　　　　　　　/64
第三节　亚欧大陆世界文明体系古代史之东亚儒家文明区　　/67

第四章　中世纪亚欧大陆世界文明体系的运作：文明
　　　　　边缘地带的创新何以可能？　　　　　　　　　　　/75
第一节　如何看待西欧文明"中世纪"的发展　　　　　　　　/76
第二节　三大蛮族入侵背景下的西欧与东欧（俄国）道路
　　　　分野　　　　　　　　　　　　　　　　　　　　　　/79
第三节　西欧封建体制的形成：帝国法理与蛮族传统的
　　　　融合性改造　　　　　　　　　　　　　　　　　　　/82
第四节　宗教教权的分化与统一趋势　　　　　　　　　　　/86
第五节　东方挤压与牵引下的欧洲文明道路分野：罗马帝国
　　　　法理的分化与转变　　　　　　　　　　　　　　　　/88

第五章　世界文明体系的扩张与转型：民族国家西欧
　　　　　体系的诞生　　　　　　　　　　　　　　　　　　/95
第一节　全球史视野下世界文明体系的转型：如何从亚欧大陆
　　　　世界文明体系转变为全球民族国家世界文明体系　　/96
第二节　民族国家西欧体系确立之前的准备：文艺复兴、宗教
　　　　改革和地理大发现　　　　　　　　　　　　　　　　/99
第三节　民族国家西欧体系确立：西班牙帝国和三十年战争　/106

第六章　民族国家世界文明体系的建立过程：
　　　　　总体性视角下英国革命　　　　　　　　　　　　　/113
第一节　全球民族国家世界文明体系建立的总体性视角　　　/114
第二节　总体性视角下的英国政治革命　　　　　　　　　　/117
第三节　总体性视角下的英国工业革命　　　　　　　　　　/131

第七章 民族国家世界文明体系的建立过程：总体性视角下的启蒙运动与世界主义道路 /139
- 第一节 启蒙运动中的英法道路分野和世界主义道路 /140
- 第二节 从启蒙运动到康德的"世界主义"道路 /141
- 第三节 从启蒙运动到马克思主义的"世界主义"道路 /147

第八章 民族国家世界文明体系的建立过程：总体性视角下的美国革命 /151
- 第一节 总体性视角下的美国革命：是英国革命的延续，也是英法争霸的延续 /152
- 第二节 总体性视角下的美国革命：从独立战争走向南北战争 /162

第九章 民族国家世界文明体系的建立过程：总体性视角下的法国大革命 /167
- 第一节 法国大革命的由来：英法争霸与道路差异 /168
- 第二节 法国大革命的具体过程 /174
- 第三节 法国革命与巴黎公社：法国革命与无产阶级革命思想与实践的关系 /181

第十章 民族国家世界文明体系的建立过程：总体性视角下的俄国革命 /187
- 第一节 马克思-列宁"世界主义"理论道路的诞生和发展 /188
- 第二节 俄国革命：社会主义道路的选择和实践 /191

第十一章 民族国家世界文明体系的建立过程：总体性视角下的德国（法西斯）道路 /203
- 第一节 德国的民族国家之路 /204
- 第二节 法西斯主义的起源和发展 /208
- 第三节 法西斯主义的本质：民族国家道路的异化 /211

第十二章　民族国家世界文明体系的建立过程：民族国家道路的理论总结　/217

第一节　对民族国家概念的深化解读　/218

第二节　世界文明体系视角下的发展与现代化：如何避开"西方中心论视角"　/227

第十三章　亚欧大陆旧有文明体系融入民族国家世界文明体系的过程：东亚儒家文明区的转变过程　/231

第一节　明清帝国时期儒家文明区的拓展——朝贡体系的变化　/234

第二节　儒家文明区的近现代转变：中国作为民族国家的建构过程　/241

第三节　儒家文明区"天下体系"中的边缘与中心——以日本为例　/254

第十四章　亚欧大陆旧有文明体系融入民族国家世界文明体系的过程：印度教文明的转变过程　/265

第一节　印度经历的三个阶段：莫卧儿帝国到大英帝国再到民族国家独立　/267

第二节　印度独立之后的道路选择　/274

第十五章　冷战格局终结之路以及终结之后　/279

第一节　世界文明体系视角下的冷战格局解体——文明冲突由外而内的发生路径　/281

第二节　美国式的"自我继续革命"与"社会分裂"　/282

第三节　其他文明体系的内在困境和解决之道　/287

附录　对世界文明体系全球史变迁过程的尝试性理论总结　/295

参考文献　/305

第一章
发展社会学与人类发展观

第一节　发展社会学与"西方中心论"的发展常识困境

一、发展社会学及其研究对象

何谓发展社会学（sociology of development）？发展社会学研究什么？简而言之，发展社会学就是研究发展和现代化的一门学科。

发展社会学作为社会学的一个分支学科，是从第二次世界大战之后兴起的发展研究（development studies）中逐渐分化出来的，是发展研究和社会学交叉形成的一门边缘学科，是从社会学角度对发展问题所做的探讨，20世纪50年代兴起于欧美发达国家，到70年代初具规模。

狭义的发展社会学，以相对落后的发展中国家的社会、文化、经济和政治等方面的发展问题为研究对象，主要探讨发展中国家现代化发展的理论模式、战略方针、过程和途径等。广义的发展社会学则探讨包括发展中国家和发达国家在内的人类社会变迁和发展的一般规律，从全球角度阐明不同地区社会经济发展的历史与现状。

何谓发展（development）？何谓现代化（modernization）？

"发展"这一概念有广义和狭义之分。

广义的发展，几乎等同于社会变迁或社会进步，指人类社会自诞生以来不断变迁的历程。人们试图寻找这一变迁过程中的普遍规律和趋向，研究对象既包括发达国家，也包括发展中国家。

狭义上的发展，研究的主要是发展中国家如何从欠发达状态向发达状态过渡，或者说从传统社会向现代社会过渡。

同理，"现代化"也有广义和狭义之分。

广义的现代化，是指1500年代（指哥伦布1492年发现新大陆之后的时代，下同）以来，全球范围内的社会变化具有某种由西方文明首倡的共同趋势，如社会理性化、工业化、城市化等。

狭义的现代化，是指非西方文明向西方文明学习，并从所谓传统社会向现代社会转变的过程。

可见，"发展"和"现代化"的内涵有相当大的重合之处，狭义的发展几乎与狭义的现代化同义，在日常的口语使用中两者更是几乎等同。只是前者更强调人类社会普遍意义上的趋势，而后者更关注1500年代以来的近现代转变。

二、发展观念的演变以及"西方中心论"的种种表现

发展社会学具有一定的专业性，但也越来越具有跨学科的一面。更重要的是，发展社会学所研究的一些主题与人们日常生活密切相关，学术观念的普及化和日常化成为常态。比如，发展与现代化就已经成为口语词汇，成为某种"政治正确"，代表着社会的方向和合法性。

发展观念的形成和演变有一个相对清晰的历史脉络。从古典的进化论发展观，到后来的可持续发展观和当下的人类发展观，其越来越强调人类文明发展的整体性和人类文明共同体的意义，并希望形成一种人类命运共同体新常识。

但我们不得不面对的一个现实是，与发展和现代化有关的很多观念，都来源于1500年代以后逐步建立起来的西方社会科学体系，因此难以避免地带有"西方中心论"倾向。

所谓"西方中心论"，是西方（此处主要指欧洲及具有一定文明趋同性的美国等国家和地区）通过全球殖民化后逐步形成的优等心理，是对文明、文化和历史的误解，是西方文明的一个不自觉的前提，其认为西方文明优于、高于非西方文明，人类的历史围绕西方文明展开。

"西方中心论"具体表现为两种常识谬误：或者认为西方文明特征、价值或理想带有某种普适性，因而能够代表非西方未来的发展方向；或者在"文明冲突"的意义上认为西方文明具有非同一般的"独特性"，鼓吹文明之间的对立，尤其是所谓西方文明与非西方文明的对立。前者以20世纪50年代以来的"现代化"理论为典型代表，后者以20世纪90年代以来亨廷顿的"文明冲突论"为典型代表。随着时间的推移，"文明冲突论"及其"西方文明独特论"越来越成为"西方中心论"的主要观念。

更重要的一个负面影响，是这些来自学界的观念愈来愈影响到人们的日常生活，不知不觉地让人们的日常观念具有某种"西方中心论"的"文明"偏见。比如提到人权，人们首先想到的是西式的资本主义的个体自由权利，而忽视了人类首要的人权是生存权。

除开这些带有一定"意识形态化"色彩的"文明偏见"，还有一些人们日用而不知的生活常识也深具"西方中心论"色彩。比如我们熟悉的有关亚欧大陆的一些用语，如近东、中东、远东，就是以西欧为中心对亚欧大陆的描述。若从世界地理的分布来看，亚欧大陆的地理中心位置在中亚，而不是西欧，所以这种观念背后包含一种特殊的认知立场，只是我们日用而不知而已。

再举一个例子，亚洲和欧洲的分界线本身也是1500年代以后，为了强调和顺从西欧文明的某种"独特性"而制造出来的。

亚洲和欧洲在地理上是没有明显分割的。亚欧大陆一直以来都是一个地理板块，但为什么不是一个洲？这更多的是文化、宗教、历史等方面的原因而非地理因素。亚洲和欧洲的分界线也更多的是一个文化概念而非地理概念。

现代地理学把乌拉尔山脉—乌拉尔河—里海—大高加索山脉—黑海—达达尼尔海峡—博斯普鲁斯海峡这一线作为欧亚两洲的分界线。但实际上，欧亚分界线一直在随着历史的发展而变动，使用时间最长的分界线是"黑海—亚速海—顿河"一线，进入近代以来，才逐渐演变成"乌拉尔山脉—乌拉尔河"一线。

其实各大洲的分界线，都是人为划分的，亚欧分界线也是如此。亚洲和欧洲处于同一片大陆，最早并没有一个所谓的分界线。那时的欧洲相当于西北亚，或者叫作亚洲的西北部，是亚洲向西北方向延伸出去的一个大半岛。

但随着欧洲文明的发展，生活在欧洲东南部的古希腊人，便根据他们的认知，把世界分成了欧罗巴、亚细亚、阿非利加三部分，也就是现在所说的欧洲、亚洲和非洲。这样一来，欧洲才在现代地理学意义上从亚洲中分化出来，成为一个单独的大洲。根据古希腊人的划分，最早的亚欧分界线为土耳其海峡—黑海—亚速海—顿河一线。

顿河源起中俄罗斯丘陵东麓，先向东南流，后折向西南，最终注入亚速海。顿河干流和北部延伸出的瓦尔代高地一线，整体位于莫斯科以西。而俄罗斯的历史起源于莫斯科周边一带，最初叫作莫斯科大公国，所以按照古希腊人的亚欧分界线，俄罗斯最早的基本盘，其实被划入了亚洲。后来俄罗斯扩张到了顿河以西，但很多西欧国家并不愿意接纳俄罗斯，随即又提出以俄罗斯西部国界线为欧亚分界线的划分方式，就是要把俄罗斯排除在欧洲以外。

不过，无论西欧国家多么排斥俄罗斯，当时俄罗斯追求融入欧洲的想法是没有改变的，而且非常坚定。到了彼得一世时代，俄罗斯实力越发强悍，不仅取得了波罗的海出海口，还在波罗的海沿岸兴建了圣彼得堡，试图以此为窗口融入欧洲。然而亚欧大陆分界线，始终是阻碍俄罗斯融入欧洲的绊脚石。分界线不变，俄罗斯怎么努力都是徒劳。即使按照原本的顿河分界线，俄罗斯最多也只是欧洲边缘国，在欧洲的国土少之又少。更何况还有以俄罗斯西部边界为亚欧分界线的说法，按照这种说法，俄罗斯就不是欧洲国家，所以俄罗斯需要一条新的亚欧分界线。

彼得一世时代，俄罗斯已经越过乌拉尔山，拥有了广阔的亚洲国土，所以新的亚欧分界线必须足够靠东，才符合俄罗斯的利益。到了18世纪初，俄罗斯历史学家、地理学家瓦西里·塔季谢夫提出了乌拉尔山—乌拉尔河—大高加索山—土耳其海峡一线的划分方式，改变了亚欧分界线。此后在18世纪，俄罗斯的地理学者们不断发表塔季谢夫划界方式的合理性研究论文。沙俄也在乌拉尔山—乌拉尔河一带竖立了亚欧界碑，试图用实际行动来确定这条分界线。经过俄罗斯的不断努力，欧洲地理学界最终在19世纪初基本接受并确定了土耳其海峡—高加索山脉—里海—乌拉尔河—乌拉尔山作为亚欧两洲的分界线。至此，俄罗斯才踢开了这块融入欧洲的绊脚石，加入了现代欧洲这个更加"文明的"大家庭。

以上只是略举几例与社会发展观念有关的日常用语。事实上，更多的与社会发展相关的词语背后或多或少都有"西方中心论"的影子，比如民族国家、发展、现代化等。

虽然我们并不需要由此而拒绝使用"近东""中东""远东"这些常用词汇，或拒绝承认现有的亚欧大陆分界线这些日用常识，但至少应该具备更长远的全球文明历史眼光，了解这些观念的来龙去脉，认识到其背后的"西方中心论"视角，以获得有关人类文明和谐共存的新共识。

三、社会学想象力和常识困境

事实上，人们对于社会的认知和想象是无处不在的，这构成我们日常生活中重要的常识。大部分人并不是社会科学专家，他们对社会的理解，基本上都表现为上述与社会科学有关的常识，在这个意义上，是常识而不是专家的知识构成了我们的社会想象。如果这些常识充满了西方中心论的偏见而没有得到适当的澄清，对我们的影响可想而知。

以色列历史学家尤瓦尔·赫拉利在其著作《人类简史》中指出，近几百万年以来智人胜出的认知原因中，文化积累和文化基因是主要的决定性因素。

一般认为，智人大脑的优势，是人类最终能够在与其他动物的竞争中胜出的进化基础。智人的最终胜出，是顺其自然地进化的结果。但是赫拉利的研究发现，在人类发展出语言虚构能力的前200万年之内，人类相对过剩的大脑实际上只是一个累赘，消耗过多能量，让人类成为早产儿。如果顺着这种自然规律发展下去，智人是不可能胜出的。

而智人最终胜出的最大原因，就是暂时还无法解释的几万年前人类发展出的语言虚构能力。其他动物只能通过语言表达"狮子来了"这类实在含义，而人类可以表达"狮子是我们的保护神"这种虚构意义，这最终使智人突破150人社会自然群体规模限制，形成成千上万人的集合体，并合作战胜其他物种。这种认知革命，其实与自然基因的关系不大，而与文化积累和文化基因的突变有关。

事实上，这种文化累积和文化基因一直是人类社会发展的重要动因。从远古蒙昧时代的"神祇"，到理性宗教的"上帝"，直至近现代"民族国家"，都是一种"想象共同体"。而这种"想象共同体"与普通人在日常生活中的常识关联，构成社会想象的基础性共识。每个人都需要具备这种"社会想象"，并由此认知到自己是一个"共同体中的社会人"的能力，被称为"社会学想象力"。

也正是在这个意义上，我们有关"社会"的常识，不但与专业人士的学理认知有关，而且更重要的是其"日用而不知"的"想象共同体"

构建功能。如果这种"想象"中充满"西方中心论"的谬误,那么我们关于社会的认知偏差就可想而知。

为此,我们需要一种从根本上厘清"西方中心论"偏见的常识更新过程。这个过程虽与专业学理有关,但更重要的是源于"常识"和回归"常识",从整体上避免过度专业化带来的想象力禁锢和偏差。

从学理上而言,为了应对"现代化普适论""文明冲突论"这两种"西方中心论"的常识困境,需要引入全球史和世界体系两种理论视角,强调1500年代以来的社会变迁是更长远的全球文明体系在近现代以来的自然演变。在此基础上,从整体认知的视角来厘清与发展和现代化相关的各种常识困境的来源,并最终认识到西方文明既不普适,也不独特,只是世界文明体系的一部分,随着世界文明体系的历史律动而变化。

本书希望能够在全球史和世界体系理论指导下,梳理和发展与现代化相关的日常观念的来龙去脉,澄清各种常识中"西方中心论"的历史渊源和理解误区,以期获得一些有关人类文明共同体观念的新常识。

第二节　发展观的演变

发展观是人们对发展和现代化本质的看法。迄今为止,世界上主要的发展观经历了从古典的进化论观念到"可持续发展观"和"人类发展观"的转变。

发展原是一个生物学概念,其本意是指事物由小到大、由简单到复杂、由低级到高级的变化过程,后来这一概念被引入社会科学研究中,特别是在第二次世界大战后,广泛出现在各种社会科学和大众传媒作品中。到目前为止,发展理论或发展研究实际上并不是一门独立的学科,而是一个学科群。对发展的探讨最初限于经济学和历史学界,后来迅速扩展到哲学、社会学、政治学、地理学、生态学等学科领域。与此同时,各国和国际社会纷纷成立了发展研究机构,开始集中探讨发展的理论和现实。

20世纪60年代,发展作为发展中国家的迫切问题被提上联合国的议事日程。联合国先后于1960年和1970年提出"第一个联合国发展十年"

和"第二个联合国发展十年"的国际发展战略，发展研究成为世界各国共同关注的主题，发展理论迅速兴起。其中尤以现代化理论、依附理论和世界体系理论影响较为深远。

20世纪下半叶至21世纪初，随着全球政治经济体系化运作的进一步加强，人们日益认识到全球的发展是一个整体过程，在此基础上，出现了以人为中心的发展观和可持续发展的观念，人类发展观也方兴未艾。

围绕着人类整体发展观，西方中心论很少再以现代化普适论的姿态出现，而更多地强调"西方文明独特性"和"文明冲突论"。尤其在冷战结束之后，"文明冲突论"甚至有演化为"意识形态化的新冷战"趋势，需要我们加以重点反思和应对。

一、具有代表性的发展观念

就历史和影响力而言，自近现代西方社会科学体系建立以来，主要有以下九种代表性发展观念。[①]

1. 古典的发展观念

20世纪以前，更多的是哲学家们在讨论发展的问题。古典的发展概念是一种朴素的发展观，人们更多地用"进化""进步""变迁"等术语来说明。它认为发展是线性的，有先后次序之分——两个社会虽然在时间上处于同一时期，但会由于发展水平高低不同而处于不同的发展序列或阶段。发展水平高的社会已走过的历程是发展水平低的社会未来要走的；发展就是变迁，社会变化了，也就说明社会发展了。

古典的发展观念太抽象、太简单，缺乏丰富的内涵，把社会的发展简单地比拟为有机体的进化，忽视了社会的复杂性和多样性。不过，这一概念对后来的发展观，如以经济增长为核心的发展观和现代化理论中的发展观影响很大，特别是其线性发展的观点，极具影响力。

2. 以经济增长为核心的发展观

这一发展观主要是第二次世界大战后由经济学家提出和阐述的，其

---

① 郭继严. 中国社会发展蓝皮书[M]. 昆明：云南人民出版社，1996：11-22.

影响曾经左右着第一个联合国发展十年（1960—1970年）和第二个联合国发展十年（1970—1980年）的国际发展战略。它主张用国民生产总值或国民收入的数量增长来衡量一个国家的发展水平，认为发展就是国民生产总值增长的过程。其中较有影响的理论有哈罗德—多马经济增长模式、大推进模式、罗宾逊增长模式、贫困恶性循环论、罗斯托五阶段增长理论等，它们的基本假设就是一个国家或社会贫困或不发达的根源是人均国民生产总值太低。

这一发展观念一经提出，就受到了刚独立的发展中国家政府、政治家和学者的欢迎，因为这些国家首先碰到的就是消除饥饿贫困等经济问题。但是，第二次世界大战之后30多年的实践结果却大大出乎持此发展观的人们的意料，因为以国民生产总值为核心的经济增长并没有真正消除发展中国家的贫困，也没能解决失业、文盲、疾病、社会动荡、国家落后、两极分化等社会问题，反而增添了环境污染、能源浪费等生态问题。与此同时，联合国据此发展观制定的两个"十年计划"并没有达到预期目标。因此，到了20世纪70年代末，这一发展观招致众多批评，渐渐被放弃。批评者们指出它存在一些严重的缺陷，如用平均数字掩盖贫富悬殊，忽略对人的真正幸福的关注等。

3. "基本需求"发展观

单一的经济增长并没有与社会发展同步，相反，贫富悬殊、两极分化、食品短缺、通货膨胀、贪污腐败、政治冲突、社会动荡等日益严重。这种状况促使人们反思传统的经济增长战略，寻求一种能缩小贫富差距、以消灭贫困为主要目标的发展战略。在此背景下，1976年在日内瓦召开的世界就业大会正式提出了"基本需求战略"。

狭义的基本需求，指大多数人在衣、食、住、就业、健康、教育、交通等方面的基本需求。广义的基本需求，不仅囊括狭义的基本需求的内容，还包括收入和分配、个体的基本素质、个体的发展等方面的内容。

基本需求战略的基本点如下：一是主张满足人们的基本生活需要，消除绝对贫困；二是主张满足平民百姓的基本物质需求与社会需求；三是主张给人民以自主权；四是提出采用"适用技术"的观点。

这一战略开始把人置于社会发展的中心位置，改变了以往见物不见人，只重经济而忽视人的生活和基本需求的做法。满足人的基本需求的前提是扩大生产投资，发展经济。如果经济不发展，扩大投资和增加就业机会就会受到限制。如果经济低速发展，投资和就业低迷，基本需求就无法得到有效满足，从而在三者之间形成恶性循环。制度政策是基本需求战略的重要内部因素。发展中国家如果不能从根本上对社会和经济制度、政策进行变革，那么公平分配、人民生活质量的提高是难以实现的。西方国家和国际组织对贫困人口和农村人口的许多援助都意在满足其基本需求，但结果并没有使受援者获益，反而使一些富裕的农场主和既得利益集团大获好处。

4. 现代化理论的发展观

现代化理论是指20世纪50—60年代在发展研究中占主导地位的理论流派。他们的理论和方法论主要来自结构功能主义，他们继承了古典社会学家提出的两极社会模型，只不过名称上有所区别，即"传统社会"与"现代社会"。他们认为现代化是一个自西方社会开始的、向世界扩展的普遍过程；发展中国家之所以还停留在传统社会阶段，根本原因是其社会内部传统因素的制约与束缚；现代化的道路就是通过输入西方发达国家的先进技术、管理制度、文化与价值观念，以克服"传统"的障碍，成功地实现社会现代化。

现代化理论在不发达国家现代化问题上有以下五个方面的观点。

（1）在发展阶段上，非西方不发达国家处于"传统社会"阶段。

（2）非西方不发达国家落后的原因是其社会内部的"传统性"。

（3）现代化并不是只有在西方才能产生的现象，发展中国家通过"输入"西方的物质文明、制度与价值观念也可以实现社会现代化。

（4）在发展模式上，西方国家的现代化是非西方发展中国家现代化的样板。

（5）人们的价值观在决定社会类型方面具有重要作用，价值观的转变是社会现代化最重要的前提条件。

现代化理论具有强烈的西方中心主义色彩，简化了人类社会的历史过程和社会类型，将传统和发展绝对对立起来，过分强调一个国家的内部因素特别是人们的价值观、意识和精神的影响作用,而忽视了社会结构、世界发展格局以及国际关系这些因素的影响。

5. 依附理论的发展观

进入20世纪60年代后期至70年代,进口替代战略明显失败,不发达国家的经济和社会发展问题日益严重,沉重的债务、社会的贫困与不平等的加剧,保守的政治结构,人口问题以及越来越大的技术差距使不发达国家陷入严重的危机。

依附理论主要从历史和国际背景的角度探讨发展中国家不发达的社会经济结构原因。它认为,世界体系由"中心"和"外围"构成,工业国处于中心地位,而发展中国家处于"外围"。"外围"依附于"中心"而存在,而"中心"则通过对"外围"的剥夺得以发达起来。发展中国家的贫困主要不是自身的原因所致,而是"依附性"的反映,发展中国家要求得发展,就要摆脱依附地位。

依附理论从国际关系格局和国内社会经济结构角度分析发展中国家的发展问题,有其特别可取的视角和理论贡献。但是依附理论否认各国之间适度交流和合作的必要性,忽视了价值观、创业精神等内因的影响,且偏重经济发展,很少对社会发展和人的全面发展进行系统研究,也没有提出促进发展中国家发展的具体方案,局限性非常明显。

6. 世界体系理论的发展观

世界体系理论将世界分为由边陲、半边陲和核心三部分构成的体系,发展是在世界体系中的位置发生某种改变的过程,即从边陲向半边陲或从半边陲向核心升迁的过程。这一理论认为,早在1500年代前后,世界就开始出现由边陲、半边陲和核心三部分组成的体系,现在该体系推广到了全世界。世界体系中的三部分代表三种不同的经济形态,它们分别履行不同的经济职能:边陲国家不断输出初级农产品和原料;核心国家则输出制造业产品;半边陲国家处于中间状态,向核心国家输送原料和初级产品,但向边陲国家输送制造业产品。半边陲国家是一种缓冲剂,一方面化解世界体系内部日趋两极分化引起的紧张态势;另一方面调节市场波动和经济危机,使世界体系更具弹性。居核心的国家一直都是少数,因此发展指的是一些原核心国家或半边陲国家的衰弱,以及另一些原半边陲国家或边陲国家的兴起。

世界体系理论从体系的整体动态角度来分析社会发展,避免了依附理论二分法的简单化,企图探寻世界发展的整体规律,并指出任何国家都有可能上升到核心地位,消除了发展中国家永远依附而不发展的悲观看法,为它们的发展树立了信心。但是它比依附理论更加空泛,缺乏应用性和可操作性,同时片面重视经济发展,与同时(即20世纪70年代后期)出现的各种发展理论,特别是以人为中心的发展观相比更显片面。因此,它一直没有在发展理论中占据主导地位,没能作为强有力的发展理论受到各国的重视和推崇。

7. 以人为中心的发展观

从20世纪70年代开始,以基本需求论为基础,涌现出各种各样以人为中心的发展观。人的发展是指"社会的每一个成员"的发展,包括人的体力、智力、个性和交往能力的发展等,强调人的素质提高和各种能力的增强,其可以从三个方面来衡量,即全面发展、自由发展、充分发展。

人的全面发展包括三个方面的内容:人的全面发展应当包括人的富足的物质生活、全面的社会关系和日益丰富的个性;人的发展要凭借人的社会活动表现出来;人的发展还以人的个性活动表现出来。

人的全面发展是多元化的。社会的发展不能局限于经济增长这一内容,还应包括经济、文化、教育和科技等相互关联和相互补充的若干方面。"以人为核心的发展"具有总体性,它关注的是所有人的发展。"以人为核心的发展"还具有内源性,一个国家要发展,必须从自己的文化、思想、价值观与行动的方式中寻找发展的力量。

以人为中心的社会发展,包括人自身的发展和为人的发展提供保证条件的社会各方面的发展这两个方面。坚持人的发展和社会发展相协调,强调依靠人来获得发展,尤其是要加大人力资本投入,使其超过劳动力的增长率和经济增长率,并在政治上重视全体社会成员的福利,如坚持平等,消除贫困,促进人类自由生态平衡,增强民众的参与感、幸福感等。强调把人作为发展的目标,这是以人为核心的发展战略的意义之所在。以人为中心的发展观代表着一种发展的价值取向，但具体如何实现并没有统一的认识。

8. 可持续发展观

这是对以人为中心的发展观的进一步完善。可持续发展是既满足当代的需求，又不对后代满足其需求的能力构成危害的发展。这个定义包括两个关键的基本原则：一是人类的需求，特别是世界上当代穷人的需求，即"各种需求"人人平等的观念；二是环境保护的准则，必须不对后代人满足其需要的能力构成危害，即"各种需求"代代平衡的观念。可持续发展有三个原则。

（1）坚持自然生态的持续性、经济的持续性、社会的持续性。

（2）协调发展的原则，促进社会系统、经济系统、环境系统的协调发展。

（3）公平原则，强调代内公平与代际公平。

可持续发展观虽然关心的是环境、生态，但实质上是一种注重人的发展的发展观，只是偏重人与生态的关系而已。当然，这一发展观的缺陷在于没有考虑社会资源对可持续发展的重要性。实际上，社会资源也应有一个合理使用和消耗的问题，如果不注意这一点，可持续发展也是不可能的。

9. 人类发展观

人类发展观是20世纪80年代末经济危机影响下的产物，于1988年被联合国发展计划委员会的报告采纳，该报告指出人类发展应是人类福利长期的进步。1990年，联合国开发计划署开始改变政策，将人类发展作为其所有工作的主题，并首次出版年鉴《人类发展报告》。

人类发展观之所以受到国际组织的重视，主要是因为这一发展观将人类作为发展的努力目标和发展动因，强调以人为中心的发展。从这一点看，无论是可持续发展观还是人类发展观，都是对以人为中心的社会发展观的补充和完善。两种观念一起构成人类社会以人的全面发展为主要内涵的新发展思潮。

人类发展观是对以人为中心的发展观念的进一步具体化，包括两个维度的"人类整体"概念：在时间维度上，包括对人类历史和现实、当下和未来的发展延续性的思考；在空间维度上，则包括对世界上各个国家各个民族的人类命运共同体发展道路的考量。

自冷战格局解体以来，在关于人类发展观的具体内涵和实现道路的诸多思考中，意识形态的色彩逐渐淡化，但是文明冲突论的色彩日益浓厚。

二、发展观念的演变过程

由上可见，发展观念经历了从简单到复杂、从抽象到具体、从片面到全面的变化过程，这一过程具体地表现为以下几个方面：发展观的重心之一从经济增长转到人的价值观念、基本需求，接着又转向人的全面发展；发展观的另一个重心则从国内（或内部）发展转向国外（或外部）发展，也就是仅仅从内部寻找一国的发展根源转向从国际关系上探讨一国的发展路径；发展观的第三个变化就是从经济转向社会，再转向人，最后转向经济、社会、自然和人四者的相互关系上，对社会发展的研究从单一学科（或哲学或经济学或社会学）走向跨学科、多学科的综合探讨。

其中，最核心也是最具操作性的内在路径，是从经济视角到社会视角再到人的视角的转换过程，本质上反映了现代发展观形成的内在逻辑。这一个过程包含三个阶段：第一阶段，人们首先将发展等同于工业化过程中的经济增长；第二阶段，人们逐渐认识到发展是整个社会结构的变革过程，是整体的发展；第三阶段，人们最终认识到发展是以人为中心的综合发展过程。直至最终形成整体意义上的人类发展观。

三、发展观念及其"西方中心论"的分析

如上文所言，一方面，人们越来越意识到人类文明发展具有内在的一致性，对"发展"的认知，经历了从经济到社会再到人的逐步全面而又深化的过程，对发展的看法逐渐非经济化并趋向人文化，突出了发展的人文主义特征；另一方面，究竟何谓"人"的发展，本身就涉及对人类社会文明的认知与界定，这种人文特质的社会想象认同，在一定程度上凸显了不同文明内在禀赋的差异。

由此，我们可以理解发展观念中"西方中心论"的演化趋势。从早期的进化论直至现代化理论，都把西方近现代社会作为唯一的模板，建立起现代化的时空序列，从经济和社会两个层面强调非西方"传统社会"和西方"现代社会"的差异，并致力于寻找传统向现代的转化路径，其中西方道路的"普适性"成为核心概念。但是随着发展观念本身的进步，以及发达国家各种问题的凸显，"以人为中心的人类发展观"的"人文性"及其"人文差异"成为人们思考的重点，这成为所谓的"文明冲突论"产生的背景。

冷战结束以后，"文明冲突"甚至成为以美国为首的发达国家的主流观点，其强调西方文明所谓的独特性，实质是换了一种说辞继续强调过去"现代化"理论中的"西方中心论"，甚至希望以此替代之前的意识形态对立，强化西方的文化霸权。

可见，如果想要去除这种过度的"西方中心论"观念及其恶劣影响，就需要我们对"文明冲突论"进行深度解析，从学理脉络上厘清"人类文明共同体"的清晰路径，唯有如此，才能最终获得有关人类发展观和人类文明共同体的新共识。

第三节　人类发展观与文明冲突论

如前所述，进入20世纪90年代，随着人们对于社会发展的共识越来越具有"人类发展观"的"人文性"内涵，"现代化普适论"意义上的"西方中心论"影响逐渐式微，但是另外一种强调西方文明"独特性"的"文明冲突论"开始成为"西方中心论"的代表性论调。在冷战结束后，其逐渐成为当今世界的一种主流观点，甚至成为新的意识形态，影响着西方大国的具体政治决策。

一、"文明冲突论"的提出

"文明冲突论"的创始人是美国著名学者塞缪尔·亨廷顿。在冷战结束、苏联解体不久，亨廷顿就于20世纪90年代早期提出了后来一直在许多国家的政界和学术界争论不休的"文明冲突"（clash of civilization）

理论。这些观点集中体现在其著作《不是文明，又是什么？》《西方文明：是特有的，不是普遍的》《文明的冲突与世界秩序的重建》之中。

二、"文明冲突论"的核心观点

"文明冲突论"的核心观点如下。

（1）未来世界的国际冲突的根源将主要是文化的，而不是意识形态的和经济的。全球政治的主要冲突将在不同文明的国家和集团之间进行，文明的冲突将主宰全球政治，文明间的（在地缘上的）断裂带将成为未来的战线。国际政治的核心部分将是西方文明和非西方文明以及非西方文明之间的相互作用。

（2）文明冲突是未来世界和平的最大威胁，建立在文明基础上的世界秩序才是避免世界战争的最可靠的保证。

（3）文明，尤其是西方文明，是独特的而非普遍适用的。文化之间或文明之间的冲突，目前主要是世界上八种文明区（西方文明区、拉美文明区、东正教文明区、穆斯林文明区、中华文明区、印度教文明区、日本文明区、非洲文明区等）之间的冲突，而穆斯林文明和儒家文明可能共同对西方文明构成威胁或提出挑战等。

亨廷顿在《文明的冲突与世界秩序的重建》中，把世界分为8个主要的文明区域。

（1）西方文明区，主要包含美国、加拿大、西欧、北欧、中欧、澳大利亚和新西兰等地区。这些国家民众信仰的宗教以基督新教或天主教为主。这一文明区的核心国家是美国。

（2）拉美文明区，包含墨西哥、中美洲地峡诸国、南美洲（圭亚那、苏里南和法属圭亚那除外）、古巴和多米尼加。这些国家民众信仰的宗教以天主教为主。

（3）东正教文明区，包括原属苏联的俄罗斯、乌克兰、白俄罗斯、格鲁吉亚、摩尔多瓦，原属南斯拉夫的塞尔维亚、黑山，以及罗马尼亚、保加利亚、希腊和塞浦路斯。这些国家民众的宗教信仰以东正教为主。这一文明区的核心国家是俄罗斯。

（4）穆斯林文明区，包括大中东地区（塞浦路斯、马耳他和以色列除外），还包括南亚的巴基斯坦、孟加拉国，东南亚的印度尼西亚、马来西亚、文莱，印度洋中的岛国马尔代夫、毛里求斯和科摩罗，以及欧洲的阿尔巴尼亚，基本上和伊斯兰合作组织涵盖的国家相同。

（5）中华文明区，包括中国、朝鲜、韩国、新加坡、越南。东南亚等地海外华侨华人聚居区有时也被看作中华文明区的一部分。朝鲜半岛和越南被列入中华文明区，是因为这些国家历史上曾受中国中原王朝的直接统治，受到儒家文化的强烈影响。

（6）印度教文明区，包括印度、尼泊尔等。

（7）日本文明区，仅包括日本一国。日本有着上亿人口，在国际关系中的地位比较重要，可以看作独立的文明区。[①]

（8）非洲文明（或撒哈拉以南的非洲文明）区，包含南部非洲，除乍得外的中部非洲，除埃塞俄比亚、肯尼亚和坦桑尼亚外的东部非洲，以及西部非洲的科特迪瓦、佛得角、加纳、利比里亚和塞拉利昂。

此外，还有佛教文明地带，包括不丹、泰国、老挝、缅甸、柬埔寨、蒙古、斯里兰卡和中国的西藏，但亨廷顿认为，这些地区并没有在当代国际关系中构成一个重要的文明区。

三、如何评价"文明冲突论"

在"9·11事件"之后，"文明冲突论"以其较强的预见性受到越来越多的关注，甚至成为某些美国政客的指导思想，但替代"意识形态化"的冷战思想、树立新的敌人，并有可能成为"自我实现的预言"，其缺点也是明显的。

如上文所言，"文明冲突论"的提出、走红、意识形态化和常识化，是人类发展观的"人文性"认同日益重要的结果之一。尤其在"美苏对立"的冷战格局解体之后，如何理解人类作为一个整体的存在状态，如何界定人类"文明"状态，如何理解所谓不同"文明"之间的对立、冲突和融合，成为人类整体必须面对和思考的主要问题。

而"文明冲突论"能在一定程度上成为"自我实现的预言"，事实上也与发展观念中存在的"西方中心论"息息相关。在某种程度上，"现代化普适论"代表着西方文明成为全球文明唯一发展方向的野心，而"文

[①] 将日本文明当作一个独特的文明实体，在一定程度上是亨廷顿的个人见解。历史上，日本文明经常被看作东亚儒家文明区的一部分。

明冲突论"则代表着这种野心失败之后，保持所谓"西方文明优越与独特"的傲慢姿态。

当然，"文明冲突论"并不代表"人类发展观"认知的唯一方向。如中国所提出的"人类命运共同体"，以及在此基础上的"一带一路"倡议，都代表着更加平等和谐的人类整体发展观方向。

但是，在西方国家尤其是美国主要以"文明冲突论"为指导思想的背景下，"文明冲突论"仍然成为某种学术主流话语和很多人不自觉的常识偏见。因此，从学理上指出"文明冲突论"存在的认知错误，从根本上厘清人类发展观的"西方中心论"偏见，才能真正找到人类文明共同发展的可能路径，也才能真正超越"文明冲突"，形成人类"文明和谐与融合发展"的新共识。

四、"文明冲突论"的学理误区

站在"人类发展观"的视角，分析"文明冲突论"中"人文性及其认同"的特征，就可以发现文明冲突论存在着诸多学理性谬误，其中最具代表性的有以下两点。

（1）文明冲突论区分文明的主要标准是宗教文化，然而却只从当下横断面的宗教形态出发，缺少历史眼光，就会忽视各种文明之间的历史渊源以及和谐共处的可能。比如，天主教、新教和伊斯兰教同为亚伯拉罕系宗教，三教同源，其思想来源和演化过程都有内在的关联，有长期共存共处的历史。

（2）在"现代化普适性"野心难以实现的背景下，西方开始强调"西方文明独特性"，以此来强调"文明冲突"的不可调和性。此种认知事实上也缺少"人类整体感"，没有意识到人类的发展历程中，世界上各种文明对立统一的体系化状态。比如，亚欧大陆上存在的各种古代和现代文明区域之间，如环地中海一神教区域、印度次大陆多神教区域和东亚儒教（儒家）文明区域，都具有内在的世界体系意义上的关联。

可见，从根本上而言，"文明冲突论"作为当下人类发展观的某种代表性思潮，缺少历史时间和空间体系意义上的"人类整体观"，过于强调"西方文明独特性"视角，甚至引发了各种"自我实现"的人类认知和现实悲剧。对此，我们首先需要从认知上引入"人类文明整体观念"，来避免陷入"西方中心论"的困境。当下学术界与之相应的学理发展,以全球史和世界体系理论为代表,我们希望从这两种理论视角来分析文明冲突和融合的内在规律,寻找和论证人类文明共同体的美好未来,建构有关人类发展观的新常识。

第四节 人类发展观与全球史视角

如前所述,当发展观日益关注人的发展以及人类整体发展时,"西方中心论"的表现便逐渐从"现代化普适论"过渡到"文明冲突论"姿态。从强调西方文明的普适性到强调其独特性,事实上都过于注重人类发展观中的西方文明因素。

当然,这只是当下学术研究线索的一个方面;另一方面,越来越多的学者注意到"西方中心论"的弊端,开始强调全球文明共同发展和世界体系化,其中尤以全球史理论为代表。

一、全球史视角

全球史在 20 世纪下半叶兴起于美国,然后扩展到世界各国,在我国正处于融合深厚人文历史传统的初步发展阶段。

对全球史的理解,需要从欧美与中国的史学及学科传统谈起。欧洲自基督教史学产生起,形成了宏观人类史的编纂传统。17 世纪以后,以欧洲为中心的"普世史""世界史""通史"等宏观世界史著作贯穿于西方史学之中。然而,到了 19 世纪中叶,随着职业历史学的产生,欧洲史学开始依赖档案资料并关注民族国家,民族国家史由此兴盛起来。不过,这些历史著作大多存在两个局限:一是以欧洲国家史为中心;二是将各地历史简单地罗列在一起,彼此之间缺乏联系。到了 20 世纪上半叶,斯宾格勒的《西方的没落》和汤因比的《历史研究》陆续出版,打破民族国家界限的综合历史著作才开始复兴,但是仍然过于强调西方文明的中心性和独特性。

1963 年,威廉·麦克尼尔的《西方的兴起》出版,被普遍认为是"新世界史"(全球史)兴起的一个重要标志,因为它试图克服上述两个局限。麦克尼尔从全球视野和互动视角来考察历史的做法，在全球化浪潮的推动下逐渐得到史学界的认可。

全球化（globalization）是指一种人类社会发展的现象过程，通常意义上的全球化是指全球联系不断增强，人类日益生活在具有全球规模的经济社会中，全球意识持续崛起。全球史的出现，正适应了这一需求。

目前，"全球史"这个概念还没有形成一个明确统一的定义，全球史学者从自身的学术传统和理解出发，从事着各种全球史研究实践，并相互争鸣。然而，这并不意味着全球史学者没有共识，他们从事研究的基本理念是一致的。这些理念包括：① 打破民族国家的界限，以跨国家、跨地区、跨民族、跨文化的历史现象为研究对象；② 强调整体观，将研究对象置于广阔的关系情境中来理解和考察；③ 提倡互动观，将研究对象置于互动网络体系中来理解历史，强调互动者互为主体；④ 反对欧洲（西方）中心论；⑤ 力求运用跨学科的研究方法。其中，"互动"是全球史研究的核心理念。有学者强调："互动理念可成为匡正既往'西方中心论'的利器，同时为书写新的全球史提供了多种思路和指南。"

全球史的兴起至今已有几十年，根据研究主题的范围大小，其可分为四个不同的层次。① 通史类全球史。这类著作多为教材或普及性读物，因此为广大读者所熟知。如斯塔夫里阿诺斯的《全球通史：从史前到21世纪（第7版）》、杰里·本特利和赫伯特·齐格勒的《新全球史》等。② 区域性全球史。此类研究将某个或多个区域置于全球情境中来考察，强调区域体系以及区域间的互动关系，或者对不同地区进行比较研究。例如，伊曼纽尔·沃勒斯坦的《现代世界体系》、贡德·弗兰克的《白银资本》、米洛·卡尼的《世界历史上的印度洋》、彭慕兰的《大分流》等。③ 专题性全球史。即对同类现象或同一主题（政治事件、制度、性别、移民、贸易、技术、思想观念、生态环境、疾病等）进行全球史的专题研究。例如，大卫·阿米蒂奇的《独立宣言：一部全球史》等。④ 微观个案全球史。即以某个小地方、旅行家、商品、概念、国际组织等为研究对象，将其置于广阔的关系情境中，探讨其全球性或者考察其广域性的流动及其意义。例如，斯文·贝克特的《棉花：一部全球史》等。

二、中国的全球史研究

中国文化具有深厚的人文历史传统,自《史记》开始就强调对人类生存历史规律的整体性理解,并一直有官方修史传统。中华人民共和国成立之后,以马克思主义唯物史观为指导的历史学发展迅猛。20世纪50年代,中国的历史学学科建设借鉴了苏联的经验,将"世界史"与"中国史"并列置为历史学分支学科。这种学科设置极大地推动了中国"世界史"的发展。然而,这种并列设置带来的问题是"世界史"中没有"中国史"。这就造成了中国的"世界史"不是完全意义上的世界史,而只是外国史,其主要内容是中国之外的国别史和地区史,并且忽视从整体上对跨国家、跨地区现象的互动研究。因此,中国语境中的"世界史"与欧美语境中的"世界史"颇为不同,我们所称的"全球史"才是欧美语境中的"世界史"。

目前,我国已有若干所大学有全球史研究专业,但总体而言,目前我国的全球史研究主要还停留在西学译介和理论探讨阶段,不过也有一些视角独特的世界文明史和全球史著作出现。[1] 国内大多数学者认为全球史反映了经济全球化背景下的史学新趋势,肯定其学术创新意义和对欧洲中心论的批判。全球史研究实践也表明,它以跨国家、跨地区、跨民族、跨文化互动研究和包容中国史为特点,区别于我们已有的世界史,是对后者的补充与完善。

在全球化的新浪潮中,中国的国际影响力日益提升,需要一种包括中国史在内、超越国别史的视野、从互动角度来理解世界变迁的"全球史"。在我国旧有人文历史传统的基础上,寻找新的人类发展观意义上的人类文明共同体共识,是我国社会发展必须应对的挑战和应该完成的任务。

---

[1] 如马克垚主编《世界文明史》,将世界文明的进程分为农业文明时代和工业文明时代,并对世界不同区域在不同文明时代的表现予以介绍和说明,但总体而言,此种分类仍然深具"传统和现代"的二元论色彩。又如葛兆光主持的《从中国出发的全球史》,邀请国内一流历史学家集体创作,设想一种从中国出发的全球史叙述方式,颇具创新意义,但主要叙述脉络仍难免被各种驳杂斑斓的历史材料掩盖,难以获得一以贯之的体系性认知感受。

第五节　人类发展观与世界体系理论

一、人类发展观与世界体系理论概述

如前所述，人类发展观需要一种人类整体性的认知视角，全球史倾向于从时间维度提供一个全球化的分析视角，沃勒斯坦的世界体系理论则更多地从空间维度提供了一个全球化的理论分析框架。

世界体系理论横跨诸多学科，尤其在发展社会学和全球史领域影响深远。某种程度上，世界体系是对人类发展观的一种整体性反思，虽然这种反思主要从"经济体系"入手，但至少已经将人类发展的整体性上升到了一种"世界主义"的程度。

世界体系理论是在吸收多种社会理论的基础上形成和发展起来的。这些社会理论主要包括法国年鉴学派理论、结构主义理论、新马克思主义理论和依附理论。

法国年鉴学派对世界体系的影响主要集中在方法论上。法国年鉴学派重视整体历史和全球历史及其长期发展趋势，这在世界体系理论中表现为世界体系的形成历史和系统整体的演变规律。

结构主义理论对世界体系的影响主要体现为结构决定论。结构决定论认为事物是由结构要素组成的，要素和要素之间的关系即结构，决定着事物的本质和特征，并具有稳定性。这种影响在世界体系理论中主要体现在对世界体系变迁的论述上。

世界体系理论的代表人物沃勒斯坦在其著作《现代世界体系》中，所采用的"生产力""劳动分工""生产关系""社会经济结构"等概念和范畴是对马克思主义理论的借鉴，这致使西方学者视此著作为一部雄心勃勃的具有马克思主义理论色彩（或者被称为"新史密斯式的马克思主义"）的著作。

依附理论是世界体系论最主要的理论来源之一。它的许多概念和观点，如依附的结构、不平等的交换、核心对边陲的掠夺等皆为世界体系理论所借鉴。

世界体系理论的分析单位是世界体系，而不是单个国家。沃勒斯坦认为，各民族的历史是相互联系的，共同形成一定的世界性体系，不是孤立发展的。世界体系是一个社会体系，它具有范围、结构、成员集团、合理规则和凝聚力。它类似有机体，体系内的生活大体上是独立自主的，体系发展的原动力大体上是内在的，体系的生命力由彼此冲突的各种力量构成。① 总体来看，世界体系是一个整体，世界体系的变迁决定着民族国家的兴衰，要理解整体中任何局部地区的社会变迁，都必须首先研究该地区在世界体系中的位置，如此才能探讨其在世界体系中的演变过程以及其他地区在体系内部运动的因果变化。

世界上存在过两种体系：一种是世界帝国，另一种是世界经济体。世界帝国是由单个政治实体控制大部分地区，如罗马帝国等，这些帝国主要是通过军事征服和政治统治来控制领土，并没有形成世界性的经济体。世界经济体是由单个实体覆盖大部分地区的经济领域，但其对领土没有控制权。从16世纪开始，随着资本主义生产方式的发展，以西北欧为中心的世界经济体系，即资本主义世界体系逐渐形成。这一体系将全球民族国家都纳入其中，每个国家都成为其中的一个要素或单位。

二、沃勒斯坦对资本主义世界经济体系的分析

沃勒斯坦认为民族国家并不是近代以来社会变迁的基本单位，具有结构性经济联系和各种内在制度规定性的、一体化的现代世界体系才是考察16世纪以来社会变迁的唯一实体。现代世界体系是一个由经济、政治、文化三个基本维度构成的复合体。

经济体是整个世界体系的基本层面，是政治体和文化体存在、发展的决定性因素。世界经济体的雏形是产生于"延长的16世纪"（1450—1640年）的欧洲经济体。在这一时期，欧洲内部的社会经济状况发生了重要的"分化"：在西欧，制度性的总危机暴露了封建社会的衰朽，随着现代工业体系和自由雇佣劳动制度的形成，资本主义经济关系逐渐确立并巩固；而在与之毗邻的东欧，同样的危机却导致了不同的社会后果，以农业为主的经济结构得到加强，已经趋于消失的封建农奴制死灰复燃；

---

① [美]伊曼纽尔·沃勒斯坦. 现代世界体系（第一卷）[M]. 罗荣渠，等译. 北京：高等教育出版社，1998：460.

地中海沿岸各国的社会发展程度则介于两者之间。这样一来，在具有互补性的地区劳动分工的基础上，欧洲的各个地区之间结成了经常的、稳定的、大规模的贸易联系，一体化的欧洲经济体由此诞生。此后，在西欧发达国家的推动下，这一体系不断向外扩张，将美洲、非洲、亚洲等世界各个国家、地区纳入体系中，最终形成了覆盖全球的一体化的资本主义世界经济体（沃勒斯坦认为社会主义国家也需要服从这个世界经济体的规律）。

世界体系的经济空间表现为劳动分工造成的三个地区的划分，三个地区在世界体系中扮演着不同的经济角色，形成三种不同的地位——核心、边陲和半边陲，它们构成了世界体系的结构。核心国家是指那些可以在世界体系中控制和支配其他国家的国家；边陲国家是指那些受核心国家支配的国家；半边陲国家是指那些介于两者之间，既可以在某种程度上控制边陲国家又在某种程度上受控于核心国家的国家。世界体系的这三个组成部分内，不平等的交换和资本积累所产生的剥削和压迫的关系，必然成为世界体系产生振荡和危机的根本原因。因此，世界体系的更迭也将成为必然。世界体系在时间上存在着周期性和趋向性，沃勒斯坦认为周期性和趋向性是既相互联系又彼此不同的，由此形成"周期性节律"和"长期性趋势"，构成世界体系的整体发展规律。

事实上，沃勒斯坦分析了世界体系自16世纪以来民族国家在核心、边陲和半边陲之间地位分化、升降与角色的变迁，尤其是核心国家在西班牙、葡萄牙、荷兰、英国和美国之间的转移。

沃勒斯坦认为，在世界体系崩溃之前，核心—半边陲—边陲的结构是不会改变的，但是，一个国家和社会在世界体系中的地位是可以改变的。核心国家可能变为半边陲国家甚至沦为边陲国家；半边陲国家可能上升为核心国家，也可能下降为边陲国家；边陲国家可能上升为半边陲国家甚至核心国家。一个国家或社会在世界体系中的地位升降及何时升降、如何升降，并不完全由自身的努力所左右，而是由世界整体的状况所决定，即世界体系整体及其运动规律调节着体系内各个国家的地位变化。

世界体系理论为人类发展观提供了整体性的历史动态视角，用动态的三维模式考察世界经济体系的兴衰与更替，揭示了核心国家下降为半边陲与边陲国家以及边陲与半边陲国家上升为核心国家的可能性。世界体系理论突破了国家的层面，把发展中国家、资本主义国家、社会主义国家都纳入世界体系的范畴内，以"世界主义"的姿态分析了人类整体经济范式的运作规律和过程，回应了人类发展观内在的认知挑战，取得了明显的解释成效。

同时，沃勒斯坦的世界体系理论的缺陷也很明显，主要表现在以下几个方面：首先是过度的结构决定论和经济决定论，忽略了单个国家或地区的内部因素，也忽略了政治与文化因素的重要影响；其次，过度的西方中心论和资本主义中心论，几乎完全忽视了社会主义国家及其体系化状态的作用与意义。

对此进行深入考察，我们可以发现沃勒斯坦的世界体系理论在时空维度上的局限，它仍然缺少将人类及其文明作为一个整体的宏观姿态。在时间维度上，他仅仅总结了1500年以后以西北欧和北美为中心呈现出的一些历史经济规律，忽视了更久远之前的人类文明整体性发展的历史；在空间维度上，他仅仅强调了资本主义经济体系，忽视了社会主义经济体系和更广大久远的文明形态，并且对世界体系内部构成要素，比如民族国家与世界体系的关系、民族国家之间的关系，分析不足。

也正是在这个意义上，后来一些世界体系理论者，在理论的发展过程中突破了欧洲中心论和世界体系唯一论的局限。如美国学者阿布-卢格霍德在其著作《欧洲霸权之前：1250—1350年的世界体系》中认为，在1500年以西北欧为中心的现代世界体系出现之前，有过另一个世界体系，亚洲在其中居于主导地位，这一世界体系在1350年解体。贡德·弗兰克则在其著作《白银资本》中指出，我们现在生活的世界体系至少可以追溯到5000年前。同时，他还认为中心-外围的分析也适用于1500年前的世界体系。在工业革命前是亚洲的时代，中国和印度是全球体系的中心。至少直到1800年为止，亚洲尤其是中国一直在世界经济中居于支配地位，在现代早期历史的大部分时间里处于中心地位的不是欧洲而是亚洲。欧洲正是凭借着从美洲掠夺的大量白银资本，而慢慢搭上由亚洲牵头的世界经济列车，并实现最终的超越。

借鉴这些思考，从人类发展观的整体视角出发，我们可以尝试将世界体系理论的时空范围进一步向前推进。在时间维度上将世界体系推进到1500年之前的全球史领域，在空间维度上将世界体系扩展到包含政治、经济和文化诸多领域的"文明"空间，并重视其内部更多子体系的运作规律，以此来回应当下人类发展观的"文明冲突"论和西方中心论。易言之，世界体系理论不再是对世界"资本主义经济"体系1500年以来的运作规律的陈述，而是对全球史视域中"世界文明体系"的全面思考和总结。

三、"世界文明体系"以及人类发展观的新探索

如前所述，如果从结合文明冲突和世界体系的理论视角来进行全球史的演变分析，就可以发现，人类文明的世界体系由来已久。自文明诞生之初，人类就处在一个相互联系的状态之中，尤其是亚欧大陆的各种文明，一直在不断地沟通融合，形成了一个"世界文明体系"。

所谓1500年代以来的近现代过程，也只是亚欧大陆早期的世界文明体系逐渐扩展到新大陆并形成新的世界文明体系的过程。

具体而言，发展社会学意义上的"世界文明体系"理论，将文明的冲突和融合纳入全球史和世界体系中加以考察，从大历史和大体系的维度给我们提供了以下几个基本理论思路。

第一，人类文明的发展历史具有某种整体性规律，从唯物史观的角度，可以发现无论文明如何界定，其上层建筑始终受到经济基础的影响。人类历史发展进程中各种文明相互竞争和相互依存的文明规律，本质上是农业文明和游牧文明，以及近现代以来工业文明和所谓后工业文明（包括其衍生的海洋文明、大陆文明等体系化分类）相互竞争和相互依存的反映。

第二，从人类文明发展的全球史角度来分析，可以发现1500年代以来的所谓现代化过程，事实上是亚欧大陆（含北非）的文明扩展到全世界的过程。简而言之，亚欧大陆是文明中心区，其他大陆则成为边缘和半边缘地带，在1500年代之后成为亚欧大陆文明的扩展之地。亚欧大陆为何成为文明的中心区域，其文明体系为何能够扩展到全球，这是所谓近现代化和人类发展观需要加以解释的重大问题。一个能够为人们广泛接受的理由是亚欧大陆纬度方向辽阔，其内部文明之间具备冲突融合的良好沟通性，而其他大陆则相对狭窄，文明之间的沟通交流不足，因而发展不足。

第三，亚欧大陆的不同历史时期，文明之间有一种中心与边缘、半边缘的体系性依存关系。比如，亚欧大陆上生态环境的不同导致生产能力不同，人类群体的差距因此开始出现，并且由于环境趋于稳定，形成了延续至今的文明形态平面结构：热带地区是狩猎采集文明，中纬度地带是农业文明，中纬度北部至高纬度地带是游牧文明，高纬度地带至北极地区则又是狩猎采集文明。这形成了亚欧大陆1500年代以前的世界文明体系，其中农业文明处于中心地带，游牧文明处于半边缘地带，狩猎采集文明处于边缘地带，其中当然也有一些混合交叉地带。整体而言，1500年代之前，农业文明和游牧文明（总体而言也包含狩猎采集文明）的冲突和融合，构成了亚欧大陆文明体系发展的主要动因。

第四，进一步而言，亚欧大陆的文明体系可以大致分为三大农业文明区域及其周边的游牧渔猎文明区域，这构成了亚欧大陆文明体系的基本分化。具体分为环地中海一神教文明区、印度次大陆多神教文明区、东亚儒教文明区，以及各自周边的游牧渔猎文明区。

第五，三大农业文明区域的形成和发展，一直都包含与周边半边缘的游牧渔猎义明区甚至是相对边缘蛮族文明区的反复互动、冲突和融合，这本就是亚欧大陆世界文明体系内部的动力机制。这种机制的具体运行过程需要从全球史的角度加以梳理和解读，毕竟以往的世界文明史都过于忽视半边缘和边缘地带的游牧渔猎文明区的存在，并且对文明体系内部的竞争依存关系和动力机制揭示不足。实际上，环地中海一神教文明区的犹太教和伊斯兰教，就是闪族中的游牧民族所创；而印度教中的种姓制度，与雅利安人征服印度密不可分；东亚中华民族的历史，则一直有游牧文明和农业文明的矛盾冲突，这对儒教文明的形成与发展影响深远。

第六，三大农业文明区内部又可以区分为不同的区域中心和不同的繁荣发展阶段。如一神教中的犹太教、基督教和伊斯兰教，各自有其辉煌阶段，并相互冲突融合发展出更多的教派和分支；印度次大陆上古老的婆罗门教演变为印度教，同样经历了佛教等其他宗教的冲击；儒教文明则扩展到周边日本、越南等区域，形成大中华文明区，并对历史演进包括近现代化过程造成了深远影响。这些文明子体系的内部关联也需要从全球史的角度分析，才能得到相对清晰的解读。

本章小结

从世界文明体系的视角出发的人类发展观，可以清晰地将发展解读为人类世界文明体系内部的互动和演进过程，并将现代化解读为1500年代以来亚欧大陆文明体系扩展到全球的过程。在世界文明体系的人类发展观视野里，西方文明既不普适，也不独特，只是亚欧大陆文明体系的一部分，需要顺应世界文明体系的发展规律而发展变化。

此外，如何结合文明冲突和融合的全球史视角，从世界文明体系出发来梳理人类发展观的形成、流变和近现代化过程，是发展社会学面对全球化以及文明冲突融合的新局面、摆脱过度的"西方中心论"、形成新的人类文明共同体基本共识的重要理论和现实路径，需要我们进一步思考和探索。

第二章
文明起源与亚欧大陆世界文明体系

第一节　文明的起源与"世界文明体系"的分析起点

一、文明的界定与起源

文明如何界定？如何理解世界文明体系的起源？

为了回答这一问题，首先需要厘清文明与文化的区别。

文化作为一个概念，在学术界有很多定义，但大体上可概括为广义文化和狭义文化两种。

广义文化即通常说的大文化。从内容上看，既指人类征服自然、改造自然、人化自然的实践活动、实践过程，又指人类通过物质和精神生产实践所创造的一切物质财富和精神财富。

狭义文化则是指广义文化中排除人类改造自然的物质创造活动及其结果后的部分，专指人类精神创造活动及其成果，即与经济、政治相对应，反映并作用于社会经济和政治客观存在，由政治、道德、艺术、宗教、哲学等意识形态所构成的观念体系。

与对文化概念的客观描述不同，文明概念则含有一定的价值判断。准确地说，"文明"是指人类社会的进步状态和理性社会体系，其同样具有广义、狭义之分。

广义的文明是文化发展积极成果的总和，是良好的生活方式和精神风尚，表明物质文明、精神文明和政治文明达到较高的水平。狭义的文明是指与人类失序状态相对的理性化社会体系。

考古学上对文明的判断标准有三条：有容量为5000人以上的城市，文字，以及复杂的礼仪建筑。而在我们的日常生活用语中，"文明"一词的使用非常频繁，分类也相对复杂。

从社会构成的角度来说，文明可以分为物质文明和精神文明，也可以进一步细分为政治文明、经济文明、军事文明、宗教文明等，甚至还可以继续细分下去，如宗教文明又可以分为基督教文明、伊斯兰教文明、印度教文明、儒教文明①等。

从生产方式的角度来说，文明可以分为狩猎采集文明、游牧文明、农业文明、工业文明、后工业文明等。

从地缘社会的角度来说，文明可以分为海洋文明、大陆文明、海岛文明等。

尤其是海洋文明和大陆文明这两个概念，似乎是海洋法系（案例法）和大陆法系（成文法）、海洋法理（相对分散的权力和法治体系）和大陆法理（相对大一统的权力和法治体系）日常使用的种种概念的最初来源②，而其根本含义又似乎模糊不清，构成了我们日常用语中关于文明和世界文明的各种混沌理解。

因此，我们从社会学的视角出发，强调文明作为一种理性化的社会体系，其主要判断标准是能够作用于个体身上的社会力存在与否及其程度大小，并沿着"理性化社会体系"诞生的脉络更有针对性地来寻找"世界文明体系"形成的起点和机制。

著名社会学家马克斯·韦伯将"理性化"界定为祛魅，即祛除人类原初的神秘主义行为的过程。在这个意义上，"理性化社会体系"暗含人类从蒙昧的多神崇拜向理性化宗教和文化转变的意蕴。

雅斯贝尔斯则在其著作《论历史的起源与目标》一书中提出了"轴心期文明"的概念和理论，将这种"理性化社会体系"纳入全球史进程中加以深度解析。

---

① 关于儒教是不是宗教存在争论，本书采用杨庆堃"弥散性宗教"的说法，将中国文化中的宗教性因素合称为儒教文明，也可称为儒家文明。儒教文明和儒家文明在本书中属于同一概念。

② 陆权论和海权论：1919年，英国战略学家哈尔福德·约翰·麦金德提出了"陆权论"。他指出：亚欧大陆是世界的核心，是"世界岛"，而一切海洋国家都处于边缘。谁统治了东欧，谁就能主宰心脏地带；谁统治了心脏地带，谁就能主宰世界岛；谁能统治世界岛，谁就能主宰世界。与麦金德不同，二战期间，美国战略家尼古拉斯·斯皮克曼，依据他的"三海战略"，提出了"海权论"。斯皮克曼指出：地中海是控制亚欧大陆和非洲的要塞，加勒比海是大西洋和太平洋之间的要冲，而中国南海则是印度洋和太平洋的咽喉，谁控制了这三个"海"，谁就将控制世界。麦金德把亚欧大陆视为中心，把海洋视为边缘，但斯皮克曼则反其道而行之。他指出：只要以边缘包围中心，便可以瓦解中心。以上见解基于20世纪的地缘政治，分别指出了以亚欧大陆和海洋为中心的地缘政治争霸策略，但是与世界文明体系及其历史规律并无太大关联。

二、轴心期文明

雅思贝尔斯认为，人类社会的发展大致经历了四个阶段。

第一个阶段是史前阶段。在这一阶段，人类经历了漫长的进化过程。在与自然抗争的过程中，人类逐步产生了语言，学会了制造工具，学会了对火的应用。人类第一次变成了真正意义上的人。

第二个阶段是古代文明阶段。这一阶段的主要标志是最初的三大文明在地球上三个不同地区兴起，包括古代埃及、苏美尔、巴比伦、爱琴文明，雅利安印度文明，以及古代中华文明。古代文明阶段已有文字、高大的建筑和美妙的艺术品，人类开始从非历史阶段步入历史阶段。

第三个阶段是"轴心期文明"阶段。公元前800—前200年发生在各大文明中的人类精神猛醒过程，标志着人类历史"轴心期文明"阶段的形成与发展。公元前500年左右是轴心文明的高峰期。在这个时期，几大文明思想的精华几乎同时而相互隔绝地在中国、印度和西方产生。中国诞生了孔子、老子、庄子、墨子等思想家。印度则进入佛教文明时代，不可知论、唯物论、诡辩论、虚无主义等哲学派别得到空前发展，并产生了《吠陀》《奥义书》等宗教经典和"梵我同一"的哲学体系。巴勒斯坦出现了以利亚、以赛亚等先知，希腊出现了荷马、赫拉克利特、柏拉图、毕达哥拉斯等贤人哲士。

第四个阶段是科学技术时代。雅斯贝尔斯把"轴心期"飞跃之后的时代称为人类历史上的"文明间歇期"。在这期间虽有生产力和物质财富的发展，欧洲却进入了黑暗的中世纪。与"轴心期"相比，人类历史此时进入了漫长的精神停滞状态。直到15世纪，随着科学时代的来临，人类精神才开始孕育新的生机。他把15世纪以后的时代称为科学技术时代。这一时代经过17世纪的重大发展，到19世纪全面展开，把欧洲与世界其他地区特别是亚洲完全分开，欧洲成为世界文明的中心。人们今天所看到的西方文明正是被这一时代改造的结果。

虽然雅斯贝尔斯关于第四个阶段只有欧洲走出文明间歇期的观点深陷西方中心论视角，但他指出了亚欧大陆文明在"轴心期"共同爆发的事实："这个时代产生了直至今天仍是我们思考范式的基本范畴，创立了人类仍赖以存活的世界宗教之源端。"这可谓对亚欧大陆文明区域最早的总结提炼之一。

进一步而言，正是雅斯贝尔斯将韦伯的理性化概念引入具体历史过程中，描述和总结了理性化宗教文明成型的世界历史局面，为我们提供了关于世界文明体系诞生原点的某种思考。

当然，雅斯贝尔斯由于其西方中心论以及文明相互隔绝的视角，最终没有将亚欧大陆的文明当作一个平等互动的体系来看待，也没有发现文明中心区域与边缘地带的互动融合机制，更没有提出"世界文明体系"的概念和理论。

但是，如果我们能够沿着他的这种思考进一步推进，深入理性化文明产生和发展的全球史事实，从中分析出亚欧大陆文明爆发的"共同因素"，则我们可以将这些文明的"共通性"当作一种文明的"世界主义"特质，从而获得"世界文明体系"从亚欧大陆诞生和发展并最终遍布全球的某种原理和机制。

三、轴心期文明与世界文明体系的开端

综上所述，从社会学的角度而言，文明是指与人类失序状态相对的理性化的社会体系。①

世界文明体系即具有"世界主义"文明指向的世界型文明互动体系及其互动机制。②

在人类文明发展历史上，公元前800—前200年的"轴心时期"，在亚欧大陆诞生的各宗教文明成为人类理性文明的代表，分别发展出各具特色的"世界主义"文明特质。因此，从轴心期文明入手来分析和概括"世界文明体系"及其形成和演进过程，具有相对的合理性。

---

① 需要强调的是，这种"文明"与一般人理解的"与野蛮状态的对立"不完全相同，更多的是"与社会失序的对立"。比如很多人形容游牧文明的"野蛮"事实上也是一种理性化社会秩序状态，只是富裕程度相对较低，社会规则相对简单，并不是完全的社会失序。

② 世界文明体系是指自"轴心时代"起，亚欧大陆各大文明中心就发展出"世界主义"文明指向，并在农业与游牧业大分工的基础上发展出以农业文明为中心、游牧文明（含渔猎、蛮族等原始小型文明形态）为边缘的世界性体系化文明互动机制，其历史影响绵延至今。

虽然人类起源于非洲最后遍布于世界已成公论，青铜器文明在亚欧大陆的传播也有迹可循，但本书的重点在于如何从文明冲突与融合的世界文明体系视角出发，寻找人类文明发展规律，消除过度的"西方中心论"话语影响。因此，回到1500年代之前的"轴心时期"，从理性宗教文明体系产生之处揭示"世界文明体系"从亚欧大陆产生和发展的动力机制，不失为一个较好的分析起点。

第二节 "亚欧大陆世界文明体系"："世界主义"特质及其产生与发展的动力机制

如前所述，以雅斯贝尔斯的思考为基础，我们可以发现亚欧大陆"世界文明体系"的起点，即"轴心时期"宗教文明理性化的突破。这一时期世界文明体系在亚欧大陆出现并逐渐发展壮大，可以简称为亚欧大陆世界文明体系（以区别于1500年代以后从亚欧大陆世界文明体系扩散到全球之后产生的全球民族国家世界文明体系）。

亚欧大陆世界文明体系包含三个既相对独立又相互联系的文明区域，在"轴心时期"各自发展出以理性宗教文明为代表的"世界主义"特质，其背后是共同的"亚欧大陆世界文明体系化结构"。其共同的动力机制，是亚欧大陆世界文明体系中心区域的农业文明与边缘区域的游牧文明的互动。

一、何谓"世界主义"文明特质？

所谓世界主义，是将整个世界想象为一个共同体的认知过程。事实上，无论是世界主义还是民族主义，它们在本质上都是一种共同体构建理论，二者的区别从表面上看是在共同体范围的大小上，实质上却在于作为共同体标准的"普世主义"准则上的差异。

世界主义者认为这个世界上存在超越国家、民族，至高无上、放之四海而皆准的"普世主义"价值观念，并以这种价值作为文明体系的核心理念。

当下最为人熟知的世界主义普世价值是康德"世界公民"意义上的道德自律和自由、马克思主义的共产主义理想等，这些产生于 1500 年代以后的世界主义理念，某种程度上正是"轴心时期"产生的更古老的"世界主义"理念的延续和发展。

而亚欧大陆三大文明区产生人类最初的"世界主义"理念的背后，是亚欧大陆中心农业文明和边缘游牧文明对立统一的世界文明体系结构。

二、亚欧大陆三大文明区域的"世界主义"文明特质

如雅斯贝尔斯所言，亚欧大陆的轴心时期，古代埃及、苏美尔、巴比伦、爱琴文明，雅利安印度文明，以及古代中华文明都产生了具有"世界主义"特质的理性宗教文明。

其中，一神教文明区域由犹太教拯救本民族到基督教拯救世界所有人的宗教理念转变，印度教文明区则通过转世轮回观念将所有世间不平等（包括种姓制度）彻底消解，儒教（儒家）文明区出现了"修身齐家治国平天下"的天下一体姿态。

理性宗教文明的产生，是一种社会事实和社会力的表现，也是一种社会学想象力依托文化基因的具象化。正如《人类简史》所言，智人能够最终胜出的原因，在于其语言"文化基因"中的意义想象，能够使人群规模突破自然限制，获得群体规模上的社会竞争力。而这种文化基因产生之后，一直在不断进化和发展。随着人类生产力的进步，有关群体的想象和认同规模不断增长，从原始部落的家庭家族，到奴隶社会的王国组织，再到具有"世界倾向"的"世界帝国"，构成了亚欧大陆历史发展的统一走向。在这个过程中，宗教的理性化、"世界主义"特质的出现，和各种"世界帝国"的出现几乎同期，本质上是同一种人类发展趋势。作为轴心时期文明共同演进的成果之一，大约在 2 世纪，亚欧大陆上并存着四大世界性帝国，即罗马帝国、帕提亚帝国（安息帝国）、贵霜帝国、汉帝国，横跨亚欧大陆广大疆域。沃勒斯坦认为，资本主义世界体系出现之前存在的唯一世界体系就是世界帝国，这当然失之偏颇。我们从世界文明体系的视角切入可以发现，三大文明区域的"世界主义"特质与"世界帝国"组织模式之间，既有某种共同的趋向，又有不同的轨迹，既可以相互协同，又能各自分立。其中，世界帝国更多地偏组织

模式，而文明区域更多地偏群体的社会想象和认同①，由此构成世界文明体系中政治文明和宗教文明相携而行的状况。

以此为背景，进一步深入分析可以发现，亚欧大陆各文明区域群体的社会认同和想象，与原始部落—大型王国—世界帝国扩展的趋势相适应，但主要依托社会意义想象，其比世界帝国的存续和发展更为久远，可以称为世界文明体系。

具体而言，轴心时期，亚欧大陆世界文明体系三大文明区域各自的"世界主义"特质的想象路径各有不同。

环地中海一神教文明区域：原始多神崇拜—犹太教—基督教。

印度次大陆多神教文明区域：原始多神崇拜—三大主神（种姓制度）—轮回转世。

东亚儒教（儒家）文明区域：原始多神崇拜—家庭家族诸侯国（修身齐家治国）—天下一体（平天下）。

简单类比一下就可以发现，与"原始部落—大型王国—世界帝国"组织扩展模式相类似的社会想象扩展规律。其中，一神教文明区域以"犹太教"的一神想象来构建类似"大型王国"的状态，犹太教只对本民族开放，由此而构建出基于历史和宗教文化特质的"民族"想象；基督教则对世间所有人平等开放，意图拯救所有世人。基于某些原因，印度次大陆并没有发展出本土的"世界帝国"，印度教因此固化了由雅利安人入侵而发展起来的"种姓制度"，不同"种姓"的存在类似于"大型王国"的群体想象，并以"轮回转世"的宗教内蕴消解了"种姓想象"中必然存在的"不平等"，以对所有人都公平的"来世轮回"，迎接外来世界帝国的世俗治理。儒教（儒家）文明区的"修身齐家治国平天下"，是家国一体的想象路径，其将世俗化生活和出世超越理想同化于"日常生活"，通过修养道德，既能和睦家族，又能将国家和天下化入平等一致的体系之中。

在这个意义上，我们可以发现，亚欧大陆三大文明区，虽然各自的

---

① 帝国在狭义上用来形容由君主（皇帝）统治的强大国家，广义上用来形容国力强大的国家，而不限于君主制国家。世界帝国和世界文明体系之间有某种交叉，某种程度上，世界帝国很难仅仅以统治区域来加以界定，而从跨越不同的群体想象这个视角出发，可以将世界帝国界定为统治区域辽阔、境内不同文明群体（比如不同宗教信仰群体、不同人种等）享受同样治理待遇的专制型国家组织。也是在这个意义上，可以将波斯帝国看作是世界上第一个真正横跨亚非拉三大洲和统治不同宗教信仰群体的世界帝国。

"世界主义"文明特质有所不同,但都指向同一个"世界"共同体想象,包容"世界帝国"治理的兴衰成败。这个"世界",是一个所有人都能平等相待的"理性化世界",只有在这种"文明"的意义上,"世界帝国"的统治才是合理合法的,同样,以此为基础,各种群体的认同才是可靠和稳固的。一个人只有学会从家庭家族到大型群体成员再到世界一体成员的想象,才能成为放之四海而皆准的"文明"人。

在亚欧大陆存在"中心农业区"和"边缘畜牧游牧业区"经济大分工的基础上,以"中心"和"边缘"地带的"世界体系化"纵向对立,来替代和覆盖不同族群之间复杂多变的横向对立,是"世界主义"共同体想象的关键。① 在某种程度上,只有理解了异质性文明中存在的理性化要素,理解了"中心"和"边缘"的反复冲突和融合,我们才能真正理解文明"世界"的辽阔和平等的内涵,而这种异质性的对立统一,在亚欧大陆历史中主要通过中心农业文明和边缘游牧文明的互动显示出来。

也正是在这个意义上,我们认为,中心农业文明与边缘游牧文明的体系化对立,是亚欧大陆世界文明体系产生和发展的动力机制,对亚欧大陆三大文明区域的演进路径具有某种决定性的影响。②

三、亚欧大陆世界文明体系的动力机制:中心农业文明与边缘游牧文明的对立统一

如上文所述,亚欧大陆轴心时期宗教理性文明的突破及其"世界主义"特质的产生,正是基于亚欧大陆世界文明体系中农业文明和游牧文

---

① 热带和寒带狩猎采集文明带对于亚欧大陆文明在轴心期的突破影响较小,我们将其中更靠近游牧文明带的渔猎采集等文明形态归于游牧文明来进行分析,由此认为亚欧大陆世界文明体系的内部互动结构主要是中心农业文明和边缘游牧文明之间的冲突与融合。

② 从生产力对生产关系具有决定性的视角而言,边缘游牧文明不能脱离中心农业文明而建立独立的生产模式,其必然要与中心农业文明进行互动和交流,这使得亚欧大陆的"世界主义"想象必然兼具沟通中心农业文明和边缘游牧文明的属性。从朴素辩证法的角度而言,这也是中心区域与边缘区域对立统一的必然结果,只是在古代生产力基础上表现为农业文明与游牧文明的对立,在近现代则更多地表现为工业文明与农业文明,甚至资本主义体系与社会主义体系的对立,但其内在的世界主义体系性是一致的,并且具有某种历史的渊源和脉络。

明的对立。当然,这种对立统一的形成和"世界主义"共同体想象的突破也并非一蹴而就,需要我们对其进行更深入的分析。我们既要关注其中的"世界主义"特质,也要关注属于中间类型的"大型想象"建构实现突破的过程,如犹太教、种姓体制的形成等,如此才能相对透彻地了解世界文明体系的动力机制及其具体的文明化路径。

众所周知,亚欧大陆有文字和传承记载的古文明主要诞生在大河流域,如尼罗河流域的古埃及文明、两河流域的古巴比伦文明、印度河和恒河流域的古印度文明以及黄河流域的中华文明。

但正如上文所言,人类大型理性宗教文明的产生,并非仅仅源于农业文明内部,而更多地受到第一次社会大分工的影响,是农业文明和游牧文明相互竞争和融合的结果。

亚欧大陆上,从亚洲东端的日本、朝鲜,经中国而至东南亚、南亚,再到西亚和小亚细亚,再联结东南欧、东欧、中欧、西欧和隔海相望的不列颠岛,气候温润,宜于种植,形成了一条长弧形的农耕文明带。在农耕世界的北方,横亘着一条水草丰满的草原地带,东起西伯利亚、蒙古草原,经中亚细亚、里海、咸海和高加索,直至欧洲黑海北岸和喀尔巴阡山脉,适合饲养牲畜,形成了一个大体与农耕世界南北平行的游牧文明带。

亚欧大陆两大平行地带形成之后,农耕生产的增长率大于游牧生产的增长率。农耕模式必然趋向于定居,这又使它的发展以及随之而来的社会、文化方面的发展,有较大的和较为稳定的承袭可能。食物生产变得丰饶以后,就有可能分出一部分或更多的社会劳动力从事农耕以外的活动。例如,手工制造、金属开采和冶炼、建筑、开凿河渠、贸易交换、社会管理、宗教祭祀,等等。总之,农耕地带较快地诞生了文明,较早地出现了阶级分化和公共权力,也在较大范围内形成了有利于扩大再生产的社会秩序。由于管理、防卫和交换的需要,还逐渐兴起了城市或社会分工较细的居民定居点,这就使农耕地带富庶且文明了起来。与此相比,游牧地带的生产率增长得很缓慢,不能或很少能分出较多的社会劳动力用于游牧以外的各种活动。虽然也有社会阶级分化,但分化很有限度,原始部族制度牢固存在,停留于一种淳朴而落后的状态。这两个平行存在的世界,一个富庶先进,一个贫穷落后,南农北牧,南富北穷。

两者之间的南北划分当然不是绝对的。在偏南的农耕世界，也有从事游牧的部族，阿拉伯半岛上的游牧部族就是一个突出的例子；在偏北的游牧世界，也有从事农耕或半农耕的部族。

游牧世界在生产水平、人口数量上，都不如农耕世界。但是在主要的、关键性的生产技术方面，许多游牧部族与农耕世界的差距不大，金属冶炼和制造就是这样。农耕世界具有的金属武器，游牧部族也具有。活动于亚欧草原上的游牧部族斯基泰人就善于铸剑；源出游牧部落、后来进入西亚边缘的赫梯人，是最早冶炼并锻造了铁器的一批人。游牧世界使用的金属武器，起初是青铜的，后来是铁的，并不落后于农耕世界。既然双方使用武器的水平大体相当，一旦农耕世界的国家因内部矛盾，包括统治阶级内部和对立阶级之间的矛盾，而出现力量衰落的情况，游牧部族在这时向农耕世界发起冲击，完全有可能占据优势。游牧世界具有一个农耕世界无法比拟的特点，就是它相对而言具有较高的机动能力。在军事上，机动性强的少数游牧部族能够制胜安土重迁的农耕力量。自从战车和马进入历史，游牧世界各部族的机动性更是成倍地增强，由此而形成的冲击力量，往往使农耕世界的先进文明国家处于难以防御的地位。古代世界最早出现发达农耕文明的两个中心——美索不达米亚和埃及，都没能抵挡住来自北方的以战车武装起来的游牧、半游牧民族的冲击。

在亚欧大陆古代文明发展史上，三大中心农业文明区域在形成以后，受到过游牧世界的三次大冲击：① 公元前 21 世纪前期，印欧语系族群对西亚和印度的入侵；② 11 世纪中期，匈奴人西迁和日耳曼人对西罗马帝国的征服，阿拉伯人对农耕世界近一半地区的占领；③ 13 世纪，蒙古人对东亚、中亚、南亚、西亚、东欧和西欧大片地区的征服。

这三次冲击都是 1500 年代西欧文明崛起之前亚欧大陆世界文明体系发生转变的大事件，能够反映出文明边缘地带冲击和融入文明中心的动力机制。

印欧语系的雅利安人入侵在灭亡三大古文明（即古印度、古巴比伦和古埃及文明）的基础上，发展出新的文明形式。在印度地区，作为印度教前身的婆罗门教和种姓制度建立起来，在古巴比伦和古埃及文明的基础上，以犹太教为代表的一神教文明得到发展。

而古代北方游牧文明对中国黄河流域农业文明的反复冲击和两者的互动融合，则成为儒教（儒家）文明形成的关键性因素。

可见，在整个亚欧大陆，中心农业文明与边缘游牧文明的相互冲击与融合，是理性宗教文明实现"轴心突破"的体系化动力机制。

农业文明与游牧文明的相互冲击与融合，文明中心与边缘地带的此消彼长，以及各种文明要素之间的反复渗透，是亚欧大陆世界文明体系内在的对立统一力量，决定了亚欧大陆文明"轴心突破"的发展模式和方向。

下面我们分区域来解读亚欧大陆三大文明区域各自的发展特色，及其文明特质中农业文明和游牧文明对立统一动力机制的具体表现。

第三节　亚欧大陆世界文明体系之环地中海一神教文明区

如前所述，根据亚欧大陆世界历史进程和宗教文明类型的差异，可以将亚欧大陆世界文明体系分为三大中心农业文明区域，这些中心地带在农业文明与边缘地带的游牧文明不断互动。除此之外，农业文明内部不同类型和区域之间也在不断发生冲突与融合，形成了复杂的文明图景，有待我们进一步深入分析。

一、亚欧大陆世界文明体系之环地中海文明区

环地中海文明区可能是亚欧大陆文明体系中最为复杂多变的区域。该区域地理环境复杂多变，既包含亚欧大陆上最大的陆间海——地中海，又地处亚欧非三大洲之间，还连接着亚欧大陆大草原与沙漠和蛮荒区，是亚欧大陆各种复杂地形的交汇处。

除地理环境的复杂多变之外，环地中海地区的古代文明发展进程也云谲波诡。本地区有古老原生的农业文明，其中古埃及和古巴比伦的农业文明各有特色。本地区还包含非原生的古希腊罗马文明、腓尼基商业文明、古波斯文明等，很多地区的具体历史进程都缺乏明确的文字信史记载。

再加上由于后来的历史叙述刻意将西欧与亚欧大陆其他地区的文明割裂开来,我们很难清晰认知环地中海文明区的体系性。

幸好,一切历史最终都能从思想史中获得相对清晰的脉络。在理解亚欧大陆世界文明体系的前提下,从宗教文明内在理性突破的视角出发,我们也许能够获得某种关于环地中海区域文明的整体性认知。

二、环地中海文明区一神教的起源和发展:阿吞神和琐罗亚斯德教

环地中海文明区的中心首先出现在地中海东部的西亚和埃及,经过波斯帝国的整合后西移雅典,再至罗马,经过希腊化和罗马统治时期地中海区域文化的交融和碰撞,最终形成了环地中海文明区。这种实现"轴心突破"的文明发展过程,本质上是人类社会认同逐步从小群体模式走向大型群体组织的过程。在环地中海文明区,最早的农业文明出现在古巴比伦城邦王国和古埃及王国。在游牧族群的冲击下,两种文明反复互动,其中出现了亚述这种军事王国,然后凝结成最早横跨亚非欧大陆的波斯帝国、罗马帝国等。这是一个类似于东亚中华文明区从夏商周三代发展到春秋战国直至秦汉实现一统的进程。儒家文明的"轴心突破"是中华文明区的主要线索,对于环地中海文明区而言,一神教的诞生和"轴心突破"是其中的关键。

古巴比伦和古埃及的中心农业文明都诞生于公元前 3000 年左右,早期宗教都属于多神的原始崇拜。其中古埃及相对封闭,更早形成"神王一体"的统治策略,将埃及统治者法老王泛化为神灵,以利于统治。

古埃及的多神教传统十分久远,在其内部慢慢发展出主神阿蒙,但并没有一神教的概念。公元前 14 世纪中叶,第十八王朝法老阿蒙霍特普四世看到了阿蒙神庙祭司们不断增加的财富所构成的威胁,决定推行宗教改革,奉行一神论,并将阿吞奉为至高无上的唯一主神——太阳神。这种由多神向一神教转变的改革尝试,主要起因是国王与祭司阶层的权力争斗。虽然最终失败,但是让我们体会到了"一神"概念产生过程中的世俗权力特征和社会认同需求。

西亚另一支被历史忽视的早期一神教是琐罗亚斯德教,又称拜火教、祆教。早期的原始宗教都没有唯一的"造物主"概念,只是在众神中渐

渐发展出了"主神"。后来一神教的出现，和雅利安原始宗教多神崇拜中的主要内容——密特拉（mitra）崇拜——有直接的关系，密特拉崇拜在上古是最主要的崇拜形式之一，火、光明、太阳神崇拜都源自密特拉崇拜，它也是古埃及多神崇拜向一神崇拜转变的思想来源之一。

琐罗亚斯德教事实上已经是一个改革过的宗教。到公元前6世纪，琐罗亚斯德才真正完成具有一神论性质的宗教改革，阿胡拉·马兹达成为唯一的、最高的、不被创造的主神光明神，而它的原型密特拉则被降格为阿胡拉·马兹达在人世中的代表。

公元前522年，波斯阿契美尼德王朝大流士一世执政后，为了统一波斯，独尊阿胡拉·马兹达，力图贬低部落的氏族神等。其后继者塞齐斯等追随大流士的举措，常自称为阿胡拉·马兹达的使者，声称神的意志通过皇帝宣示人世。据考证，琐罗亚斯德的庇护者维斯塔巴就是大流士的父亲，琐罗亚斯德也独尊阿胡拉·马兹达为最高神。

环地中海文明区早期中心农业文明的一神教尝试，大都出于农业文明稳定世俗统治、建立统一的地上王国世俗唯一权威的思想需要，也是人类历史逐步从原始部落联盟发展至大型王国再到形成横跨亚欧大陆的大一统帝国的自然文化反应①。但是这种一神教仍然具有配合世俗权威的意味，并且多与具体形象（如火、太阳）等关联，没有上升到"彼岸世界"抽象精神的层次。

三、环地中海文明区一神教的起源和发展：犹太教

约公元前20世纪，阿拉伯半岛东北部的一些闪族游牧部落跨越幼发拉底河进入迦南（今巴勒斯坦南部）定居，其被称为希伯来人。后发展为以色列的12个部落，因逃荒而迁居埃及。约公元前14世纪，以色列人在摩西率领下逃离埃及，在西奈山与上帝立约，将希伯来人的传统宗教发展为具有统一信条和礼仪的"民族化"宗教。

随后以色列人进入迦南，于公元前10世纪形成部落联盟，建立了统一的以色列联合王国，定都耶路撒冷。公元前930年，王国分裂为南部

---

① 波斯人有记载的历史和文化始于公元前2700年。公元前2000年，古波斯人游牧部落雅利安人自中亚进入今伊朗地区，排挤了当地土著居民而定居下来。波斯帝国是波斯人定居之后建立起来的世界性大帝国。

犹大和北部以色列两国。公元前 722 年，以色列国亡于亚述帝国①，10 个部落被放逐后在历史上销声匿迹。犹大国则臣服于外邦，在这一时期，一批先知起自民间，在严重的民族危机和社会矛盾面前，极力强调对唯一真神的崇拜，抨击注重外在仪式的祭司宗教，提出内在信仰和道德戒律，形成犹太教先知传统。

犹太民族形成一神教精神王国的救赎理想，其内在的边缘游牧文明特质密切相关。某种程度上，正是犹太民族四处迁居的生活方式，使得他们无法建构一种偏于定居生活的一神教组织形态，如阿吞神和琐罗亚斯德教一样。犹太民族的一神信仰虽然与其他一神信仰在来源和内涵上有相似之处，但更偏重精神性认同。犹太教的产生是典型的边缘文明向中心文明学习社会想象与认同方式，并获得巨大成功的案例，对后世产生了重大影响。

如前所述，希伯来人的祖先原居住在美索不达米亚乌尔城附近，作为游牧部落，在和当地农业民族发生矛盾后向西迁徙到迦南，后来迁徙到埃及，成为古埃及的附庸和奴隶民族，最后在摩西的带领下，逃出埃及，回到应许之地建立国家。希伯来人的国家被巴比伦王国消灭后，所有人被拘押到巴比伦，史称巴比伦之囚。公元 70 年，罗马帝国攻占耶路撒冷，圣殿再度被焚毁，犹太人流散各地，处于罗马帝国和波斯帝国统治之下。

为适应流散各地的不同现实生活，犹太教内部需要对自古流传的律法经典进行重新解释。原来集中于圣殿的祭司献祭仪式已无法举行，各地出现的会堂逐渐成为犹太人宗教生活的中心。精通律法的文士成为会堂的宗教导师，称为拉比（师傅）。犹太教也因此称为拉比犹太教。拉比犹太教强调社会伦理、宗教礼仪和律法，尤为注重口传律法。2 世纪末，犹太·哈纳西执掌巴勒斯坦犹太公会时期，将历来的口传律法条文汇编成法典《密西拿》。该法典于 3 世纪初广泛流传，后于 5 世纪扩充为口传律法汇编《塔木德》。由此演绎的一整套敬神做人的准则，成为犹太教社团一切行为的依据，不仅限于宗教行为，也囊括法律和社会生活。

---

① 亚述帝国是中东大陆上早期的军事专制型帝国，但是仍然没有达到波斯帝国那样横跨三大洲的规模，也没有发展出波斯帝国的统治性策略，因而更多地偏向于原始部落联盟—大型王国—世界帝国发展序列中的"大型王国"阶段，只是因为其军事专制型统治策略而被泛称为帝国。

事实上，自公元前722年以色列国亡于亚述帝国，直至1948年犹太人建立以色列民族国家之前，犹太人大部分时间处于一种相对漂泊的"大流散"生存状态。不同于相对稳定的农业民族对一神教的建构，对犹太民族而言，犹太教主要创建的是一个"漂泊"生存状态中的"精神王国"，并致力于在"末日审判"基础上实现对犹太民族彻底的拯救。

这种与彼岸世界立约，形成法典，约束此岸生活的精神王国属性，是犹太民族游牧精神特质对理性宗教文明的巨大贡献，并成为西方文明最为重要的文化基因之一。

四、环地中海文明区一神教的起源和发展：基督教

基督教信仰来源于犹太教。

如前所述，犹太民族信仰弥赛亚，他们在颠沛流离的"漂泊"历史中形成了"末日审判"的民族救赎理想，建立起本民族的精神王国。而耶稣基督传播的基督教教义则相信这种救赎在当下时代就会发生，信仰耶稣基督是人们当下的救赎方式，并且基督教对世界上所有人都平等开放，而不再局限于犹太民族。

耶稣大约生于公元前4年，在加利利的拿撒勒长大，他从30岁开始传道，行神迹、医病、赶鬼，并招募门徒，最后在公元33年左右，被犹太祭司长、文士及法利赛人诬陷，受罗马犹太行省总督本丢·彼拉多审判，被钉死在十字架上。耶稣死前曾预言自己死后三天会复活。在被钉死后，根据传统犹太丧葬习俗，他被身涂香料并裹上细麻布，放入坟墓石穴之内，并因先前预言而遭犹太祭司长派兵驻守坟墓，以防遗体被偷。但耶稣"复活"后，人们在坟墓里寻不着耶稣遗体，其后许多耶稣的门徒作证看到了耶稣复活和升天，耶稣被钉死在十字架并复活的消息构成了基督教信仰的基石。耶稣生平及其言行记载于《新约圣经·四福音书》中。

耶稣和他最初的跟随者都是犹太人，耶稣的教导也基于《希伯来圣经》（犹太人的宗教典籍），后者成了基督教的《旧约圣经》。但犹太教领袖认为耶稣的教导与犹太教不相符，圣殿祭司和犹太公议会（当时耶路撒冷最高宗教和民事法庭）合谋借罗马统治者之手处死耶稣。耶稣被钉死在十字架之后，犹太领袖一直试图压制耶稣的跟随者。但《使徒行传》记载道，在耶稣被钉死又复活后，使徒们组成与当时犹太教和希腊信仰不同的教会，

容许未受割礼但受了浸礼的外邦人入会。他们被称为基督徒，并宣称耶稣为基督。基督徒一开始采用的是犹太教典籍的希腊语译本作为他们的《圣经》，之后又加入了《新约》各卷。

由于其救赎信仰的开放性和平等性符合历史的发展趋势，基督教在不断受到犹太教会和罗马统治者打压的同时迅猛发展。公元1世纪，基督教仍然只是罗马帝国犹太行省的一小群犹太人信仰的小型宗教，到3世纪末就成为地中海地区最大的宗教，横跨了整个希腊罗马世界。

公元313年，君士坦丁大帝下旨认可基督教。公元380年，基督教成为罗马帝国国教。1054年，东西教会分裂为罗马天主教会和希腊东正教会。16世纪的宗教改革运动又从天主教会分离、创造出新的基督教社群——新教，并演变出许多教派。

罗马天主教与希腊东正教在中世纪散布到全欧洲，文艺复兴时代又进一步散布到全世界，成为目前世界上最大的宗教之一。现今最具规模的三大教派为罗马天主教、东正教、基督新教（如路德宗等）。

公元7世纪，在犹太教和基督教的影响下，位于阿拉伯半岛上的沙漠游牧民族阿拉伯人又发展出伊斯兰教，当今世界最富影响力的三支一神教最终形成。从来源上讲，他们同属于亚伯拉罕系（三大一神教一致认同的先知，阿拉伯人和犹太人共同的始祖）宗教，敬拜的是同一个上帝，只是对上帝的称呼有所不同，某些核心教义也有差别。

总之，从亚欧大陆世界文明体系的视角出发，我们可以发现，环地中海文明区一神教的"轴心突破"，产生于亚欧大陆农业文明和游牧文明相互冲击和融合的背景下，社会认同想象单位逐步从原始部落联盟发展到大型王国，再进一步发展到波斯、罗马那样的世界大帝国。从最早的"一神教"思想萌芽，到犹太民族建立起服务于本民族认同和"救赎"的犹太教，再到日后面向世人开放的"基督教"，本就是文明冲突和融合发展到世界帝国单位的一种精神文明表现。其中有琐罗亚斯德教这种最终服务于世俗帝国统治权威的一神教，又有"犹太教"这种在"漂泊"特质基础上发展出来的"精神救赎"模式。此种文明体系内在的对立统一，最终导致基督教分裂为以帝国皇帝为最高牧首的东正教和强调教皇权威的天主教体系。前者成为亚欧大陆大一统帝国治理的主流模式之一，伊斯兰教甚至将其发展到了某种政教合一的极致状态，使宗教权威和世俗权威完全合流。

事实上，这种与彼岸世界的唯一真理象征"立约"，并以此作为律法权威来源的一神教"彼岸为此岸立法"的精神，在环地中海文明区的海洋文明代表——古希腊哲学中表现为对彼岸世界的抽象思辨、"逻各斯中心主义"及其"理性立法"，只有在这个意义上，才能理解环地中海文明区内在的一致性及其日后的发展进程。

第四节　亚欧大陆世界文明体系之印度次大陆多神教文明区

众所周知，当下印度次大陆最具有影响力的宗教是崇拜多神的印度教和崇拜一神的伊斯兰教，前者是所谓印度次大陆本土宗教，后者属于外来传播宗教。但事实上，印度教的前身婆罗门教及印度特有的种姓制度，同样也是文明冲突与融合的结果，是亚欧大陆世界文明体系化的产物。

一、婆罗门教的产生

印度次大陆，又称南亚次大陆，是喜马拉雅山脉以南的一大片半岛形的陆地，是亚洲大陆的南延部分。由于受喜马拉雅山阻隔，形成一个相对独立的地理单元，但面积又小于通常意义上的大陆，所以称为"次大陆"。印度次大陆相对独立，仅仅在北部兴都库什山脉有一条狭长的通道与亚欧大陆其他部分连接。中部是印度河—恒河平原，南部是德干高原及其东西两侧的海岸平原。低矮平缓的地形在这一地区占有绝对优势，不仅交通方便，而且在热带季风气候及适宜农业生产的冲积土和热带黑土等肥沃土壤条件的配合下，大部分土地可供农业利用，农作物一年四季均可生长，有着得天独厚的自然条件。

这种内部农业条件得天独厚，仅仅通过狭长通道与外部连接的地理条件，也为游牧部落长驱直入打开了方便之门，成为形成印度次大陆文明区特色的地理基础。

已知的最古老的印度文明是公元前3000年的印度河流域文明，通常以其代表遗址所在地哈拉帕（在巴基斯坦旁遮普省）命名，称为哈拉帕文化，后不知何故灭亡。取代哈拉帕文化的是由西北方进入印度的雅利安人带来的新文化体系，这一吠陀宗教文化（包括最早的吠陀教，后来发展为婆罗门教和印度教）是古典印度文化的起源。作为一种独特的多神宗教，它没有明确的具体创教人，是不同的宗教信仰和哲学派别汇合而成的宗教思想体系。

公元前30世纪定居在印度河河谷的居民已经使用青铜器皿，大多从事农业和畜牧业，已有象形文字，并能制作各种造型艺术作品。其流行的宗教信仰主要是对地母神、动植物（特别是牛）、性器官和祖灵的崇拜，浸浴和土葬是重要的宗教仪式。有些出土的画品上还绘有修行者跏趺而坐和冥想的形象。这些宗教信仰和实践与后世印度民间信仰的湿婆崇拜和瑜伽修习等有一定的联系。

公元前20世纪中叶，雅利安人由兴都库什山和帕米尔高原进入印度河流域，并和当地的主要土著民族——达罗毗荼人进行长期斗争并征服了他们。雅利安人在进入印度以前原是游牧部落。在他们的氏族公社中，父权占统治地位。宗教信仰方面主要崇拜人格化了的自然神和祖灵，实行火祭和苏摩祭。孩童成年时须举行入门仪式，才能成为部落的正式成员，死后实行火葬。他们在印度河流域定居并和当地土著民族融合后，逐渐过渡到农业社会阶段，形成了以《吠陀经》为核心的吠陀教，崇拜多神，实行烦琐的祭祀仪式。

随着阶级分化和奴隶制国家的逐渐形成，到公元前7世纪，古老的吠陀教演变成以"吠陀天启、祭祀万能和婆罗门至上"为三大纲领的婆罗门教。

二、婆罗门教的理性宗教文明特色

婆罗门教的主要宗教文明思想有两个方面。

一是信仰方面。婆罗门教信奉吠陀思想与婆罗门的无限权威——透过祭祀，人和神可以直接沟通。人们崇尚自然、歌咏自然，尤其崇拜神格化的自然神——梵天、毗湿奴和湿婆神。人们之所以崇拜他们，是因为三大主神各司其职，共同主宰宇宙的一切：梵天创造宇宙，主宰人类的命运；毗湿奴维护宇宙间的和平，展现赏善罚恶的大无畏精神，故最得人们敬仰；湿婆神不但能毁坏宇宙，同时能降伏妖魔，繁衍（生殖）世间。人们只能服从神的权力，崇拜主神赐给人们的生活，严格遵循既有之不平等的种姓制度。

婆罗门教的种姓制度等级森严，人被分为4个种姓，即婆罗门、刹帝利、吠舍和首陀罗。婆罗门地位最高，主要是教士和学者；刹帝利次之，主要是贵族和战士；再次是吠舍，主要是农夫和客商；首陀罗地位最低，主要是农奴和奴隶。以此为基础，又发展出数千种次级种姓和不可接触者（贱民），并且世袭罔替、不可更改。

二是业报轮回思想方面。婆罗门教认为，生死轮回的根源来自业。业，是行为善恶的造作，产生于人们无限的"爱欲"与无始以来的"无明"。婆罗门教认为，"我"是生命轮回中的主角，人的身体因"我"而生，人的活动也由"我"而起，所以"我"是恒常存在的；现世人生的苦，由前世行为招感而来，今生行为的善恶，同样也会连带前世的业缘，影响到下一世的人生。

正是这种相对"消极"文明形态的确立，使得婆罗门教有一种相对"无欲无求"的现世接纳态度，人生的主要目标是承担今生的痛苦和求取来世的幸福以及"轮回"的最终解脱。同样，基于此种形态的文明并无太大的对抗和竞争性，印度次大陆也因此多次受到外族入侵，并被强行纳入当时主流的强势文明的治理秩序之下。但无论上层统治者和帝国形态如何变化，印度教始终是印度次大陆底层社会秩序的文明基石。

三、作为亚欧大陆世界文明体系一部分的婆罗门教（印度教）文明特色

婆罗门教是印度教的前身，与印度教没有根本区别。公元前6世纪至公元4世纪是婆罗门教的鼎盛时期，4世纪以后，由于佛教和耆那教的发展，婆罗门教开始衰弱。8—9世纪，婆罗门教吸收了佛教和耆那教的一些教义，结合印度民间的信仰，经商羯罗改革，逐渐发展成为印度教。这些宗教在其核心思想，如轮回业报层面具有极强的一致性，甚至可以看作婆罗门教、印度教吸纳了佛教，属于同一种宗教理性文明形式。

从亚欧大陆世界文明体系的视角来看，同样面对农业文明和游牧文明的相互竞争和融合，印度次大陆理性宗教文明并没有走向"彼岸世界为此岸世界立法"的一神教道路，而是推崇相对"消极"的"轮回转世"和"种姓体制"，以来世幸福和脱离轮回为最高的精神追求，接纳外来世界传入的基本文明秩序，最终形成自身多神教的理性宗教文明特色。

第五节　亚欧大陆世界文明体系之东亚儒教（儒家）文明区

儒家思想是不是一种宗教？对此存在着各种争论。我们暂且抛开这些争论，从"轴心时期文明突破"的角度，将儒家思想当作一种理性化文明，来看待儒家思想的社会想象模式和路径。在这个意义上，儒家思想到底是不是一种宗教并不是问题的关键。东亚儒教文明区也可以称作东亚儒家文明区。①

东亚儒教（儒家）文明区，在历史上指中国以及受中国皇帝册封的周边国家或民族地区，主要包括东亚（现大中华区）、日本、朝鲜、越南等传统上使用汉字的国家和地区，也包括传统上使用蒙文、藏文的一些国家和地区。中国周边这些国家或民族以古汉语作为交流的媒介，从中国历代王朝中引进国家制度、政治思想并发展出相似的文化和价值观。

"东亚"是一个现代地域名称，无具体的意义和内涵，大概指喜马拉雅山脉以东，太平洋以西的广大地区。从亚欧大陆世界文明体系的视角而言，所谓东亚儒教（儒家）文明区，也包含东亚农业文明区和广阔的亚欧大陆草原地区，甚至东南亚部分地区。

---

① 在本书中儒教文明和儒家文明并称，是同一概念。以下基于行文需要使用，强调亚欧大陆宗教文明形态时主要使用儒教文明，而探讨中华文明特质时基于习惯用法主要使用儒家文明。

作为亚欧大陆世界文明体系的一部分，儒教（儒家）文明区的"轴心突破"同样产生于社会治理和社会群体认同逐步扩展的历史过程中，也即东亚地区从原始村社部落渐次转变为诸侯王国再进一步成长为大一统帝国的历史进程中。

一、儒教（儒家）文明的产生

儒教（儒家）学说初步形成于中国春秋时期，公元前 500 年前后，创始人为孔子。后经孟子、荀子等人的发展，更趋成熟。秦汉以来，儒家文明区阳儒阴法的大一统传统逐渐形成，汉武帝在元光元年（前 134 年）采纳董仲舒"罢黜百家独尊儒术"的建议，儒家学说成为国家信仰。此后，儒家学说传播到朝鲜、日本、越南等地区，在这些地区发展并成为官方学说。同时，儒家思想的影响也逐渐深入人们的日常生活。

春秋战国时期是东亚地区从诸侯争霸走向大一统帝国统治的转型时期，与亚欧大陆环地中海文明区和印度次大陆文明区不同，东亚大陆的农业文明与游牧文明之间有漫长的接触区，万里长城（几乎与 400 毫米等降水量线重合，也即农业与游牧业的地理分割线）的存在就是一个直接表征。

这也意味着长城以南的农业文明区与长城以北的游牧文明区始终处在不断的日常性冲突与融合状态，甚至难以清晰区分。这种情况既不同于犹太民族的颠沛流离状态，也不同于印度次大陆形成的文明地理区隔，催生了东亚文明区注重从日常生活中寻找理性规则的文明特色。

在诸侯国家向大一统帝国转变的春秋时代，孔子顺应所谓"夏尚忠、殷尚鬼、周尚文"的三代人文传统，编纂"五经"，提出以世俗人伦道德构建儒家社会的经典思想。其注重家庭伦理秩序，注重具体经验知识，敬天奉祖，主要关心现世世界，而不是鬼神和来世。最终形成了儒家的核心价值观——仁义礼智信、忠孝廉耻节等观念，形成了理性化的社会认同想象。

此种在日常家庭家族观念基础上形成的社会秩序有利于农业社会的稳定，但面对游牧文明的冲击，还需要有强有力的中央集权，这成为法家思想的社会想象来源。法家思想可上溯至春秋时的管仲、子产，后经战国时李悝、吴起、商鞅、慎到、申不害等人的大力发展，遂成为一个学派。战国末期，韩非对他们的学说加以总结、综合，集法家之大成。法家强调"不别亲疏，不殊贵贱，一断于法"，这为中央集权的秦制提供了有效的理论依据。事实上，法家既是农业文明集权应对游牧文明冲击的需要，本身也是农业文明向游牧文明学习的交融产物。如秦制重视军功，立下战功就给予包括官职在内的很高赏赐，以此来激励士兵与将领奋勇作战，本就是向游牧民族学习的结果，这也成为秦国军队战斗力强大和一统六国的重要原因。

在汉武帝时期，儒家和法家合流为所谓的"阳儒阴法"的大一统思想制度，这是一种外松内紧的统治策略，表面推崇仁政，实际推行法治。"阳儒阴法"是大一统帝国中央集权制度的一种成熟的治国策略，它代表了一种兼容并蓄的政治心态，既避免了儒家的柔弱，也避免了法家的严酷，实质上是农业文明和游牧文明相互冲突和融合的结果。

在中华文明的历史上，这种"阳儒阴法"的大一统模式影响深远，其具体内涵伴随着农业文明和游牧文明的反复互动而不断演变，形成了秦汉、唐宋、元明清等典型帝国及其文化特色，一治一乱的历史周期律由此而奠定。

二、儒家天下观：世界文明体系的天下观

理解了儒家文明内在的人伦理性特色，就理解了在农业文明与游牧文明对立统一基础上形成的大一统帝国治理策略。"阳儒阴法"以及由此而形成的道德体系和差序秩序，既不同于环地中海一神教文明区"以彼岸世界为此岸（现实）世界立法"，也不同于印度次大陆多神教文明区"以轮回消解和接纳外来统治秩序"，而是一种人伦差等基础上的道德文化权威建构。在此基础上，儒家文明区形成了自身的天下观。

中国古代的天下观是一种世界文明体系和世界政治秩序合而为一的概念，它是古代的中国人认识和理解世界的一种观念，尤其是一种关于世界文明体系和政治世界的理论构思。

中国古代的天下观分为空间上的构想和人文政治的构想两种。

"五服"理论借助祭公谋父之口被阐发了出来："先王之制，邦内甸服，邦外侯服，侯卫宾服，夷蛮要服，戎狄荒服"。这一理论以距离"王畿"中心的远近为次第，将各地区分为甸、侯、宾、要、荒五个尊卑贵

贱不同的区域。

第一，"天下"从空间意义而言，是指"天底下所有的土地"，它指称"整个世界"。早在商朝就将天下分为"四方"和"中央"两个部分，而这种"中央"与"四方"的方位观，形成了以后中国天下观的一个基本要素。周代以来，古代思想家们利用诸如"五服""藩服""哉服"等空间概念建构了中国式的、具有一元等级世界秩序特征的"天下观"。而这些有关空间概念的论述又都包含古代思想家们的人文政治理想。

作为一种人文政治构想，"天下观"自然就并不纯粹是对自然地理的论述。人文政治的构想主要表现在以下五个方面。

第一，"天下观"体现出的是"天下一家""王者无外"的一元观念，即世界秩序从总体来说具有"内敛""德化""非战"的特征。"天下观"中的"天下"概念是中国思想家建构出的最大空间单位，是一个包含有无限空间含义的词汇。天下的中心是相对稳定的，但是其边缘却是无限开放的。"天下"是既定的、恒定的、宿命的，是一个永恒不变的常量，它把纷繁复杂的现实世界纳入其中。拥有"天命"的"天子""皇朝"随着"五德"的变化而发生变化，但他们统治下的"天下"却是永世不变的。以世界文明体系的视角而言，这意味着这个"天下"永远以"农业文明"为中心，以周边朝贡国和"游牧文明"为半边缘和边缘地带。当然，在这个文明体系中，半边缘朝贡国和边缘游牧文明并不完全符合物理上的空间分布规律，半边缘国主要通过学习和朝贡获得文明序列中的存在感，而边缘文明则主要通过征服和文化改造来实现体系化认同。但是这二者是可以交叉共存的，比如历史上主要的朝贡国之一日本，就长期存在着对中原大陆的某种野望，而早期的蒙古游牧文明，也努力向中原文明学习。

第二，"天下观"体现出的是一种尊卑等级的思想，它建构出的世界秩序是一元性等级体制。"天下观"虽然使空间内部与空间外部同处于天下范围，但这种内部与外部绝不是处于平等地位的。中国古代天下观展现出的空间概念，既有内外之别，也有优劣之分，这种内外优劣之分与华夷之辨联系了起来。对"天下"进行的等级划分，主要体现在华夏和"四夷"在方位、空间的固定化上。以世界文明体系的视角而言，这意味着中心农业文明与边缘游牧文明之间的某种尊卑等级秩序，建立在前者的"文明"和后者的"野蛮"基础之上。①

第三,"天下观"建构下的世界秩序中,中心地区与半边缘和边缘地带之间具有共容和互利的特征。"天下观"建构下的世界秩序是一种等级秩序,在这一等级体系中,中心地区和边缘地带的相互依赖具有非对称性。处于中心的中国王朝对半边缘的朝贡国依赖程度较小,对边缘的游牧文明依赖更小;而半边缘的朝贡国和边缘的游牧文明对中心的中国王朝依赖性则较强。正是双方这种相互依赖的非对称性造成依赖程度较弱的中心国对依赖程度较强的朝贡国和游牧文明拥有巨大的权力优势。但这种等级秩序有别于其他等级秩序,权力中心与周边区域虽有等级尊卑之分,但二者不是征服与被征服的关系,也不是宗主国与殖民地之间的关系。在中华帝国和周边国家的关系上,中华文明以其优越性和道德上的优越感来感化周边地区,以扩张文化为其重要使命,而不以掠人土地、占人国土为目的,这也就形成了一种世界文明体系意义上的天下一体观。

第四,以此种天下一体秩序认同为基础,游牧文明天然具有向中原中心农业文明侵进和寻求认同的冲动和需求。这种认同需求不仅是经济依存的表现,更是深层次上"文明化"的内在需求。由此而能理解游牧文明所形成的军事集团和军事化帝国,始终具有"心向中原"的文化需求(当然也包括半边缘地带朝贡国),其在入主中原之后,也能屡屡接受本地的文化认同(如元、清)。这本就是世界文明"天下体系"的一体两面。当然,在具体治理策略上,偏于游牧文明的帝国与偏于农业文明的帝国会有所不同。

第五,进一步而言,东亚儒家文明区的"天下一体",同时也是亚欧大陆世界文明体系更大范围内农业文明与游牧文明对立统一体系的组成部分。如殷商时期的战车文化,就深受雅利安人及其传播的战车文化的影响。而被农业文明帝国远逐的游牧民族,也会通过亚欧大陆草原游牧地带,对其他文明区域产生影响,或在其他地方重新建构世界帝国——如被汉朝远逐的匈奴,后来对晚期罗马帝国产生冲击,受此种驱逐影响

---

① 若严格从世界文明体系的视角出发,则这种文明中心与边缘地带的尊卑秩序服从"对立统一的平等规律"。"文明"的农业社会秩序和"野蛮"的游牧社会秩序,都是相对理性化的社会秩序表现,只是其富有程度和规则繁复程度有所差异。某种程度上,正是这种"文明"和"野蛮"之间的相互冲突和相互学习,引致世界文明体系内在的更新和发展。

的大月氏，于中亚建立贵霜帝国，对印度文明又有所影响；元帝国几乎统一亚欧大陆的征服事件，金帐汗国对俄国治理传统的影响，都基于同一世界文明体系而存在于历史脉络之中。

由此可见，这种儒家文明内核的天下观，既是东亚儒家文明区形成的思想基础，也是亚欧大陆世界文明体系对立统一的具体表现。

总之，东亚儒家文明区以阳儒阴法的人伦秩序和帝国治理策略，来应对亚欧大陆农业文明和游牧文明对立统一基础上的社会秩序建构要求，形成了具有儒家文明特色的天下观，为亚欧大陆世界文明体系作出了巨大的贡献，影响深远。

本章小结

首先，我们从亚欧大陆理性宗教文明"轴心突破"的视角出发，分析了亚欧大陆世界文明体系内在的动力机制，即不同生产方式基础上不同文明之间不断相互冲突和融合的对立统一机制。在这种文明内在的动力机制作用下，不同文明区都渐次从原始村落社区发展为诸侯王国，再逐渐成长为大一统帝国。在这个过程中，不同的文明逐渐摆脱了原始宗教崇拜的束缚，去除了各种具有神秘主义色彩的社会认同想象，达到了共同的理性宗教文明突破。

其次，围绕亚欧大陆不同类型的理性宗教文明的产生和发展历史，我们将亚欧大陆区分为三大文明区，即环地中海一神教文明区、印度次大陆多神教文明区和东亚儒教文明区，每个大型文明区又具有自身的社会认同想象和社会秩序特色。其中，环地中海一神教文明区"以彼岸世界为此岸（现实）世界立法"，印度次大陆多神教文明区"以轮回消解和接纳外来统治秩序"，东亚儒家文明区则"以阳儒阴法来实现人伦秩序和天下治理"。

最后，亚欧大陆三大文明区虽然各有其文明秩序特色，但都是亚欧大陆世界文明体系的一部分，它们拥有相同的文明冲突与融合的动力机制，并在世界文明体系发展到帝国时代的背景下，实现了对社会认同和世界秩序的人文主义意义想象。虽然各有出世入世的特色，但本质仍然指向不同文明对立统一的人类文明共同体。在这种政治文明和宗教文明相携而行的"世界文明体系化"进程中,我们可以发现比政治文明和世界帝国治理更为深层次的"世界主义"文明机理。其中,环地中海一神教文明区,以犹太教为"大型社会想象"基础,并最终扩展为基督教"世人平等"的理念,以此来实现跨越不同群体的"世界主义"共同体想象,之后的社会治理主要在世界帝国的政教合一和政教分离之间做选择。印度次大陆以"种姓制度"为"大型社会想象"基础,并以"轮回转世"意义上的绝对平等跨越了此种"世俗不平等",接纳了世俗社会和外来世界帝国的统治。东亚儒家文明区则在阳儒阴法的指导思想下,以"家国一体、化家为国"的人伦秩序作为"大型社会想象"基础,并在"天下体系"中建构和包容了不同的文明特质——中心地带的"文明"和边缘地带的"野蛮"既有尊卑和等级秩序,又相互包容、彼此渗透。而这些"世界主义"的想象和建构,又以亚欧大陆整体意义上的农业文明和游牧文明的世界文明体系化对立统一为基础。

之后的全球历史,则主要在这种亚欧大陆世界文明体系的运作和互动过程中展开。三大文明区,既有相似的人文世界想象,又有独特的差异与冲突,还各有其内部的文明区划与互动,形成了世界文明体系"轴心突破"之后的古代文明历史脉络。

第三章
亚欧大陆世界文明体系古代史

亚欧大陆世界文明体系的古代史时间节点（简单将"古代"界定为"1500年代发现新大陆之前的时代"），大概起自亚欧大陆"轴心时期（前9—前3世纪）"，至1500年代发现美洲新大陆结束。一方面，亚欧大陆文明古代发展史有其世界文明体系化特色；另一方面，三大文明区又各有其区域特色。

其中，环地中海一神教文明区以"彼岸世界为此岸世界立法"为文明特色，除了犹太教、基督教和伊斯兰教的宗教彼岸世界之外，还包括古希腊逐渐发展出来的通过哲学思辨抽象出的彼岸世界；既包含与一神教上帝立约的宗教法典，也包含建立在抽象理念思辨基础上的世俗法典，其中尤以罗马法典为典型代表，形成了复杂的文明局面。另外，蒙古帝国兴起等其他区域文明因素，为环地中海一神教文明区加入了更多的变数。

印度次大陆多神教文明区以"轮回消解和接纳外来统治秩序"为特色，其古代发展历史包括内部的宗教多元化进程，如佛教、耆那教等兴起，以婆罗门教为前身的印度教改革和最终胜出等；也包括多次的外族和异文明入侵，其中尤以伊斯兰教传播和蒙古帝国兴起等因素对印度次大陆文明状态的影响为著。

东亚儒家文明区则以"以阳儒阴法来实现人伦秩序和天下治理"为特色。在农业文明与游牧文明不断纠缠互渗的背景下，儒家文明历经秦汉、唐宋、元明清等"治乱"重构，"唐宋转型"之后南方逐渐得到开发，宋明理学受从印度传入的佛学影响，尝试建立新的哲学体系，其天下观逐渐影响朝鲜、日本、越南等周边朝贡国家和地区等。

总之，自"轴心时期"实现宗教理性文明突破之后，亚欧大陆世界文明体系及三大区域仍然处在不断的文明互动之中，形成了更为复杂的文明冲突和融合局面，需要进一步梳理才能更清楚地理解西方文明近现代化的历史进程。

第一节　亚欧大陆世界文明体系古代史之环地中海一神教文明区

如前所述，从亚欧大陆世界文明体系的视角出发，我们可以发现，一神教的"轴心突破"，产生于亚欧大陆中心农业文明和边缘游牧文明相互冲击和融合背景下社会想象与认同的扩展需要，这与社会治理单位逐步从城邦国家发展到大型王国，再进一步发展到波斯、罗马那样的世界大帝国的过程基本同步。

从最早的"一神教"思想萌芽，到犹太民族建立起服务于本民族认同和"救赎"的犹太教，再到日后面向世人开放的"基督教"，本就是文明冲突和融合发展到世界帝国治理和世界宗教想象的表现。其中有琐罗亚斯德教这种最终服务于世俗帝国统治权威的一神教，又有"犹太教"这种在"漂泊"特质基础上发展出来的"精神救赎"模式。此种文明体系的内在对立，最终导致基督教分裂为以帝国皇帝为最高权力代表的东正教和强调教皇权威的天主教体系，前者代表着古代亚欧大陆大一统帝国治理的主流模式。

实际上，近现代之前，一神教文明区主流大一统帝国治理模式至少经历了三个阶段：以琐罗亚斯德教为中心的波斯帝国阶段，融合基督教和新柏拉图哲学的古希腊、罗马帝国阶段，伊斯兰帝国阶段。其中，伊斯兰政教合一文明模式成为古代环地中海文明的高峰。

前面我们已经介绍了琐罗亚斯德教和基督教兴起的过程，下面分别介绍古希腊、罗马文明和伊斯兰文明的古代发展。

一、一神教文明区的古希腊、罗马文明

如前所述，古希腊、罗马文明具有一神教文明区的文明内核形式，即"以彼岸世界为此岸世界立法"的律法传统，只是更多地从思辨哲学角度出发，并应用于帝国治理的实践，这是环地中海一神教文明区的古希腊、罗马文明的特色。

古希腊位于地中海东部，扼欧、亚、非三洲要冲。它的地理范围大致以希腊半岛为中心，包括爱琴海诸岛、小亚细亚西部沿海、爱奥尼亚群岛以及意大利南部和西西里岛的殖民地。在古希腊找不到肥沃的大河流域和开阔平原，连绵不绝的山岭河川将陆地隔成小块。但是，浩瀚的海域却赋予希腊先民以广阔的发展空间，这里海岸曲折、绿岛相连、港湾众多，地中海气候温和宜人，海洋资源得天独厚。沟壑纵横、耕地缺乏、土地贫瘠，限制了粮食的生产，人地矛盾突出，这迫使古希腊积极从事海外贸易、海外殖民和经济文化交流，发展出了具有特色的海洋文明传统。

公元前2000年左右，爱琴文明发祥于克里特岛，其文明中心后来移至希腊半岛，发展出了迈锡尼文明。克里特岛文明与迈锡尼文明合称爱琴文明，在公元前1100年左右，多利亚人的入侵毁灭了迈锡尼文明，古希腊历史进入所谓"黑暗时代"。今天我们熟知的古希腊文明，实际上并不是原生文明，而是埃及的神王合一宗教、波斯的哲学、腓尼基的文字、巴比伦的天文和"野蛮民族"艺术全面综合的产物，其中尤以思辨哲学为典型。

公元前6世纪，东方伊奥尼亚地区的一些哲学家开始提出世界的本原问题，他们反对过去流传的种种神话创世说，认为世界的本原是一些物质性元素，如水、气、火等。以此为基础，苏格拉底提出思辨和诘难的"辩证法"思维，探求人类的精神本质。柏拉图和亚里士多德更是建立起庞大的哲学体系。柏拉图认为我们感觉到的种种变动的、有生灭的具体事物只是现象，它们的本质是一个同名的、永恒不变的、绝对的"理念"——这实际上是彼岸世界"上帝"的代名词。柏拉图在这个意义上，强调以理性精神为人类立法，并希望通过哲人王来施行政治治理，这实际上是另一种"入世的一神教理念"传统，也即后世所谓"法律面前，人人平等"，只是在早期这个法律的代表是帝国的皇帝。

也正是以此种理念为支撑，古希腊在原始部落—大型王国（在希腊是城邦共和国）—世界帝国的治理进程中，创造了一种以世俗理念和法理为主导的治理模式。古希腊经历了雅典、斯巴达等城邦共和国的尝试之后，走向了雅典帝国形态，并在此基础上形成了亚历山大世界帝国。①

马其顿本只是希腊同盟中的一个城邦王国，公元前336年，希腊马其顿王亚历山大即位，他曾在希腊接受教育，亚里士多德是他的老师。他四处征战，建立了跨越欧、亚、非三洲的亚历山大帝国，东方最远到达印度次大陆。这个帝国虽然很快就瓦解了，但希腊文化得到了广泛传播，历史上称这一时期为希腊化时期。

罗马帝国（正式名称为元老院与罗马人民，拉丁语：Senātus Populusque Rōmānus，缩写 SPQR）继承了亚历山大的法统，是希腊文明的延续和发展。

《罗马法典》成为后来欧洲法理传统来源，是对古希腊"理性立法"精神的实际运用。

在帝国治理传统上，罗马时代先后经历了早期元老院治理时期、共和国时期和帝国时期，实践了古希腊直接民主和共和国治理模式，最后归于大一统帝国模式。实际上，古希腊和罗马的治理模式，同样符合轴心时期原始部落—大型王国—世界帝国的世界文明演进路径，只是在古希腊和罗马，大型王国时期更多的是以城邦和共和国的形式出现，并且主要实行偏向世俗化的法典治理传统。②

另外，罗马帝国晚期立基督教为国教，尝试融合古希腊"理性立法"和基督教"宗教立法"。这两种立法精神均具有"彼岸世界为此岸（现实）世界立法"的实质，只是在文明路径上有所差异，一种是偏于入世的世俗法理，另一种是偏于出世的宗教法理。罗马帝国由此成为后世西方文明治理传统的重要来源，但正是这种出入世法理的二元分化，导致了罗马帝国最终的分裂，也在一定程度上决定了后世西欧文明演进的路径。

---

① 西方中心论的观点一般过于强调雅典城邦共和国时期的民主体制，而忽略其后期的帝国形态。事实上，与其说古代希腊与波斯的对立，是所谓民主与专制帝国、西方与东方的对立，不如说是偏于入世的世俗帝国法理和偏于政教合一的帝国法理的对立。同样的逻辑思路，可以用于解析罗马帝国的历程及其后来的分裂。

② 如上所述，后世所强调的雅典城邦共和国的直接民主形式与波斯帝国专制统治的对立，只是某种近现代西方中心论的建构，两者在比较序列上并不对等。应该以雅典帝国和罗马帝国形态去与波斯帝国进行比较。

其中，东罗马帝国属于亚欧大陆主流的"政教合一"治理模式，基督教在人间立法的最高权威代表是帝国皇帝。而西罗马最终灭亡于蛮族，西欧文明沦为亚欧大陆世界文明体系中环地中海文明区的边缘地带。入世的平等法理，历经西欧中世纪宗教和世俗的诸多纷争，在发现新大陆、宗教改革和启蒙运动以后，才逐渐获得成为世界文明主流的机会。

这种以帝国皇帝为最高法理代表的政教合一治理传统，与中世纪西欧宗教和世俗权力不断对抗彼此纷争的权力分散传统，构成了后世所谓大陆治理传统和海洋治理传统、大陆法理和海洋法理、大陆法系和海洋法系、大陆文明和海洋文明分野的最初来源。只是世俗化的人人平等的海洋系世俗法理传统，一直要到近现代才逐渐成为主流。

二、古代一神教文明区的高峰：伊斯兰教

如前所述，政教合一的文明传统是亚欧大陆大一统世界帝国的主流模式。到7世纪，另一支闪族游牧民族分支融合一神教主流传统，创立了伊斯兰教，将政教合一传统发展至顶峰，宗教权威和世俗权威完全重合。

伊斯兰系阿拉伯语音译，原意为"顺从"。信奉伊斯兰教的人统称为"穆斯林"（意为"顺从者"）。伊斯兰教兴起于阿拉伯半岛，由麦加人穆罕默德（约570—632年）创传。

6世纪末至7世纪初，阿拉伯半岛正处在原始氏族部落解体、阶级社会形成的大变革时期。半岛由于自然环境的差别，社会经济、政治发展极不平衡。以游牧为生的贝都因人，分成许多氏族部落，各氏族部落割据一方，逐水草而居，彼此之间经常为争夺牧场、水源、土地而发生战争，有"血亲复仇"的传统。

半岛沿红海海岸的希贾兹（汉志）地区，自古就是东、西方贸易的重要商业通道。坐落在古商道南北交通中心的麦加，因受过境贸易之利发展为繁荣的商业城镇。麦加古莱什部落的商业贵族执掌着当时阿拉伯人的崇拜中心克尔白神殿的管理权，崇拜多神偶像。

穆罕默德是一位杰出的历史人物。生于麦加城古莱什部落哈希姆家族。他自幼父母双亡，由祖父和伯父抚养。早年失学替人放牧，12岁时跟随伯父及商队到叙利亚、巴勒斯坦和地中海东岸一带经商，广泛接触

过阿拉伯半岛和叙利亚地区的社会状况，了解到半岛原始宗教、犹太教、基督教的情况，这为他后来的传教活动提供了大量社会知识和宗教素材。25岁时，他同麦加富孀赫蒂彻结婚，婚后生活富裕安定，社会地位日益提高。他受一神派思想的影响，经常隐居潜修。相传，610年穆罕默德40岁时的一天，当他在麦加城郊希拉山的山洞潜修冥想时，真主派天使吉卜利勒向他传达"启示"，使之"受命为圣"。此后，他宣称接受了真主赋予的"使命"，便开始了历时23年的传播伊斯兰教的活动。他起初在麦加秘密传教，一些至亲密友成为最早的信奉者，后转为公开向麦加群众传教。穆罕默德在早期的宣教中，告诫人们放弃多神信仰和偶像崇拜，宣称真主是宇宙万物的创造者，是唯一的主宰，要求人们信奉独一无二的真主；谴责多神信仰给阿拉伯人带来的愚昧和社会道德的堕落，宣讲末日审判和死后复活的观念，警告多神教徒如不归顺真主，将在末日审判时遭到惩罚、堕入火狱，归顺真主者将在后世得到奖赏、进入天堂。

穆罕默德以真主"启示"的名义，完成了伊斯兰教义体系及各项制度的创建。他确立了以信奉独一真主为核心的"六大信仰"；规定了穆斯林应履行的"五项"天命功课及仪则；制定了包括宗教教规、民事、刑事、商事、军事等方面的法律制度；将宗教权威和世俗权威合二为一，并逐步扩张，建立了强大的阿拉伯伊斯兰帝国。

伊斯兰教由阿拉伯地区单一民族的宗教发展成世界性的多民族信仰的宗教，是阿拉伯伊斯兰国家通过不断对外扩张、经商交往、文化交流、向世界各地派出传教士等多种途径广泛传播教义的结果。穆罕默德逝世后，伊斯兰教进入"四大哈里发时期"。随着统一的阿拉伯国家的对外征服，伊斯兰教向半岛以外地区广泛传播，史称"伊斯兰教的开拓时期"。661年起，伊斯兰教进入阿拉伯帝国时期，历经伍麦叶王朝和阿拔斯王朝，地跨亚、非、欧三大洲。13世纪中期随着外族的入侵，帝国境内东西部诸多地方形成割据，阿拉伯帝国解体，但伊斯兰政教合一的文明形态仍然是亚欧大陆腹地最具竞争力的帝国模式。

在近现代西方文明成为主流文明之前，伊斯兰文明是亚欧大陆主流的一神教政教合一型文明，伊斯兰世界并立着奥斯曼、萨法维、莫卧儿三大帝国。

其中，萨法维帝国又称波斯第三帝国，实际上承继着一神教早期模式琐罗亚斯德教的传统，后改宗为伊斯兰教什叶派，是近现代伊朗的前身。

莫卧儿帝国则结合亚欧大陆近现代之前主流的伊斯兰教和蒙古帝国治理传统，构建了印度次大陆的上层社会结构，是近现代印度和巴基斯坦的前身。

奥斯曼帝国的版图和影响最大，实际上继承了古罗马（尤其是东罗马）的传统疆域和治理文明，并成为近现代土耳其的前身。

一定程度上，正是伊斯兰教文明占据了古代亚欧大陆的西亚、中亚，成为古代一神教文明的高峰，迫使欧洲（尤其是西欧）文明成为边缘地带，并融合蛮族、基督教以及古希腊罗马传统，重新寻找新的文明辉煌之路。

第二节　亚欧大陆世界文明体系古代史之印度次大陆多神教文明区

如前所述，印度次大陆多神教文明区以"轮回消解和接纳外来统治秩序"为特色，其古代发展历史既包括内部的宗教多元化进程，如佛教、耆那教等兴起，以婆罗门教为前身的印度教改革和最终胜出等，也包括多次外族和异义明入侵过程，以及古代亚欧大陆上伊斯兰文明和蒙古帝国兴起之后对印度次大陆的多元影响。

一、从婆罗门教到印度教

印度次大陆的多神教更多地是一种多元化的宗教思想体现，并没有创世教主，其随着亚欧大陆世界文明体系的发展而变化。

婆罗门教本就是雅利安人入侵后与印度本土的原始崇拜融合的产物，以安于当下的"轮回转世"思想和种姓制度为最大特色。伴随亚历山大大帝东征而来的"希腊化"思想传播，婆罗门教也面临着新的思想挑战，出现了与婆罗门思潮相对立的沙门思潮。

沙门教派是对当时印度次大陆自由思想家及其派别的统称，代表人物包括佛教创始人释迦牟尼、耆那教的大雄符驮摩那、生活派（佛教贬称为邪命外道）的领袖末伽梨·俱舍罗、顺世派的阿耆多·翅舍钦婆罗等。他们的主张虽然不一，但都否定吠陀的权威与婆罗门的政治和思想统治。此外，这一时期在下层人民中亦掀起了一个抵制婆罗门教的新宗教运动。他们不崇拜吠陀中的神和不接受婆罗门的管理，反对用大量动物作为祭祀的牺牲，并建立自己的庙宇，崇拜当地的神灵和动植物——夜叉（鬼）、树木、龙神（蛇神）、林伽（性器官）等。

其中佛教的兴起具有典型意义，带有明显的一神教影响和众生平等的诉求。佛教创始人释迦牟尼生于今尼泊尔境内的蓝毗尼，是释迦族的一个王子，一般认为他生于公元前6至前5世纪间。他在青少年时即感到人世变幻无常，遂深思解脱人生苦难之道。他29岁出家修行，得道成佛（佛陀，意译觉者）后，在印度恒河流域中部地区向大众宣传自己证悟的真理，拥有越来越多的信徒，从而组织教团，形成佛教。80岁时，释迦牟尼在拘尸那迦涅槃。

原始佛教的主要教义有四谛、缘起、五蕴以及无常、无我等。公历纪元前后，大乘佛教兴起，陆续出现一批阐发大乘思想的经典，在理论上发挥了空、中道、实相、六度的学说，对教义有所发展。其中主要的有无住涅槃、缘起性空和唯识说。

总体而言，佛教虽在一定程度上受到一神教思想的影响，把矛头直接指向婆罗门教的等级观念，宣扬众生平等、人人皆可成佛，但本质上仍然深具印度次大陆的"轮回"理念特质，以服从当下秩序、摆脱轮回的涅槃为最高精神诉求，这是其最终被印度教吸纳的思想根源。

孔雀王朝（约前324—约前187年）阿育王时期，佛教获得了极大发展。在印度次大陆建立大一统帝国的尝试失败后，多神教思想成为印度次大陆主流，佛教创始人释迦牟尼也被转化为印度教主神化身之一。甚至可以说，在印度教内在的思想体系之内，佛教和印度教并无本质冲突。

以此为背景，8世纪吠檀多哲学大师商羯罗，创立了不二论，即一元论学说，认为除宇宙精神梵以外没有任何真实的物，梵和个人精神是同一的、"不二"的，并为人们指出了摆脱虚妄、达到真实的道路。

在他看来，物质、个人灵魂、具有人性的神虽然在一定意义上是存在的，但从整体真理的意义上来说，这一切都是幻觉，是梵以幻力施展了神秘而不可喻解的作用的结果。他认为，把幻象当成真有，是以人自身的无知无明为条件的，并强调指出："只有智者可以透过它看到它背后除了唯一实在的梵以外无他物。"在商羯罗的眼里，人的本我，也即不死的灵魂、精神，在本性上是与最高实在梵完全相同的；人生的目的，就是摒弃虚幻不实的物质世界，使人的本我与梵合一，至此便可以摆脱痛苦的世世轮回，进入神妙而又销魂的纯粹极乐状态。商羯罗认为，解脱之道是在心智上进行多方面的修养，逐步做到能区分永恒的东西和无常的东西，控制自己的感官，放弃对于世间物质的执着，热心向往与梵的结合，通过冥想梵我如一的真理获得坚定的信仰。

事实上，印度教在一神论和众生平等的挑战面前，融合了不二论的"梵我合一"思想，当人人都能通过修行获得解脱，并最终摆脱轮回时，则不再需要世俗意义上的权力平等。

以此，印度教应对和融合了佛教等宗教思想的挑战，将婆罗门教的"吠陀天启、祭祀万能和婆罗门至上"改造为"崇拜梵天、毗湿奴和湿婆三相神，直接宣扬世袭等级制度，坚定相信轮回转世"，成为印度次大陆的主流宗教，并影响和传播到东南亚等地。

佛教虽然在印度次大陆被融合吸纳，但仍然向东传播，有藏传、南传和汉传三大路径，影响深远。

二、印度次大陆的外来帝国

在印度教思想成为社会主流的背景下，古代印度形成了宗教文化秩序远远高于政治秩序的文明形态，古印度次大陆内部并无大一统的历史传统，但对于外来文明与帝国入侵有极强的接纳和融合能力。

孔雀王朝是印度历史上第一个统一的王朝，实行中央集权统治，但主要统治区域仍然处于印度次大陆北部。

孔雀王朝灭亡后，印度西北和北部地区接连遭到外族入侵，先是古希腊人、安息人，然后是大月氏建立了贵霜王朝，此后北印度进入分裂期，直至4世纪笈多王朝（4—6世纪）的建立。笈多王朝的统治者对宗教采取宽容的态度，婆罗门教逐渐向印度教转变。

7世纪以后的印度次大陆一直动乱不安，此时，伊斯兰文明兴起。今阿富汗境内信仰伊斯兰教的突厥人迅速强盛起来。1175年，廓尔国的穆罕默德入侵印度并在印度境内建立穆斯林统治区。1206年，其手下在印度建立了穆斯林王国，称为德里苏丹国。15—18世纪，融合伊斯兰文明和蒙古帝国治理模式的莫卧儿王朝统治印度，直至近现代大英帝国入侵。

可见，印度次大陆多神教文明的影响巨大。具本土化特色的孔雀王朝和笈多王朝，都没有完全统一印度次大陆。而外来的古希腊帝国、贵霜帝国、德里苏丹国和莫卧儿王朝等，更多的是停留在印度次大陆的上层，其基层社会结构仍然由多神印度教主导。

总之，作为亚欧大陆世界文明体系一部分的印度次大陆多神教文明，具有极强的内部自治能力和与外来帝国治理秩序融合的传统，由此成为亚欧大陆文明体系不可分割的一部分。近现代西欧文明兴起的一个重要影响因素就是大英帝国对印度次大陆的入侵以及同当地社会的融合。

第三节　亚欧大陆世界文明体系古代史之东亚儒家文明区

如前所述，东亚儒家文明区以"以阳儒阴法来实现人伦秩序和天下治理"为特色，儒家文明历经秦汉、唐宋、元、明清等"治乱"重构，"唐宋变革"之后逐渐开发南方，宋明理学受从印度传入的佛学的影响，尝试建立新的哲学体系，其天下观逐渐影响朝鲜、日本、越南等周边国家和地区。

一、儒家中华文明区的大一统帝国治理传统演变

作为亚欧大陆世界文明体系一部分的儒家文明区，具有深远的帝国治理和文字记录传统，其历史脉络相对清晰，秦汉—唐宋—元—明清的大一统传统，成为亚欧大陆世界文明体系的重要组成部分。

如上文所述，在诸侯国家向大一统帝国转变的春秋时代，孔子顺应所谓"夏尚忠、殷尚鬼、周尚文"的三代人文传统，编纂"五经"，提出以世俗人伦道德构建儒家社会的经典思想。此种在日常家庭家族观念基础上形成的社会秩序有利于农业社会的稳定，但面对游牧文明的冲击，还需要强有力的中央集权。

在西汉汉武帝时期，儒家和法家合流成为所谓"阳儒阴法"的大一统思想制度，这实质上是农业文明和游牧文明相互冲突、相互融合、相互学习的结果。

在中华文明的历史上，这种"阳儒阴法"的大一统模式影响深远，其具体内涵也跟随着游牧文明和农业文明的不断互动而发生变化。

秦汉大一统体制形成之后，在唐宋时期有一个巨大转变，史称唐宋变革（唐宋变革论，最初由日本国学者内藤湖南在19世纪末20世纪初提出，经过一百多年的学界充分研究与探讨，东亚各国学界对此已经形成基本认识，即承认唐宋间历史进程的巨大飞跃）。

钱穆先生说："论中国古今社会之变，最要在宋代。宋以前，大体可称为古代中国，宋以后，乃为后代中国。秦前，乃封建贵族社会。东汉以下，士族门第兴起。魏晋南北朝定于隋唐，皆属门第社会，可称为是古代变相的贵族社会。宋以下，始是纯粹的平民社会。除蒙古、满洲异族入主，为特权阶级外，其升入政治上层者，皆由白衣秀才平地拔起，更无古代封建贵族及门第传统的遗存。故就宋代而言之，政治经济、社会人生，较之前代莫不有变。"

这种平民社会的兴起有几个表现：一是皇权变弱，相权增强；二是武将地位降低，文人地位提升；三是经济重心南移；四是外患更严重，北方游牧国家在不断发展壮大；五是宋朝理学的形成；六是经济上丝绸之路陆海兼备，与游牧政权的贸易主要经由陆地进行，而与东南亚和印度次大陆的商业往来主要经由海路进行。

如果从亚欧大陆文明体系的视角来看，宋代所谓平民社会的出现，意味着亚欧大陆（东亚）中心农业文明与边缘游牧文明的冲突与融合发展到了一个新的阶段。

事实上，唐帝国已经兼收并蓄，兼具农业文明和游牧文明所长，盛唐皇帝既是农业文明的"帝王"，也是游牧文明的"天可汗"。受此刺激和影响，游牧文明也在不断累积新的能量，唐帝国衰落之后，游牧文明迫使宋代集中于南方的开发，发展平民社会与经济。

同期的契丹、辽、金也在学习农业文明，建立新的大一统统治，元帝国的出现，就是这种新型综合的大一统趋势的体现。① 元帝国将各部落按千户、百户统编，成年男子均有出军之义务，上马备战斗，下马屯聚牧养，实行兵牧合一的制度，使军事组织与社会组织融为一体。此种兵制成为元帝国实施军事征服的力量来源。

而蒙古人在宗教信仰方面，从最初的萨满教中发展出"长生天"信仰，其在一定程度上具有儒家"天下观"中天下文明一体的观念。

可见，所谓唐宋变革，实质是宋元对峙，即亚欧大陆（东亚）中心农业文明和边缘游牧文明发展到新阶段的表现，宋更多地探索南方农业文明形态，并逐渐开始探索向海洋的发展，元更多地发展北方游牧文明形态，并最终将亚欧大陆大一统模式发展到帝国新形态。

元帝国曾统一亚欧大陆大部分地区，其中金帐汗国统治俄国两百多年，为俄国民族打下了深深的亚欧大陆东方文明特色，俄国由此而成为兼具东正教传统和蒙古帝国传统的陆上帝国。同时，元帝国的建立，保障了丝绸之路的畅通，使得富庶东方的商品在亚欧大陆上流通，繁荣东方的形象经由《马可·波罗游记》传播到西欧，影响了西欧文明的发展方向。

总之，宋、元对农业文明和游牧文明的深度开发，使亚欧大陆的文明冲突和融合达到了新的历史高度，游牧文明、农业文明、海洋文明都成为中华儒家文明区的重要内在因素。其中，西欧发现新大陆之后，经由海洋向中华文明区输出白银，输入中华商品，建立了连接中华文明

---

① 中原在学习草原，草原也在学习中原。游牧文明从农业文明主要学会的是制度，草原大汗到底应该如何管理草原诸部落，大汗与诸部落酋长之间到底应该形成什么样的关系，如何进行制度化的治理，慢慢地有了答案。在唐以后，草原制度化逐步形成。最早升级的是契丹，契丹的游牧骑兵，已经初具纪律性。因为契丹必须想办法统治幽云十六州，于是逐步中原化和王朝化。斡鲁朵军制，实际就是唐朝的节度使加府兵制。第二个升级的是女真。女真的猛安谋克制，纪律性更胜一筹。正是凭借这种纪律性，女真大金才能连灭辽、宋两大强国。女真入主中原后，在不到几十年的时间里，就建立了标准的中原政权。成吉思汗更进一步，以千户制打败了草原上的各个氏族部落，对草原世界实施重新编组，以一个又一个的千户单位的军政治理单元，取代了大小不一的草原氏族部落。

与西欧文明的新商路，对明清帝国大一统模式和亚欧大陆世界文明体系的近现代发展均具有深远影响。

二、儒家文明天下观与周边国家

如前所述，"阳儒阴法"以及由此而形成的道德体系和差序秩序，是一种人伦差等基础上的道德文化权威，在此基础上，儒家文明区形成了自身的天下观。

中华帝国在与周边国家的关系上，以中华文明的无比优越性和道德上的优越感来感化周边地区，逐渐转变为文化帝国主义，以扩张文化为重要使命，而不以掠人土地、占人国土为目的。

这种天下观既输出和平友好的文明，又能够建立起相应的商业和生活秩序。

古代日本即受到这种儒家文明差序天下观的影响，不断学习和吸收中华文明，成为东亚大中华文明区的重要一员。

据《古事记》和《日本书纪》记载，第一代天皇神武天皇于公元前660年建国并即位，即位日相当于现在的西历2月11日，因此日本就把这一天定为"建国纪念日"，即日本的国庆节。

日本本身没有朝代的概念，因为无论是哪个将军当政，都是和天皇并存的。将军虽然并不理会天皇的意思，但是都承认自己是由天皇册封的。所以日本历史上只有时代。但是每个时代都可以看作换了一个统治集团。明治以前的天皇并没有形成自己的政权，也称不上是什么朝代。

4—6世纪，儒家和佛家思想经由朝鲜传入日本。日本还从朝鲜引进了中国的纺织、金工、鞣革、造船等技术，并引入了表意文字，学习中国的医术、天文历法，模仿中国建立政制。

到5—8世纪，汉传佛教在传入日本后，渐渐被日本人接受。同时，为了与"佛法"一词分庭抗礼，日本创造了"神道"一词来区分日本固有的传统信仰与从外国传入的佛法。所以在《日本书纪》中的"天皇信佛法，尊神道"句中，首次出现了"神道"这个称呼。"神道"二字虽然在中国汉字中也有，但实际上中国与日本对此词的概念理解不同，我们若按字面来解释神道教，必会被其名称误导。日本人称一切神明为Ka-mi，汉字传入日本后，"神"字被用来表示Kami。日本人称皇室、氏族的祖先与已逝的伟人英雄之灵魂为 Kami，亦将认为值得敬拜的山岳、树木、狐狸等动植物与大自然的灵称为 Kami。

日本的神道教，实际上是"因神道而设教"，是日本文明受到强大中华文明压力下，为实现自身社会认同飞跃而强行制造出来的"神道"宗教文明，因而并没有完成自身内部的"理性突破"，具有一些原始信仰的特征。

这体现了日本社会文明发展的"学习型"特色，在受到外来强势文明的挤压时，擅长学习文明中心的优点，并发展出自身的特色。在古代日本文明发展史上，其学习目标通常是中华文明，由此日本社会文明成为东亚儒家文明体系的重要部分。

古代朝鲜和越南等国家和地区，情况也与此类似，它们构成了东亚儒家文明区天下体系的周边地带，并逐渐发展出一种兼具政治文明秩序与商业沟通效果的"朝贡体系"，近现代以来受到西方文明的冲击，才最终崩解。但此种世界文明体系和平秩序建构的模式，仍将对未来产生深远影响。

总之，亚欧大陆世界文明体系之东亚儒家文明区，具有亚欧大陆的体系性特征，在其古代发展进程中，受到亚欧大陆农业文明和游牧文明冲突融合的深远影响，对亚欧大陆历史进程的发展具有重大意义。

作为儒家文明天下体系构成部分的周边国家与地区，如日本、越南和朝鲜的历史发展，深受儒家文明区及其发展趋势变化的影响。

儒家文明的天下体系，是一种和平的世界文明秩序体系。其在当下历史进程中的意义，需要我们进一步深入研究。

本章小结

如前所述，亚欧大陆世界文明体系内在的文明冲突与融合是其发展的动力机制，从文明的轴心突破时期，到整个亚欧大陆文明发展的古代阶段，其内在的动力主要是中心农业文明和边缘游牧文明的对立统一。伴随着人类历史逐渐从原始部落走向大型王国，再进一步成为大一统世界帝国，社会想象认同的规模也越来越大，亚欧大陆世界文明体系也不断向前演进。

只有在个意义上，才能理解三大文明区关于"世界"的整体认知的发展路径。基督教的救赎，古希腊哲学关于"世界本源"的思辨和探求，婆罗门教和印度教通过"轮回转世"对种姓制度的超越，儒家所关心的"天下秩序"等，本质上都涉及同一个"世界"，这是亚欧大陆世界文明体系内在一致性的体现。

另外，亚欧大陆世界文明体系三大文明区内在的文明对立统一又各有其特色。

其中，环地中海一神教文明区，又可以分为大陆和海洋部分，大陆部分以一神宗教和律法为主，海洋部分以"逻各斯中心主义"的理性哲学思辨和法理为主，他们具有一种内在的一致性，即以"彼岸世界为此岸（现实）世界立法"。最终大陆部分走向了横跨亚欧非三大洲的大一统帝国模式，如波斯帝国、萨珊帝国、萨法维帝国、阿拉伯帝国、奥斯曼帝国等；阿拉伯半岛游牧民族融合犹太教、基督教等一神教传统，创立伊斯兰教，将一神教文明区大一统帝国模式发展至政教合一的高峰，到公元1000年左右，实现了对农耕世界近一半地区的占领。海洋部分，罗马帝国曾经尝试整合理性宗教和哲学法理两种"一神"文明传统，但这种整合并不是那么成功，罗马帝国最终分裂为两个部分，其中东罗马帝国走向大一统模式，西罗马帝国则最终亡于蛮族，成为亚欧大陆世界文明体系的边缘地带，在漫长的中世纪努力寻找新的文明发展方向。入世的平等法理，历经西欧中世纪宗教和世俗的诸多纷争，在发现新大陆、宗教改革和启蒙运动以后，才逐渐获得成为世界文明主流的机会。在这个过程中，逐渐形成了大一统的大陆法理传统和西欧权力离散的海洋法理传统的差异。

印度次大陆文明区的轴心突破，以"轮回消解和接纳外来统治秩序"为特色。婆罗门教本就是雅利安人入侵和印度本土原始崇拜融合的产物。安于当下的"轮回转世"思想和种姓制度，既可以散漫应对文明社会内在所需的秩序分化，又可以迎接外来大一统帝国的挑战。亚历山大大帝征服印度北部时期，给印度次大陆直接带来了一神教文明的挑战。从更长时段而言，佛教是亚欧大陆一神教文明和多神教文明交叉融合的反映。佛教主张众生平等和一神崇拜，印度孔雀王朝也尝试开创以佛教为国教的本土化大一统模式，但最终仍然失败。以婆罗门教为前身的印度教，通过"梵我合一"的"不二"学说,将众生平等的诉求转化为每个人追求"梵我合一"的平等权利,以"轮回转世"为最高目标消解了现实"种姓制度"带来的不平等,更贴近印度次大陆的生存事实,最终成为印度次大陆的主要宗教思潮。以此为背景,印度次大陆一次又一次地应对了古代亚欧大陆其他文明区的挑战,如伊斯兰教入侵印度次大陆,蒙古帝国及其后裔入侵印度次大陆,但无论何种文明进入印度次大陆,印度教文明的底色从未真正变更。

而同样以脱离"轮回"为最高诉求但更注重众生平等的佛教,则从印度次大陆出走,经"藏传""南传""汉传"三条路径,对亚欧大陆其他文明区域产生了重大影响。

东亚儒教(儒家)文明区则以"以阳儒阴法来实现人伦秩序和天下治理"为特色。东亚的天下秩序观,是一种文明的差等秩序,既包含"农业文明"中心指向的儒家人本观念和"文明化"自豪,又有对"游牧文明"指向的"军事化"和"野蛮化"的包容,还包含对周边朝贡国家的文明吸引力,这一基本秩序原则贯穿整个东亚儒家文明区"一治一乱"的古代发展历史过程。每一次的治乱相续,都意味着农业文明和游牧文明的冲突融合到达一个新的高度。秦汉两个几乎相连的帝国确立了"阳儒阴法"的融合原则。到隋唐时期,这一原则拓展到了周边地区,具体表现如唐帝国同时统治两种文明区,唐朝皇帝既是农业文明区的"帝王",也是游牧文明区的"天可汗",又如唐帝国时期儒家文化向朝鲜、日本等周边国家的输出。宋元帝国时期,农业文明区和游牧文明区发展到了新的高度。其中,宋朝对南方的开发,尤其对海上丝绸之路的开发,实现了自身与更远地域的关联,为日后与所谓"欧洲海洋文明"的接触打下了基础,进一步开拓了"儒家文明区"的包容度。元朝在辽、金的基础上,将融合农业文明的游牧帝国模式发展到极致,建立起几乎一统亚欧大陆的元帝国。成吉思汗死后,元帝国虽分裂为四大汗国,但其已将亚欧大陆大一统帝国模式发展到"大陆帝国"的极致,拓展了"儒家文明区"的包容度。此外,蒙古人的"长生天"与儒家的"天下观",有着某种类似的天下文明一体观念。元帝国以藏传佛教为国教,同时对其他宗教几乎一视同仁,并尝试结合伊斯兰文明留下的大一统治理传统,对亚欧大陆各文明区皆产生了重大影响,如《马可·波罗游记》作为一种关于富庶东方的话语对西欧的吸引，金帐汗国对俄国治理传统的改造，以及莫卧儿帝国对印度次大陆的统治，都是元帝国为亚欧大陆世界文明体系留下的丰厚遗产。

综上所述，亚欧大陆世界文明体系及其三大文明区域，虽然各自有不同的"轴心突破"路径，但其内在动力机制都是不同类型文明的对立统一。在整个古代历史时期，中心农业文明与边缘游牧文明不断冲突与融合的互动过程，促使三大文明将大一统帝国治理模式发展到各自区域的高峰。其中，一神教文明区伊斯兰教的兴起、东亚儒家文明区元帝国几乎一统亚欧大陆是其阳面，印度次大陆文明区最终接纳各种外来统治、佛教出走，是其阴面。另外，环地中海文明区罗马帝国最终分裂，东罗马帝国走向大一统传统并融入政教合一的伊斯兰文明，西罗马帝国灭亡之后在漫长的中世纪成为亚欧大陆世界文明体系的边缘地带，寻找新的文明发展方向，是整个亚欧大陆古代历史的一种自然选择。

第四章
中世纪亚欧大陆世界文明体系的运作：文明边缘地带的创新何以可能？

如前所述，亚欧大陆世界文明体系古代史的主要进程，中心农业文明与边缘游牧文明的对立统一，在三大文明区域各有特色。其中，一神教文明区主要是依托宗教（基督教和伊斯兰教）文明互动建立政教合一的治理模式；印度教文明区主要是外来统治秩序与本土印度教融合，婆罗门教吸纳佛教思想并转化为印度教；而儒家文明区主要是天下一体的帝国秩序治乱交替。

在这个过程中，我们可以发现，亚欧大陆世界文明体系中文明边缘地带创新的基本模式，都是向中心地带学习，然后融合自身特点发展出新的文明特质，最终取代旧有文明中心，形成新的文明中心。其中尤以伊斯兰世界和蒙古帝国的兴起为典型代表，都是边缘游牧文明向中心农业文明学习，并结合自身军事化特质，将世界帝国的大一统模式发展到新的阶段。

从亚欧大陆世界文明体系的视角出发，可以发现相对于东罗马和伊斯兰世界，中世纪的西欧处于半边缘地带，而蛮族处于边缘地带。中世纪西欧文明，既有延续和重建中心文明区大一统法理传统的趋势，又有不得不向蛮族开放和融合其尚武分权特色的取向，两种姿态在西欧的反复博弈，最终形成了西欧文明围绕着民族国家建立新的世界文明体系的社会认同特质。

由此我们可以发现，轴心时期亚欧大陆文明发展到世界体系状态，主要基于亚欧大陆生产方式分为农业文明和游牧文明的事实，而在亚欧大陆文明世界体系的古代史演进过程中，大致可以将这种中心与边缘的互动融合分为两个部分。其中，亚欧大陆的主体部分仍然以中心农业文明与边缘游牧文明的互动融合为特征，而处于半边缘地带的西欧在面对边缘蛮族的冲击时获得了不同的文明特质，并具有发展出新的世界文明体系的可能。

第一节　如何看待西欧文明"中世纪"的发展

欧洲的中世纪，始于公元476年西罗马帝国的灭亡，终于公元1453年东罗马帝国的灭亡。一般认为，中世纪的西欧一直处在所谓"黑暗"

状态。真的如此么？在某种程度上，这仍然是一种过于强调近现代西欧"文明独特性"的论调。

如前所述，中世纪西欧一直处在各种文明的冲突与融合之中，并慢慢发展出与亚欧大陆大一统帝国体制不同的西欧封建制，逐渐探索绕过伊斯兰世界到达东方的道路，并积累了从文明边缘、半边缘向中心地带转变的能量。

新大陆的发现与所谓的近现代化，使西欧文明最终成为世界文明的新中心，与其说是西欧文明内部独特性发展的结果，不如说是世界文明体系运作，在文明中心的压力之下，边缘、半边缘地带寻找新道路并最终获得成功的结果。

因此，当我们谈论西欧文明的所谓"近现代化"过程时，更应该将其当作世界文明体系运作的一个历史过程来看待，而作为一个历史过程，其崛起的所谓"普适性"更多地是世界文明体系边缘地带崛起成为新中心的普遍规律，而所谓"独特性"更多地是世界文明体系中不同文明特质互动融合而产生的某种表现。在这个意义上，以全球史和世界主义的视角来解读边缘地带文明崛起成为新文明中心的过程，就能够摆脱将某一历史阶段、某一种文明特质当作"历史终结"的误解。

一、西欧文明的"中世纪"特质及其发育过程

考察西欧文明的"中世纪"时期，正是揭示其作为亚欧大陆文明体系边缘和半边缘地带，如何在伊斯兰文明和其他文明的挤压和引导下，寻找新的路径并逐渐发现全球世界文明体系新联结方式（民族国家世界文明体系）的过程。

简而言之，"中世纪"的西欧文明并没有停留在一个简单的"黑暗"状态。与其他所有的文明边缘、半边缘地带类似，当亚欧大陆文明中心不断呈现出宗教与世俗权力大一统的帝国统治特征时，西罗马帝国崩解之后的西欧，通过不断地引入周边蛮族有生力量，融合原有的基督教和古希腊罗马文明，逐渐形成宗教和世俗权力相对分散的封建统治特色。在这种相对分散的封建统治体系中，又分化出分别以英法为代表的两种民族国家的可能模式，并最终将世界文明体系带入新的对立统一状态。

因此，如果摆脱相对狭隘的民族国家编年史视角，就可以将西欧文

明中世纪的发展当作世界文明体系的一个部分来整体看待。整个西欧文明的中世纪发展道路，大概受到以下四个因素的影响：蛮族入侵与原有文明融合发展出西欧封建制；古希腊罗马帝国法理传统的沿袭；东西教会分裂之后天主教权力的普及化（也包括与世俗权力的分离与争斗）；东欧和更远东方文明的挤压和牵引，以及在此基础上西欧文明在英、法民族国家道路间抉择的过程。[①]

二、作为整体的西欧简单编年史

从简单编年史的视角，我们可以发现西欧文明发展的一些关键事件和时间点：

313年，君士坦丁颁布"米兰敕令"，基督教获得合法地位；

392年，基督教成为罗马帝国国教；

476年，西罗马帝国覆灭；

496年，克洛维受洗，基督教正统派与法兰克王国互相接纳；

800年，查理曼加冕，查理曼帝国建立；

843年，《凡尔登条约》签订，查理曼帝国一分为三，意德法三国疆域形成；

1054年，东西教会分裂，东称希腊正教，西称罗马公教；

1096—1291年，十字军东侵，基督教文明与伊斯兰文明发生剧烈冲突；

1215年，英国颁布《自由大宪章》；

1337—1453年，英法爆发百年战争；

1453年，君士坦丁堡陷落，东罗马帝国灭亡。

从西欧文明整体发展视角出发，可以将各节点事件归入不同影响因素进行深入解读，从而获得关于西欧、东欧文明道路的分野，以及西欧内部英法道路差异的规律认知。

某种程度上，东欧最终走上了与西欧资本主义体制不同的社会主义模式，法国革命和英国革命道路的分野，也早就在这种世界文明体系的历史脉络中埋下了线索。

---

① 约翰·赫斯特著，席玉苹译：《你一定爱读的极简欧洲史》，广西师范大学出版社，2011年版。

第二节　三大蛮族入侵背景下的西欧与东欧（俄国）道路分野①

凯尔特人、日耳曼人、斯拉夫人被称为欧洲的三大蛮族，也正是这三大蛮族入侵欧洲，最终融合基督教和希腊罗马传统，形成了西欧封建体制。从世界文明体系的视角来看，文明边缘地带与中心区域的互动与融合，是产生新的文明特质的必然过程。

三大蛮族都有着部落化的村社制度，部落会议在原始的民主生活中起着重要的作用。他们都没有广泛使用奴隶，战俘可以享受自由人的待遇。三者的社会发展超越奴隶制阶段，直接从原始社会进入所谓的封建社会。

一、凯尔特人

凯尔特人是西欧最古老的居民，凯尔特人的定义至今尚有争议。有人明确称之为民族集团，也有人认为，它谈不上是一个民族集团，而是一个语言集团。在凯尔特社会中，女性的地位较高，身为凯尔特人的女性可以成为女王，而且本土宗教（德鲁伊教）早期的宗教领袖均为女性。

凯尔特人的活动范围曾经历了一个由小到大、再渐次缩减的变动过程。他们从东到西、从南到北大规模迁移，他们和古希腊人做生意，和古罗马人争战不休，成群结队地翻过阿尔卑斯山，把铁器传播到欧洲各地。

---

① 在某种程度上，西欧与东欧（俄国）的分野并不十分准确，而只是一种方便的说法——俄国更多地代表的是某种亚洲主流的大一统治理模式，但是其又与欧洲各王室通婚，在这个意义上，俄国不仅在国土的意义上横跨亚欧大陆，还在国家形成和治理传统上兼具亚欧大陆不同的文明特质。正是在这个意义上，俄国和东正教的亲和，以及西罗马和东罗马的分裂等一系列文明史重大事件，都是亚欧大陆世界文明体系内部规律运作的体现。而这种规律的存在，从蛮族传统中就可以一窥端倪。因此，此处强调西欧与东欧（俄国）的分野，主要是为了说明西欧与东欧（俄国）以及亚欧大陆既有区别又深具关联的整体性和体系性特征。

公元前500年以后，法国已成为凯尔特人主要的居住地区。鼎盛时期凯尔特人占据的土地，几乎可与后来的罗马帝国媲美。但他们是以部族的形式长期存在的，没有建立国家，他们在欧洲的扩张可以理解为"举族迁徙"。

凯尔特社会是靠复杂的亲缘关系和部族义务建立起来的，以大家族、大部落形式聚居在一起。凯尔特的贵族阶层必须在农业、贸易和战争的胜利中做出贡献，才能增加自己的财富和声望。

公元前387年和公元前279年，凯尔特人分别入侵和洗劫了罗马和希腊。直到罗马帝国崛起，他们还是欧洲不可低估的军事力量。恺撒大帝对高卢的征服，致使100万凯尔特人被斩杀，另100万人沦为奴隶。随着罗马军队的四处征战，凯尔特文化在欧洲大陆逐渐消失，最后连英格兰也被罗马牢牢控制。只有在罗马人没能到达的爱尔兰与罗马人没能真正占领的苏格兰，他们才能延续自己的文明基因。

进入中世纪之后，一些凯尔特人部落逐渐融合在一起，开始组成现代意义上的国家，其中以威尔士人、康沃尔人、爱尔兰人及其组成的国家为代表。

二、日耳曼人

现今瑞典南部、挪威西部的斯堪的纳维亚半岛，被认为是日耳曼人的故乡，他们后来部分向欧洲南部迁徙，于罗马帝国时期南迁至德国北部并分裂为多个部落，并赶走了居住在阿尔卑斯山北部广大平原上的凯尔特人。

日耳曼人并非一个民族的概念，而是一个民族集团，分为东、西、北日耳曼人，而其下又各有许多部族或者部族联盟，对古欧洲影响最大的要数北日耳曼人里的维京人，其发源于现在的北欧五国。

日耳曼人多次攻占罗马：410年西哥特人侵入罗马，455年汪达尔人洗劫罗马，476年东哥特人灭亡了西罗马帝国。罗马城在长达1000年里，逐步成为废墟。罗马帝国衰亡后，日耳曼人迅速扩张。

公元500年之际，盎格鲁-撒克逊人已进入英格兰，法兰克人拥有高卢的北部，勃艮第人占据隆河流域一带，东哥特人定居于意大利，而汪达尔人已经到达了非洲。

日耳曼人还有一种独特的习俗，便是"扈从队制度"。扈从队由原始的部族兄弟阵线发展而来，是由军事首领率领的精锐部队。这种扈从队不参与生产，只参加作战。扈从队的首领，在战斗中需要身先士卒，在撤退时必须留在最后。①

418年，日耳曼人建立了以图卢兹为首都的西哥特王国。5世纪中叶，日耳曼人在灭亡西罗马帝国后，接连在欧洲大陆建立了勃艮第王国、英格兰王国、东哥特王国、法兰克王国等诸多王国。现今的德意志人、盎格鲁-撒克逊人、荷兰人、瑞典人、奥地利人、丹麦人、挪威人、冰岛人都是日耳曼人，其中德意志人和奥地利人的语言为德语。

但总体而言，相对于东欧（以俄国为代表）的大一统传统，西欧蛮族及其国家仍然以相对小的群体组织模式为主，仅德意志地区就分裂为300多个小邦国和1000多个骑士庄园领地，其权力和组织特色不同于亚欧大陆传统帝国，但也是所谓近现代民族国家组织模式的来源之一。

三、斯拉夫人

斯拉夫人是欧洲一个古老的部落，在本族语言中的含义是"荣誉、光荣"，也是英语"奴隶"一词的词根来源。东欧波兰境内的维斯瓦河河谷，被认为是斯拉夫人的故乡。5—6世纪，斯拉夫人向外迁徙，与当地的部落融合，逐渐分裂成两支：东斯拉夫人（主要位于伏尔加河等流域）和西斯拉夫人（波兰、捷克、斯洛伐克人的祖先，主要位于第聂伯河等流域）。

东、西斯拉夫人共同向南迁徙进入塞尔维亚，融合成南斯拉夫人（塞尔维亚、克罗地亚人等的祖先，主要位于巴尔干半岛）。

直到6世纪，斯拉夫人仍处于氏族公社制的阶段。最早的斯拉夫国家建于623年，是捷克地区的萨摩公国；680年，保加利亚人建立了保加利亚王国；830年，大摩拉维亚国建立；9世纪末，维京人建立了强大的基辅罗斯；10世纪初，捷克公国建立；10世纪中叶，波兰王国诞生。

988年，基辅罗斯的弗拉基米尔大公帮助拜占庭帝国平定了叛乱，他

---

① 如约翰·赫斯特在《你一定爱读的极简欧洲史》所言，根据扈从队的价值传统，能够通过流血获得的报酬，如果通过流汗获得则是一种耻辱。这种尚武精神与等级制度的融合，是后世骑士制度的来源之一。

向拜占庭皇帝巴西尔二世提出要求，希望迎娶他的妹妹。但皇帝却以公主不嫁异教徒，必须嫁给信奉耶稣基督的教徒为由拒绝了弗拉基米尔大公。这番话正合弗拉基米尔心意，为他将基督教定为国教找到了正当的理由。于是他受洗成为基督徒，并取圣名瓦西里。弗拉基米尔回国后，马上颁布将基督教定为国教的法令，下令全体国民放弃原来的偶像崇拜，转而信仰基督教。基辅罗斯民众便将原来信奉的偶像都抛入第聂伯河，并且跳入河中接受希腊神父的洗礼，史称"罗斯洗礼"。从此，俄国民众皈依基督教。

此时离基督教最后大分裂为"天主教"和"东正教"两支已为时不远。事实上，这种西欧和东欧文明分裂的必然性，与西罗马和东罗马的分裂类似，并不只是由宗教教义差别造成的，而是文明体系内部差异的表现。

"罗斯洗礼"象征着以俄国为代表的东欧文明与以天主教为代表的西欧文明日益分化。即使同为蛮族，在与亚欧大陆原有文明传统互动和融合的过程中，他们也各有选择，并发展出各自的文明特色。其中，西欧更多地走向了权力相对离散的"西罗马"传统，而俄国代表的东欧则更多地走向了"东罗马"式大一统传统。罗斯基督教会从一开始就与国家政权合作，成为把不同地域的民族联合为文化和政治共同体的统一力量，再加上后世基辅罗斯被"金帐汗国"统治200余年，俄国式的大一统文明特色得以进一步加强。

与西欧的封建体制不同，俄国的封建农奴制与原始社会末期遗留的村社组织长期并存，农民的份地由村社占有，按每户人数分配给各户使用，农民向国家和地主交纳租税和负担各种义务。这种村社传统使得俄国封建农奴制与西欧封建体制存在巨大的不同。

第三节　西欧封建体制的形成：帝国法理与蛮族传统的融合性改造

蛮族入侵改变了罗马帝国原有的大一统统治模式，并在部落氏族基础上直接形成新的类似国家的组织，这成为后世西欧民族国家认同的历史渊源之一。

一、查理曼帝国和神圣罗马帝国的形成

西罗马帝国开始瓦解时,法兰克人乘机扩展地盘。481年,克洛维继任部落酋长后,开始全力扩张,战胜了匈奴人、柔然人(阿瓦尔人)和诸日耳曼部落等势力,击溃了西罗马在高卢的残余势力,建立了墨洛温王朝,以巴黎为首都。

法兰克王室采取国王死后诸子平分领土的继承制度,王国经常处于分裂、混战和再统一的反复过程中,同时不断向外扩张。法兰克王国封建领主势力的强大削弱了王权,王国权力逐步落入掌握宫廷事务的宫相查理·马特之手。

732年,查理·马特在普瓦提埃战役中击败阿拉伯人,阻止其进一步向西欧扩张。733年,他迫使勃艮第称臣,734年又征服弗里西亚人。

751年,查理·马特之子丕平(外号矮子)废墨洛温王朝国王自立,建立加洛林王朝,并将拉文纳至罗马的地区献给教皇,史称"丕平献土"。"丕平献土"是封建领主威胁下世俗王权为巩固统治而与宗教教权的结盟行动。整个中世纪,封建领主、世俗王权和宗教教权三股势力都没有绝对的胜负之分,也正是这种权力分散与缠斗,为具有西欧特色的封建制度奠定了基础。

771年,丕平之子查理继承法兰克王位。

查理统治期间(771—814年),连年征战,法兰克王国成为统治西欧大部分地区包括多种部族的大型国家。公元800年的圣诞节这天,罗马城圣彼得大教堂灯火辉煌,刚刚复位的罗马教皇利奥三世为前来觐见的法兰克国王查理举行盛大的弥撒。当查理跪在教皇面前祷告时,利奥三世突然把一顶预制的金皇冠戴到查理的头上,并向人们宣称"查理为伟大的和创立和平的罗马人的皇帝"。这样,西罗马帝国灭亡后400多年,在它的领土上又建立了一个"罗马人的帝国",即查理曼帝国。

由于境内各地区缺乏经济和文化上的联系,封建主割据势力强大,查理大帝死后不久,帝国陷于混战。843年,《凡尔登条约》签订后,查理曼帝国分裂为法兰西王国、日耳曼王国、意大利王国,也即日后法兰西、德意志、意大利三个国家的前身。

962年，东法兰克王国国王奥托一世在罗马被教皇加冕为罗马皇帝。后腓特烈一世改国名为神圣罗马帝国。早期的帝国皇帝拥有实际的权力。但由于1245—1273年大空位时期的混乱，帝国此后逐渐成为由数百个更小的"亲王国、帝国自由城市、主教国、骑士领"等帝国诸侯所组成的徒有国家之名的松散联盟。1356年，查理四世颁布金玺诏书，确认皇帝须由七大选帝侯推选。在帝国中后期，奥地利大公国的哈布斯堡王朝①通过皇室联姻和金钱贿赂，垄断神圣罗马帝国皇位长达400年之久，奥地利的首都维也纳也成为帝国实际上的首都。

神圣罗马帝国版图极盛时期的疆域大致相当于现代的德国、奥地利、荷兰、比利时、瑞士、卢森堡和列支敦士登全境，丹麦、捷克、斯洛伐克和匈牙利大部，法国东部、波兰西部、意大利北部和西班牙部分地区，横跨阿尔卑斯山南北。

1806年，在拿破仑的勒令下，弗朗茨二世于8月6日放弃神圣罗马皇帝尊号，仅保留奥地利帝国皇帝称号，神圣罗马帝国灭亡。

从800年查理曼大帝在事先不知情的情况下被教皇加冕开始，中世纪君权神授的局面貌似得以建立。从这一天开始，在中世纪的西欧，国王的加冕典礼必须由教皇主持，直至后来拿破仑自己为自己加冕，才最终改变了这一传统。

但是，也正如上文所言，西欧的封建领主势力、国王权力和宗教教权总是处在此消彼长的过程中，谁也难以形成最终的大一统集权的状态。法国著名启蒙思想家伏尔泰曾有如下评价：神圣罗马帝国"既不神圣，也无罗马，更非帝国"。

---

① 哈布斯堡王朝（英语：House of Habsburg，6世纪—1918年），欧洲历史上最强大的及统治领域最广的王室，曾统治神圣罗马帝国、西班牙王国、奥地利大公国、奥地利帝国、奥匈帝国。哈布斯堡家族亦称奥地利家族。其家族成员曾出任神圣罗马帝国皇帝（1273—1291年，1438—1806年）、奥地利公爵（1282—1453年）、奥地利大公（1453—1804年）、奥地利皇帝（1804—1918年）、匈牙利国王（1526—1918年）、波希米亚国王（1526—1619年8月，1620年11月—1918年）、卡斯蒂利亚国王（1504—1506年）、西班牙国王（1516—1700年）、葡萄牙国王（1580—1640年）、墨西哥皇帝（1864—1867年）和意大利若干公国的公爵。哈布斯堡王朝后期繁衍甚广，西班牙国王卡洛斯一世（Carlos I，即德意志国王、神圣罗马帝国皇帝查理五世）。后分为西班牙哈布斯堡王朝、奥地利哈布斯堡王朝（后被哈布斯堡—洛林王朝取代）2个分支。

换言之，神圣罗马帝国的权力结构，恰如其分地向我们展示了西欧权力合法性的三大来源：天主教教权、罗马帝国法理（王权）、蛮族分离传统（封建领主权力），及其既纷争又合作的状态。

二、西欧封建等级体制

法兰克王国时期，查理·马特推行采邑改革，建立起一套完整的封建等级制度，其特点是以土地为中心层层分封，封主封臣之间形成严格的契约（合同）关系。这是西欧封建制度的核心内容。

西欧的封建制度是一种政治、经济合一的制度。封建领主在其封土内首先明确拥有的是土地的所有权，进而在王权衰落后，又逐步取得了王权在地方的权力并将其转化为同封土一并世袭的私人权力，其中包括行政、司法、税收、铸币等权力。

国王将领土分封给属下（大封建主），属下再将领土分封给他们的属下（小封建主）。但是领主只能直接管辖自己的附庸，不能管辖附庸的附庸，即所谓"我附庸的附庸，不是我的附庸"。农民则高度依赖小封建主，成为没有人身自由的农奴。

这种分层管辖的分封制度，不同于亚欧大陆帝国"普天之下莫非王土，率土之滨莫非王臣"的大一统制度。其直接来源是日耳曼扈从制度，与罗马帝国土地占领体制结合之后，分得土地的封建主需要提供军事支持，这样就形成了骑士制度。而宗教则提供契约的神圣证明。所以，"我附庸的附庸，不是我的附庸"的西欧特色封建制度，正是蛮族传统、罗马帝国法理和宗教教权相互融合的产物，正好说明了封建权力来源的分散性。

因此，我们就能理解，对契约的强调，也正是权力分散和平等性的表现。在西欧封建制度下，国王和百姓、封主和封臣都遵循一种契约（合同）。每个人都对他人负有某种义务，国王有权强制执行；如果一个国王侵犯了一个封臣的权利，封臣们也可联合起来反对他。封臣们组成国王的议事会，国王应按照封臣们的劝告行事，如果封臣们觉得国王滥用他的权力，可以对他进行限制。因此，封建制度下的王权是有限的，封建主之间的关系是互相制约的，具有契约（合同）性质。

综上所述，神圣罗马帝国的出现和西欧封建体制的建立，是亚欧大陆大一统帝国法理传统在西欧的延续和改造。所谓延续，是指人们仍然沿用罗马帝国的名义，试图建立统一性的权威；所谓改造，是指在蛮族传统、帝国法理和宗教教权相互分散和制衡的背景下，大一统权力体制中属于帝王的土地和征税等权力，被分散到封建附庸体制中，以相对平等的契约方式呈现。

在之后的历史进程中，这种权力分散与制衡的结构进一步发展，最终在宗教内部引发新教与天主教对立的宗教革命，在国家层面导致英法建国道路的分野。

第四节 宗教教权的分化与统一趋势

西欧中世纪的罗马教宗，是名义上唯一的统一性权力象征。相对于东正教和伊斯兰教的政教合一模式，西欧的宗教权力实际上处于与世俗权力不断抗衡、相互争斗的状态。

只有从这个视角出发，才能理解基督教在产生之后的不断分裂、由教宗引领的十字军东征，以及与世俗权力相互缠斗争取权力一统的努力。

一、基督教的分裂趋势和历史

东正教会与罗马天主教会在1054年正式分裂，由于事件起因与当时的君士坦丁堡主教阿卡西乌相关，故又称阿卡西乌分裂。

罗马帝国在公元4世纪末分裂之后，东西两部分在社会、政治、语言、文化传统等方面的差异，促成了基督教说拉丁语的西部派别和说希腊语的东部派别之间的分化。西部的罗马教会自认为是耶稣门徒彼得的继承者，坚持认为其在各宗主教区中拥有首席地位；东部的君士坦丁堡教会则在东罗马皇帝支持下与罗马教廷争夺势力范围。再加上教义方面的分歧，两者终于在1054年相互开除教籍，正式分裂为天主教和东正教。

罗马天主教会和东正教会的分裂，是罗马帝国东西分裂之后多个世纪以来摩擦的结果。彼此之间在文化和语言上的隔膜和政治上的对抗，使罗马和君士坦丁堡的分歧不仅仅限于宗教问题。即使在诺曼人入侵、双方同受外敌威胁的情况下，1054年东西方教会在君士坦丁堡召开的调停会议，仍然演变成一场互相控诉指责的大会。在这次大会上，罗马教宗下诏革除了东正教会的教籍。

其实双方过往在宗教信仰的问题上就鲜有共识。例如，在反图像争辩（726—843年）中，为了能否向图像敬拜，双方闹得不和。在三位一体之神性的问题上，圣灵是由圣父"和子"而出（西方教会的观点），还是由圣父"透过子"而出（东方教会的观点）等，成为在君士坦丁堡大主教阜丢斯（Photius）时期（864年）爆发的剧烈争论的理论源头。

至于最后的决裂，却是政治因素多过神学争议，特别是罗马教会的权威受到挑战的结果。罗马教宗宣称自己的地位凌驾于其他宗主教之上，而君士坦丁堡则认为罗马与各宗主教是平等的。

当然，从文明体系的视角来分析，可以发现，此次宗教分裂意味着东西罗马在权力体制上的差异（这是东欧和西欧差异的历史来源）。东罗马的权力体制是大陆帝国的大一统模式，在政教合一的背景下，宗教权力的最高代表实际上就是帝国的皇帝；而西欧的权力体制更加分散化，虽然貌似建立了君权神授的体制，但事实上宗教教权和世俗权力并无绝对的高下，反而在不断地争斗，如神圣罗马帝国的腓特烈三世罢黜教宗，甚至出兵罗马。

两种文明在模式上的差异，最终导致了貌似源于宗教教义的争端，并演变成不可调和的决裂。

二、基督教的权力统一趋势和历史：十字军东征

此外，由于世俗权力更加分散，建立在宗教教权统一性基础上的教权已经是中世纪西欧最具统一性的、名义上的最高权力。

其中一个重要原因，是蛮族的文化水平比罗马人低，甚至连自己的文字也没有，于是教会便成了中世纪时期西欧的唯一学术权威；也使得君权神授和教皇为皇帝加冕成为最表面化的权力统一象征。

因此，在东西教会分裂之后，1096—1291年，在罗马天主教教皇的准许下，由西欧的封建领主和骑士对他们认为是异教徒的国家（地中海东岸）发动了持续近200年的宗教战争，前后共计有9次，史称十字军东征。当然，某些时候东正教教徒也参加了几次十字军。

参加这场战争的士兵佩有十字标志,因此被称为十字军。十字军主要是罗马天主教势力占领穆斯林统治的西亚地区并建立了一些基督教国家,因而也被形象地比喻为"十字架反对弓月";但也涉及对"基督教异端"、其他异教徒和对其他天主教会及封建领主的"敌对势力"的征服,如第四次十字军东征将矛头指向了东正教的拜占庭帝国。

十字军虽然以捍卫宗教、解放耶路撒冷圣地为口号,但实际上是以政治、社会与经济等目的为主,伴随着一定程度上的劫掠。参加东征的各个集团都有自己的目的,甚至在1204年的第四次十字军东征中,天主教兄弟东正教拜占庭首都君士坦丁堡被劫掠。

总体而言,十字军东征是西欧各分散权力、在名义上最高权力——宗教统一性权威的旗帜下,寻找自身文明发展道路的一种尝试,事实证明,直接打通陆地道路、进入东方世界、传播宗教福音和掠夺财富的方式很难成功,西欧需要另寻出路。经由海洋去往东方世界由此而成为一种新的可能选择。

第五节　东方挤压与牵引下的欧洲文明道路分野:罗马帝国法理的分化与转变

一、亚欧大陆世界文明体系视角下罗马帝国法理的分化

如前所述,东罗马帝国和西罗马帝国分裂,天主教和东正教分裂,俄国选择皈依东正教,这一系列事件事实上造成了中世纪西欧与东欧文明发展道路的分野。

从亚欧大陆世界文明体系的视角来看,至少有两个层次上的中心与边缘地带的级差,造成文明体系的多级分化排列状态。首先,拜占庭帝国(包括前述以俄国为代表的东欧文明)代表着亚欧大陆大一统帝国的主流发展道路,西欧走向的则是在蛮族传统、西罗马帝国法理和宗教教权对立统一的基础上逐渐成长出来的权力离散边缘型文明形态。

其次,西欧文明内部的封建体制,又逐渐发展出分别以英法为代表

的两种姿态，其中法国（包括早期法兰克王国、后期的神圣罗马帝国、更后期的法兰西帝国）偏向大一统的大陆帝国传统，而英国则更偏向权力分散和制衡的模式。①

进一步分析罗马帝国的历史可以发现，在原始部落—大型王国—世界帝国的发展进程中，罗马帝国早期偏向古希腊的世俗法理路线，而晚期则倾向于采取基督教（东正教）的政教合一来维护其统治。在这个意义上，罗马帝国包含环地中海世界帝国的两条合法性路径，即以世俗法理为代表的古希腊路线和以东正教政教合一为代表的古波斯路线，罗马帝国和基督教的分裂，从根本上而言是这两种路线分化的必然结果。其后的中世纪历史中，政教合一的大一统路线成为亚欧大陆的主流，而世俗法理路线则在西欧中世纪进程中隐藏起来，直至1500年代之后才成为世界文明体系的主流。

可见，环地中海文明区域的文明多样性以及罗马帝国法理来源的多样性，是罗马帝国分裂、基督教大分化以及日后英法道路分野的深层根源。世俗法理道路，只有在远离大一统传统的压制并不断输入新的文明元素的前提下，才能最终发育为世界文明的主流。

西欧文明的中世纪历史，正是罗马帝国法理分化、欧洲两个层次的道路分野的过程。事实上，东方的相对发达，对于相对边缘和落后的西欧文明来说，既是一种挤压，也是一种牵引。如拜占庭帝国吸引了俄国皈依东正教；伊斯兰教兴起，阿拉伯帝国、奥斯曼土耳其帝国先后占据东西方交通要道，让十字军东征这种通过陆地沟通东方富庶帝国的努力归于失败；但东方富庶世界的存在，为地中海和意大利城邦共和国孕育出新的自治模式，以及文艺复兴的出现提供了可能。

蒙古帝国统一了包括东欧在内的亚欧大陆，改变了东欧的格局以及俄国的治理传统，使得俄国兼具东正教和蒙古文明的特色。

---

① 亚欧大陆世界文明体系存在两个层级上的文明差异，其一是大陆传统的大一统帝国模式与西欧相对分散的封建体制差异；其二是西欧内部存在的英法道路分野。这两种文明差异，构成了所谓大陆文明与海洋文明差异的来源。在1500年代之前，主要是大一统帝国法理与西欧封建体制的差别；而在1500年代之后，在英法道路分野基础上发展出更多的内涵，如大陆法系与海洋法系的对立等。所谓近现代化的进程，一定程度上就是在西欧和英法道路的基础上发展出来的民族国家文明体系逐渐扩展到全球的过程。

蒙古帝国期间，欧洲流行黑死病，使欧洲失去了 1/3 的人口。但这场灾难为西欧人口稀缺背景下的人本主义复兴和工业革命提供了新的想象空间。

以此为基础，西欧自身内部的道路分野也逐渐成型。尤其在神圣罗马帝国日渐式微和十字军东征最终失败的前提下，英法道路的分化成为某种必然选择。其中，英国《自由大宪章》和英法百年战争的影响尤其显著。

二、英国与欧洲大陆的纠葛之一：法国与诺曼征服

英国位于欧洲大陆西北岸外的大西洋中，由不列颠群岛组成。它悬置于欧洲大陆之外，但是一次次来自大陆的外力冲击，把它拉入了欧洲社会的历史进程。

公元 1 世纪前后，恺撒统率的罗马军团扬帆而至，不列颠开始被吸入西方文明进程。公元 122 年，罗马帝国皇帝哈德良下令在不列颠省北部边界建立长城，史称哈德良长城。[①] 事实上，罗马帝国一直没有彻底征服不列颠群岛全境。此后，一些来自欧洲大陆的日耳曼蛮族部落（总称为盎格鲁-撒克逊人）定居不列颠群岛，开启了英国历史发展的新时期，即国家逐步形成和封建化时期。

11 世纪中叶，法国诺曼底公爵威廉（史称威廉一世）征服英格兰，建立诺曼底王朝（1066—1135 年）。诺曼底王朝的建立是英格兰历史上的重大转折点，从此英格兰受欧洲大陆的影响逐渐加深。

诺曼征服加速了英国封建化的进程。威廉一世建立起强大的王权统治，没收反抗的盎格鲁-撒克逊贵族土地，分封给随他而来的法国封建主。受封者要按照土地面积的大小，提供一定数目的骑兵，并亲自率领

---

① "罗马石灰墙"代表了公元 2 世纪罗马帝国疆域的边界线。它延伸超过 5000 公里，跨越大西洋沿岸北部的英国、欧洲黑海，并从那里到红海和整个北非大西洋沿岸。今天还遗留了石灰组成的残余围墙、壕沟、炮台、碉堡、瞭望塔和平民定居点。某些部分的线路已经出土，有些经过重建，有的被毁。德国部分延伸长度为 550 公里，从德国西北部直至东南部的多瑙河。118 公里长的哈德良长城（英国）是公元 122 年在哈德良皇帝的命令下建造的，是罗马帝国在不列颠省的北部边界。这是一个突出的例子，展示了古罗马的军事组织状况，并展现了防御技术和地缘政治战略。苏格兰的安东尼长城是一个长达 60 公里的防御工事，公元 142 年由安东尼·庇护皇帝为了防御北部"野蛮人"而修建。这是罗马帝国西北边境最远的地方。

他们为国王作战。大封建主又把自己土地的一部分再分封给下级，也要求他们提供骑兵。他们通过这种分封建立起封建土地的等级所有制。威廉一世还极力摆脱教皇对英国教会的干涉，把英国教会控制在自己手中。威廉一世主要依靠法国贵族进行统治，但在统治机构、法律上仍沿用英王旧制。1086年，他召集封臣，令他们行臣服礼及宣誓效忠，建立了英国封建主都须以对国王效忠为首要义务的原则，同年他还进行了全国范围的土地调查。

诺曼征服，意味着不列颠群岛大体上被纳入了欧洲历史进程，英国封建体制的确立，是英法进入同一文明体系的标志。但是，英国封建体制又不同于法国和神圣罗马帝国，后者始终坚持大一统倾向，而英国的王权统治则不断受到大贵族和大封建领主的挑战。1215年《自由大宪章》的制定，代表着英国的发展最终脱离了大陆的大一统传统，走向了更加离散化的权力制衡道路。

三、英国与欧洲大陆的纠葛之二：《自由大宪章》——英国权力制衡道路的古代传统及其解读

《自由大宪章》简称《大宪章》，是英国封建时期的重要宪法性文件之一。1215年6月15日，金雀花王朝约翰王（1199—1216年在位）在大封建领主、教士、骑士和市民的联合压力下被迫签署该文件。

《大宪章》由序言和63个条款构成，主要内容是贵族和教会的权力不受国王的侵犯。如：规定全体自由民享有自由权；伦敦及其他各城市享有自治权；国王征税必须同贵族会议商量并听取民众的意见；非经同级贵族依法审判，任何自由民不受拘捕、监禁、没收财产、剥夺公权、放逐、伤害、搜查和逮捕等；不得强迫骑士和其他拥有土地者服额外的兵役；由25名贵族组成一个委员会，监督大宪章的执行；国王如有违反，可对其采取剥夺土地没收财产等手段予以制裁；甚至它有一条申明，如果国王违反规定，封建主有以武力进行反抗的权利。《大宪章》后来虽经多次修改，但一些基本原则仍被保留下来。

《大宪章》对骑士和自由农民的利益也有一些保障。

后来英国资产阶级革命时期，《大宪章》被用作争取权利的法律依据，并被确定为英国宪法性文件之一。

在英国《大宪章》确立了权力离散的自由原则前提下，以法国为代表的西欧大陆则日益走向强化专制王权的道路，这也是日后西欧文明出现英法道路分野和帝国争霸的深层原因。

相对于东方的大一统帝国，西欧的神圣罗马帝国固然属于边缘文明形态，但相对于西欧大陆，英国的封建体制更具离散特征，更是处于当时亚欧大陆世界文明体系的边缘，但它最终为英国开辟出海洋帝国模式奠定了基础。

四、英国与欧洲大陆的纠葛之三：英法百年战争——英法道路分野与民族国家认同的开端

正因为西欧文明存在着英法道路的分野，所以英法百年战争代表民族和国家认同道路的分野也就顺理成章。

英法百年战争（1337—1453年）发生在金雀花王朝治下的英格兰王国和瓦卢瓦王朝治下的法兰西王国之间，是一场针对法国统治权的战争。12世纪中期，英国金雀花王朝在法国占有广阔领地。12—13世纪，法国国王逐渐夺回部分被英王占领的土地。14世纪初期，英国仍占据法国南部阿基坦地区，成为法国政治统一的最大障碍。法国人试图把英国人从法国西南部赶走，从而统一法国。英国当然不愿退出，并欲夺回祖先的土地如诺曼底等。

当时英法两国因为贸易利益的关系，均欲争夺佛兰德，两者之间的冲突不断加大。1328年，法国占领佛兰德，英王爱德华三世（1327—1377年在位）下令禁止羊毛出口。佛兰德因失去原料来源，转而支持英国，最终引发百年战争。

百年战争中，涌现出不少新战术和武器，法国最终完成民族统一，为日后在欧洲大陆扩张打下了基础；英国则几乎丧失了所有的法国领地，但促进了英国民族主义的兴起。

如前所述，英法百年战争事实上是西欧文明中心与边缘的自然分野引发的民族与国家认同的道路分化，为日后民族国家体系的形成及其世界化道路奠定了基础。在此之前，人们的群体认同主要停留在宗教、自治领、封建领的层面，自此之后，国家和民族的认同逐渐浮出水面。

🔺 本章小结

本章重点强调了中世纪亚欧大陆世界文明体系在欧洲的分化,当时文明中心形态是亚欧大陆的大一统帝国,由此欧洲形成了两个层次的中心与边缘形态的对立统一:首先是处于中心的东正教文明与西欧边缘的天主教文明的对立统一;其次是西欧以法国为代表的大陆中心与英国为代表的海洋边缘的对立统一。

亚欧大陆世界文明体系在环地中海文明区域形成的两个层级分化,与本区域文明多样性和罗马帝国法理来源的多样性有关。具体而言,它们是政教合一大一统传统和古希腊世俗法理传统的多级分化的结果。

这种文明体系的对立统一在中世纪的深度发展,为日后西欧文明选择民族国家和所谓海洋文明道路,实现从文明边缘到中心的突破奠定了基础。尤其是英法道路分野和百年战争引致民族国家认同产生,英国权力分散制衡的传统与世俗化取向相结合,其在融合罗马帝国的世俗化法理之后,在深层次上引领了文艺复兴、宗教改革以及后续诸多近现代化进程的方向。

只有在这个意义上,我们才能理解中世纪西欧文明发展的历史脉络,才能相对清晰地解读西欧如何在蛮族传统、宗教认同以及罗马帝国双重法理的不断冲突与融合之中,寻找新的文明发展方向,直至最终发现新大陆,引入新的文明元素,从亚欧大陆世界文明体系的边缘地带崛起为新的文明中心。

第五章
世界文明体系的扩张与转型：
民族国家西欧体系的诞生

第一节　全球史视野下世界文明体系的转型：如何从亚欧大陆世界文明体系转变为全球民族国家世界文明体系①

如前所述，1500年代之前，亚欧大陆世界文明体系内在的文明中心与边缘地带的互动以农业文明和游牧文明之间的冲突和融合为主。在环地中海一神教文明区，伊斯兰教将大一统政教合一模式发展到高峰；在东亚儒家文明区，宋朝和元朝分别开发了中国的南方和北方，宋朝将连接欧洲的海上丝绸之路推向新的高度，元帝国则几乎一统亚欧大陆。伊斯兰帝国和元帝国两种大一统模式及其相互融合的过程，是亚欧大陆世界文明古代史上的重大事件，对包括印度次大陆的亚欧大陆世界文明体系产生了重大影响。

帖木儿帝国、莫卧儿帝国、奥斯曼土耳其帝国等，都以伊斯兰教为国教，但奉行帝国治下宗教平等政策，其他教徒只需要交"人头税"就可以保有自身的宗教信仰。而这种以大陆帝国大一统为主的世界治理模式，融合了近现代之前的两种世界主义体系——世界帝国和世界宗教，政教合一和宗教平等（以宗教"人头税"为代价）成为亚欧大陆世界文明体系古代史的主要特征。

总之，近现代之前的亚欧大陆，世界文明体系主流的治理模式是大一统帝国，而西欧则在整个中世纪都处于相对边缘的权力离散状态，但西欧也在融合蛮族传统、宗教教义和罗马帝国法理，寻找新的文明崛起可能，直至他们发现美洲"新大陆"，才从亚欧大陆世界文明体系的边缘地带，逐渐依托"新世界"的各种资源，改变了传统世界文明体系的格局。

---

① 世界主义的诞生早于1500年代，1500年代之后以民族国家为基本认同单位的世界文明体系，是早期亚欧大陆世界文明体系逐渐转变并扩展到全球各大洲的结果。为了区别这两种世界文明体系，本书分别将其命名为亚欧大陆世界文明体系和全球民族国家世界文明体系。后者可以简称为民族国家世界文明体系，其经历了民族国家西欧体系和世界体系两个阶段。

1500年代以来世界文明体系的变革，主要有两个具有内在一致性的历史变迁过程。首先是亚欧大陆世界文明体系逐渐扩展到全球，文明的动力机制是从亚欧大陆文明体系内部中心农业文明与边缘游牧文明的对立统一，发展到亚欧大陆文明与其他大陆文明的对立统一，尤其是西欧文明融合南部非洲和美洲文明资源，改造亚欧大陆世界文明体系最终将其扩展到全球；其次是作为边缘地带的西欧文明，发展出新的民族国家世界文明体系，并作为新的文明中心，将这一体系扩展到亚欧大陆和全球的过程。

因此，从世界文明体系的视角出发来看待1500年代以来的近现代文明格局的变迁，可以把所谓"发展"看作亚欧大陆世界文明体系扩展到全球的过程。

所谓"现代化"，则是一个世界文明体系边缘地带逐渐成长为文明中心地带的过程。

无论是"发展"还是"现代化"，主要原因并不是西欧天然具有某种普适的"中心"属性或者独特的"边缘"属性，主要还是世界文明体系历史运作的结果。

一方面，文明边缘地区在发现和融合新的资源之后，会有一个逆袭成为文明中心的过程，如古代历史时期伊斯兰教文明和蒙古帝国文明的兴起。另一方面，随着世界文明体系的历史演进，文明中心走向边缘和衰落也是一个必然的历史过程，亦如伊斯兰教文明和蒙古帝国文明的衰落。

总之，从长时段全球史的视角出发，欧洲从边缘走向中心的近现代化过程中，主要的社会变迁是亚欧大陆文明与南部非洲和美洲文明的融合，尤其是西欧文明融合南部非洲和美洲文明资源之后，改变亚欧大陆世界文明体系格局并将其扩展到全球。同时，这一过程也是工业文明和民族国家体系扩展到全球的过程，也即传统的中心农业文明和边缘游牧文明的对立统一，发展成为农业文明和工业文明、海洋文明和大陆文明、资本主义文明和社会主义文明的对立统一，并扩展到全球的过程。

在此种世界文明体系的全球史分析视角下，对于西方文明的近现代化过程，至少有以下不同于"单个民族国家相加的世界史"的解读。

（1）1500年代以来，作为原亚欧大陆世界文明体系边缘地带的西方文明，在融合南部非洲和美洲文明资源的基础上，逐渐发展出新的工业化路径和民族国家体系，并渐次成长为新的世界文明体系中心。亚欧大陆世界文明体系转变为全球民族国家世界文明体系（简称为民族国家世界文明体系）。

（2）在这个过程中，亚欧大陆世界文明体系内在的文明对立统一的发展规律并没有失效，只是从原有的中心农业文明和边缘游牧文明、大一统治理和权力离散模式的对立统一，转变为工业文明和农业文明、海洋文明和大陆文明、资本主义文明和社会主义文明的对立统一，世界文明体系内在的发展规律才是西方文明兴衰的终极原因。值得注意的是，亚欧大陆世界文明体系各文明关于世界的想象仍然延伸进新的民族国家世界文明体系，只是发展出新的模式。而南部非洲、美洲旧有文明则被改造和吸纳，有的近乎消亡，有的成为潜在的文明历史脉络，影响着世界文明体系后续的发展方向。

（3）民族国家体系并不是一个个单独的民族国家分立发展的简单组合，而是一个新的世界文明体系。如果说原有的世界体系是亚欧大陆世界文明体系，以大一统帝国治理为中心，西欧权力离散型治理只是边缘地带的特征，则新的民族国家世界文明体系中，民族国家是文明重要的想象共同体，但只有当其内含世界主义意义上的工业文明和农业文明、海洋文明和大陆文明、资本主义和社会主义文明体系的对立统一，才成其为世界文明体系。

（4）以西方文明为中心的世界文明体系，同样有其内在的发展和衰落过程，这个过程的内在机制仍然是文明之间的互动。西方文明融合南部非洲和美洲文明的机制，成为发展和衰落固有的路径依赖。

（5）作为亚欧大陆原有文明体系内部主流的一神教文明、多神教文明、儒家文明，也在随着文明中心转移到"西方"而调整，并通过文明的互动与融合创造出新的可能性。

事实上，我们可以将西欧文明从中世纪发展出权力离散型社会，到发现新大陆并融合新资源，慢慢发展出民族国家的道路，进而成长为民族国家世界文明体系的过程分为两个部分：第一个部分是民族国家西欧体系诞生，第二个部分是民族国家西欧体系扩展为全球民族国家世界文明体系。

第二节　民族国家西欧体系确立之前的准备：文艺复兴、宗教改革和地理大发现

如前所述，近现代之前的西方（欧洲）文明偏离了亚欧大陆主流的大一统帝国模式，走向了权力离散型的社会想象和治理模式，其中又包括两种结构分野：一种是东欧与西欧的分化，东欧（以俄国为代表）更加偏向大一统，西欧则相对离散；另一种是西欧内部以英法为代表的分化，法国更偏向所谓的大陆传统，有一定的大一统倾向，而英国更偏向于权力分治，最终发展出不同的民族国家道路，并成长为民族国家世界文明体系。

上述两种结构性的历史分化，构成了西方文明内在对立统一的动力机制，也决定了近现代以来西方文明发展的道路，是所谓工业文明与农业文明、海洋文明与大陆文明、资本主义文明和社会主义文明结构性对立统一的历史渊源。

以民族国家及其世界文明体系的出现为指针，我们来理解西方文明近现代以来的各种历史大事件，如文艺复兴、宗教改革、发现新大陆、工业革命、一战二战等一系列历史进程，就能够梳理出明显的思想脉络。

具体而言，以三十年战争（1618—1648年）和《威斯特伐利亚和约》作为民族国家西欧体系确立的标志，在此之后就是民族国家体系成长为世界文明体系并传播到全球的过程。

如此，我们可以跳出单一民族国家的视野，将三十年战争之前欧洲历史上的文艺复兴和宗教改革（14世纪开始）、地理大发现（1492年）、西班牙帝国的建立（16世纪）、荷兰与尼德兰革命等事件作为民族国家道路在欧洲诞生的整体过程来看待和分析。

同时，将欧洲民族国家体系诞生和确立之后的一系列历史事件，如三角贸易、英法七年战争（1756—1763年）和英国革命、美国独立战争（1775—1783年）、法国革命（1789—1830年）、美国南北战争、第一次世界大战、俄国革命、第二次世界大战和冷战体系建立等看作民族国家

世界文明体系确立并扩展到全球的过程，如此则可以相对清晰地获得民族国家体系从西欧诞生并扩展到全球的整体认知。

如上一章所述，相对于亚欧大陆主流的大一统帝国治理模式，中世纪欧洲更像是权力离散的社会，受到蛮族传统、天主教义和罗马法理的影响，在东方世界的挤压和牵引之下，发展出具有欧洲特色的封建体制。其中，法国更趋向于亚欧大陆的传统，但文艺复兴、宗教改革和西班牙葡萄牙主导的地理大发现，都萌生于欧洲大陆的边缘地带。

文艺复兴的主要诞生地意大利自治城邦受到东方世界的影响颇深，作为宗教改革萌发地的德意志地区则是哈布斯堡王朝统治相对薄弱和权力斗争最为激烈之处，西班牙、葡萄牙则位于欧洲边缘伊比利亚半岛上，在受到伊斯兰文明统治800年之后终于复归天主教传统，一直有向北非和大西洋探索的驱动力。

一、文艺复兴

文艺复兴（Renaissance）是发生在14—16世纪的一场反映新兴资产阶级要求的欧洲思想文化运动。文艺复兴最先在意大利各城邦兴起，随后扩展到西欧各国，于16世纪达到顶峰，开启了一段科学与艺术的革命时期，揭开了近代欧洲历史的序幕。

当时的意大利处于城邦林立的状态，各城市都是一个独立或半独立的国家，即城邦。14世纪后，各城市逐渐从共和制走向独裁。独裁者耽于享乐，信奉新柏拉图主义，希望摆脱宗教禁欲主义的束缚，大力保护艺术家对世俗生活的描绘。与此同时，圣方济各会的宗教激进主义力图摒弃正统宗教的经院哲学，歌颂自然的美和人的精神价值。罗马教廷也在走向腐败，历届教皇的享乐规模比世俗独裁者还要厉害，他们也在保护艺术家，允许艺术偏离正统的宗教教条。哲学、科学都在逐渐地朝着比较宽松的气氛中发展，也酝酿着宗教改革的前奏。

由于没有成熟的文化体系来取代天主教思想，新兴的资产阶级便借助复兴古代希腊、罗马文化的形式来表达自己的文化主张。因此，文艺复兴着重表明了新文化以古典为师的一面，而并非单纯的古典复兴，它实质上是资产阶级反封建的新文化运动。当然，如前文所述，环地中海一神教文明区域本就有以出世宗教和世俗法理为特征的两大文明取向，罗马帝国早期主要坚持"罗马法典"的世俗治理特色,而晚期帝国,尤其是东罗马帝国,则主要借重基督教政教合一传统。在这个意义上,文艺复兴确实是古希腊罗马世俗法理传统在西欧权力离散背景下的复建与重构,甚至决定了包括宗教改革在内的文明世俗化的取向。这种历史思想脉络并非完全虚构。

因此,文艺复兴的精神内核是人文主义精神,以人为中心而不是以神为中心,肯定人的价值和尊严。主张人生的目的是追求现实生活中的幸福,倡导个性解放,反对愚昧迷信,认为人是现实生活的创造者和主人。

有部分学者认为,14世纪末,由于信仰伊斯兰教的奥斯曼帝国的入侵,东罗马帝国(拜占庭)的许多学者,带着大批的古希腊罗马的艺术珍品和文学、历史、哲学等书籍,纷纷逃往西欧避难,也为文艺复兴提供了思想来源和基础。

总之,文艺复兴本就是亚欧大陆文明体系边缘地带的一种思想创新,借助西欧权力离散的特征而获得了蓬勃发展,并沿着历史思想脉络,接续了古希腊罗马的世俗法理精神。

二、宗教改革

宗教改革是欧洲16世纪兴起的自下而上的基督教改革运动,主要包括从1517年马丁·路德提出"九十五条论纲"到1648年《威斯特伐利亚和约》出台这一时期的欧洲宗教改革运动。该运动为新教奠定了基础,同时瓦解了天主教会所主导的政教体系,打破了天主教的精神束缚,为西欧资本主义的发展和现代社会的多元化奠定了基础。这一时期的代表人物包括马丁·路德、约翰·加尔文、约翰·卫斯理等。

如上文所言,从亚欧大陆世界文明体系的视角来看,欧洲(尤其是西欧)的治理模式不是大一统取向的,更倾向于权力离散的形态。15世纪下半叶,随着欧洲封建体制向外探索经验的累积,资本主义开始产生和发展,作为中世纪封建统治精神支柱的罗马教廷亦开始衰落。伴随着世俗生活重要性不断增长的,是权力体制的逐渐变革。在英国、法国和西班牙,都出现了一个王权上升时期。君主们试图通过控制教会神职的任命来削弱教会的竞争力,以及限制钱财流入罗马。欧洲各主权国家开始摆脱教皇控制：西班牙自斐迪南与伊莎贝拉的联姻而统一后，逐步实现教会国家化，西班牙教会成为当时欧洲最具独立性的天主教会；法国也成为中央集权的君主国家，将教会置于君权控制之下；英国自亨利七世始，基督教逐渐国教化，步入脱离罗马教廷的进程。自神圣罗马帝国以来，德国从未形成统一的中央政权。宗教改革前夕，所谓的神圣罗马帝国不过是个松散的联邦，政治上的不统一致使它仍被教皇控制，受教廷的经济剥削和压迫尤深。

16世纪初期，教会在各方面都急需净化与改革。欧洲天主教体系面临一系列挑战：天主教会大分裂使教皇威信大大降低；十字军东征最终失败，意味着以旧有天主教廷为统一性权威重建欧洲、击败奥斯曼帝国并打通前往富庶东方道路的终结。

一方面是世俗王权的增长，另一方面是天主教廷统一性权威的丧失，这两个因素的叠加，实际上意味着中世纪以罗马教廷为合法性来源的"君权神授"政教体系面临崩解，需要彻底重建。只有在这个意义上，才能理解何以宗教改革和三十年战争既是宗教权威的重整，也是民族国家西欧体系建立的标志。

如上文所言，在整个西欧文明世俗化倾向越来越明晰的前提下，文艺复兴时期的教皇也生活得更像世俗君主，而非精神领袖。作为教皇国的统治者，他们也卷入了战争和政治阴谋的漩涡。他们关于政治和艺术的计划（如意大利著名艺术家对梵蒂冈的装饰和对圣彼得大殿的装修）耗资巨大。罗马教皇为弥补耗尽的财政库，经常出售职务聚敛钱财。为维持教廷庞大的经济开支和高级教士奢侈的生活，教会设立名目繁多的税收，除赎罪券外，还有什一税、特赦捐等。教阶制使高级教士与低级教士间、教士与信徒间的差别日益扩大。大部分主教出身于贵族家庭，因而几乎不与百姓来往。在许多地方，世俗君主已经控制了主教任命权和其他教会公职的处置权；反过来，他们再利用职权去回报有利可图的亲戚和朋友。神圣罗马帝国的有些主教府也是亲王官邸，于是，教俗权力集于一身的主教统治着辽阔的疆域。主教和牧者即使没有履行牧养职责，也有着多重"俸禄"，甚至不用居住在该地区。此外，神职人员也不再恪守独身生活，与人同居或拥有民法妻子的现象也很普遍。隐修院纪律松弛，盛行的宗教信仰经常夹杂一些迷信色彩以及对神学的误解。教皇拥有极大的权力和财富，高级教士享有极高的社会地位，德国的 7 个选帝侯中有 3 人是大主教。

文艺复兴高举世俗化旗帜，为宗教改革打下了思想基础。人文主义运动向中世纪权威发出了挑战。人文主义者如伊拉斯谟致力于办学，印行《圣经》和古教父著作，希望通过开拓新的学习领域达到改革社会、恢复基督教会统一的目的。虽然他们不曾质疑传统的基本教义，甚至为了维护传统的教会结构而反对脱离正统教会的分裂活动。但通过对原始基督教的研究，他们认识到，当代教会的教阶制、神职人员的世俗化、经院哲学的烦琐争论等，都背离了基督教的原始教义，是基督教面临崩溃的征兆。少数思想家曾大胆向传统观念开战，如《圣经》学者威索尔首次提出，《圣经》的权威在罗马教皇之上，只有上帝才能赦罪，人只能靠信心通过与上帝的直接交往而得救。

宗教改革发端于德国并不是没有理由。上文提到，宗教改革实际上是西欧政教体系出现合法性危机的结果，德国当时正处在这种合法性危机的最前列。德国国内领地林立，王权相对衰落，受到教权的压榨很深，权力离散趋势和反抗趋势更甚。1517 年，利奥十世派人去德国兜售赎罪券。是年 10 月 31 日，路德在威登堡教堂门前贴出反对销售赎罪券的"九十五条论纲"，揭开了宗教改革的序幕。改革之后的基督教——新教日渐成为主流。

新教得到了德国当时很多诸侯的支持。为抵抗教皇的镇压，德国不同地区的新教诸侯组成施马尔卡尔登联盟，天主教诸侯结成纽伦堡联盟与之抗衡。1552 年，新教诸侯在法国支持下打败查理五世。1555 年，双方缔结《奥格斯堡和约》。这一合约的签署标志着路德宗的正式确立。它基本上采取领地教会的原则，即"教随王定"。

宗教改革在德国爆发，并迅速波及西欧各国。在新兴资产阶级势力较强的地区，如瑞士、尼德兰、法国南部，宗教改革以群众运动方式进行，因而比较彻底。而当时中央集权已经比较强大的君主国家，如英格兰、北欧各国，一般是自上而下进行改革，国王取代教皇成为教会首脑，削弱教廷的地位，建立独立自主的国家教会。

实行宗教宽容或宗教自由是宗教改革的重要成果之一，这也为世俗资本主义文化的兴起打下了基础。路德的《圣经》翻译深刻影响了德语的发展,他宣讲的每个人直接被上帝召唤影响到清教徒文化的出现,与神圣领域分离是后世新教伦理与资本主义精神的重要来源。

教权衰落和教会财产的丧失推进了欧洲新民族国家的建立和加强。宗教改革动摇了中世纪欧洲表面上"教权至上统一"的原则,"君权神授"的法理传统也被推翻,新教实际上确立了从个体到民族国家的新想象路径。在这个意义上,宗教改革既是一场思想变革,也是一场政治变革。西欧文明经历了漫长中世纪的累积之后,接续了古希腊罗马的世俗法理的精神特质,并通过民族国家及其世界体系化进程,将其发展到新的文明高峰。

三、地理大发现

在宗教改革的冲击下,天主教也开始了反宗教改革。受其影响,新教未能在南欧主要的天主教国家西班牙和意大利取得进展。

但是西班牙天主教会与罗马天主教会不同,它在与伊斯兰教的斗争中,本就有国家教会传统,这使得西班牙国王有着较大的自由度,有利于推动地理大发现的诞生。[①]

15—17世纪,欧洲的船队出现在世界各地的海洋上,寻找着新的贸易路线和贸易伙伴,以发展欧洲新生的资本主义。

自古以来,西方便有着两条通向东方的贸易路线:其一是始于埃及和伊拉克的海上路线,其二则是被称为"丝绸之路"的陆上路线。

海上路线利用了季风的特点,在每年的4月到6月,船只从苏伊士或巴士拉出发,分别经由红海或波斯湾进入阿拉伯海,再顺着从海洋吹向大陆的西南季风航往印度洋和中国海。大约在6个月后,也就是在10月到12月,吹向海洋的东北季风又会将航船带回其始发地。

作为陆上路线的丝绸之路,西起地中海东岸(主要有亚历山大港、大马士革与阿勒颇等城市)与黑海沿岸。从这些地方出发,经过里海南部进入亚洲并穿过巴格达,分为几条支路穿过内陆地区后再汇集于咸海

---

① 711年,柏柏尔人和阿拉伯人的军队入侵并征服了几乎整个伊比利亚半岛。在接下来的750年里,西班牙受到穆斯林统治,之后西班牙通过收复失地运动,逐渐恢复了基督教。1492年,西班牙王国在卡斯蒂利亚王国和阿拉贡王国联合的基础上成立。同年,克里斯托弗·哥伦布受到西班牙王室资助,首次扬帆出海寻找新大陆。

附近。在中亚的布哈拉，又分路前往印度的德里与阿格拉。经过布哈拉，到达帕米尔北部的撒马尔罕后，丝绸之路再次出现分支。往北通向阿拉木图，往东穿越中亚，并沿昆仑山脉或天山山脉行进抵达中国城市西安。

穆斯林在大部分时期里都控制着通往东方的各条商路。亚历山大港、阿勒颇与大马士革被称为当时的"铁幕"。只有在13世纪下半叶到14世纪，当成吉思汗的蒙古帝国极盛时，以马可·波罗为代表的欧洲人才与远东地区取得了联系。

已有的贸易路线可以运送宝贵的香料，但不得不遭受沿途关卡的层层盘剥，贸易受到了严重影响。这还没有算上多变的政治局势和盗匪的骚扰。

进入15世纪，威尼斯受到奥斯曼帝国的封锁与入侵，西方人急迫地需要找到一条通往东方的新商路。在当时，地图学、航海术与造船术都取得了可观的进步。随着技术的进步，卡瑞克帆船与卡拉维尔帆船相继在伊比利亚半岛出现，远洋探险成为可能。这些融合了传统阿拉伯船只与传统欧洲船只特点的帆船，首次能离开风平浪静的地中海，安全地航往大西洋的开放水域进行探索。

伊比利亚半岛上的社会结构类似于公司。大家庭中施行长子世袭制，家庭中的长子可以继承家产，次子则可能进入教会，或在同摩尔人的战斗中碰运气，用努力来赢取荣耀和土地。当伊比利亚半岛的土地都被征服者们瓜分殆尽后，西班牙和葡萄牙都开始往北非发展殖民地，并持续地探索大西洋。

探索东方的渴望是由多种原因造成的。其中最主要的原因，是去寻找获取香料的新航线，以取代受政治环境影响而随时可能停止供应的陆地贸易路线。还有一个因素，在收复失地的运动中，伊比利亚半岛上的基督教国家已与伊斯兰国家作战经年，半岛上的基督教国家急需寻觅海外盟国来反击当地的伊斯兰势力（例如传说中的祭司王约翰），从而破坏伊斯兰教的制约力量。它们也从阿拉伯邻居那里学到了很多东西，譬如引进阿拉伯三角帆技术来改进船只的机动性。它们还通过从阿拉伯人手里获取的古希腊地理文献，首次对非洲和亚洲有了一个大致的印象。

1492年，伊莎贝拉女王资助克里斯托弗·哥伦布的探险活动，希望他找到向西航往印度洋的路线，以替代在《阿尔卡苏瓦什条约》中规定由葡萄牙人保有的南非航线。哥伦布终究没有抵达亚洲，但他却意外地发现了一片新大陆——美洲大陆。

通往"亚洲大陆"（欧洲人称之为"印第安"）新航路的发现，让西班牙与葡萄牙在势力范围的划分上再起纠葛，最后在教皇亚历山大六世的介入和调停下，两国于1494年签订了《托尔德西利亚斯条约》，这一条约为两国划定了欧洲之外的已知世界上的势力范围。佛得角群岛以西370里格（约2056千米）的子午线成了两国的势力分界线。分界线以东归葡萄牙，即非洲、亚洲与南美洲东部（巴西东北的少部分）；分界线以西归西班牙，即绝大部分的美洲大陆、太平洋的岛屿以及当时尚未发现的陆地。

由此而开始了西班牙和葡萄牙通过海洋，前往新大陆和东方世界的新航路。

综上所述，文艺复兴、宗教改革和地理大发现，本就是西欧权力离散结构下，边缘地带不断向外探索新的可能性的结果。在这个意义上，绕过"伊斯兰世界"去往东方，意外发现"新大陆"，逐步成为新文明中心，是一个渐进的过程。在这个渐进过程中，各个"王室"都基于欧洲离散权力结构的传统而单独行事。也正因如此，不同于亚欧大陆大一统帝国模式的民族国家认同成为某种历史必然，并逐渐发展成民族国家西欧体系。

第三节　民族国家西欧体系确立：西班牙帝国和三十年战争

在西欧权力的离散结构下，边缘地带不断向外探寻新的可能性。在这个过程中，民族国家这种既不同于亚欧大陆大一统帝国，也不同于哈布斯堡王朝和传统天主教"君权神授"的认同逐渐萌发，但其还需要吸纳更多的资源，进行更多的尝试，才能成长为西欧的主流认同模式。

这个过程，主要在西班牙帝国时代完成。

如前文所述，西欧一直存在大陆大一统帝国治理模式与海洋权力离散治理模式之间的差异,本质上是亚欧大陆世界文明体系内在的文明中心地带与边缘地带的体系化差别的表现。某种程度上,这种道路分野早在英国《自由大宪章》诞生时和英法百年战争时代就已现端倪,这是民族国家建构中民族和权力认同分化的重要思想来源。而西班牙帝国时代是民族国家西欧体系在政治体制和思想体制两个层面成型的时期。从世界文明体系的视角而言,正是因为在海洋权力离散治理模式基础上发展出来的民族国家道路,战胜了西欧的大一统帝国治理传统,才最终确立了民族国家西欧体系。这个过程的标志性事件是三十年战争和哈布斯堡王朝的最终崩解。

一、西班牙帝国和欧洲争霸

西班牙帝国,又称西班牙殖民帝国,是世界上第一批真正意义上的全球帝国和殖民帝国之一,也是世界历史上最大的帝国之一。西班牙帝国被认为是第一个日不落帝国。

16世纪中叶,西班牙和葡萄牙是欧洲环球探险和殖民扩张的先驱,并在各大海洋开拓贸易路线,促进了贸易的繁荣,贸易路线从西班牙横跨大西洋到美洲,从墨西哥横跨太平洋,经菲律宾到东亚。其中,西班牙以残酷掠夺美洲白银资本为主,并以此为基础来支持哈布斯堡王朝的传统统治道路,而葡萄牙(包括后期的荷兰)则主要通过世界性商业殖民地的建立和商业贸易来获取商业利润。[①]

西班牙征服者摧毁了阿兹特克帝国、印加帝国和玛雅文明,并对美洲大片领土宣称主权。一时之间,凭借经验丰富的海军,西班牙帝国称霸海洋;凭借训练有素的步兵方阵,它主宰欧洲战场。它的黄金年代出现在16—17世纪。

在16世纪,西班牙就从新西班牙(美洲)得到了约等于15000亿美

---

① 发现美洲之后,西欧国家经历了新航路开发和《托尔德西利亚斯条约》对世界的分割,形成了欧洲对新世界进行掠夺开发和争霸世界的对立模式,即以西班牙为代表的"征服美洲和掠夺资源"为主的模式与以葡萄牙(包括后期的荷兰)为代表的商业殖民为主的模式。西欧殖民主义在新大陆和全世界的殖民掠夺和世界争霸,是其根本特征。以这种基本共识为前提,本研究希望能够更进一步深入去探讨民族国家世界文明体系建立过程中的结构性因素及其发展历程。

元（1990年的物价）的黄金及白银。但由于其统治者同时是哈布斯堡王朝的统治者，哈布斯堡的政治目标主要停留在欧洲大陆争霸上，其在获取美洲和亚洲的产物（在美洲以金、银、蔗糖为主，在亚洲以瓷器、香料、丝绸为主）的基础上，积极削弱法国的势力，并阻止其东进，以维持天主教哈布斯堡王朝在德意志的霸权，并帮助天主教抵抗宗教改革，抵抗穆斯林对欧洲的威胁，尤其是抵抗奥斯曼帝国等。

西班牙与敌对国家持续斗争，引起领土、贸易和宗教冲突，这都使得西班牙的国力在17世纪中叶开始下滑。在地中海，西班牙与奥斯曼帝国战事频繁；在西欧，法兰西殖民帝国逐渐崛起并威胁着西班牙的霸权；在海外，西班牙首先与葡萄牙竞争，后来的对手还包括荷兰和英国，而且英、法、荷三国支持海上抢劫，西班牙过度动用军力，政府贪污渐趋严重，最终导致帝国的衰落。

西班牙（和葡萄牙）的殖民模式和输入欧洲的资源，对后续其他国家的影响极其深远。事实上，荷兰共和国早期就受西班牙统治，在脱离西班牙之后才成为新的世界商业帝国。

另外，我们也不难发现，在早期欧洲对美洲的征服过程中，殖民、疾病和历史机缘的作用往往胜过其文明所起的作用。欧亚直接接触后，历经很长时间的不平等贸易。亚洲有许多货物让欧洲人垂涎，欧洲却没有亚洲人想要的农产品或手工制品。只是西班牙发现了美洲的白银，才在白银资本的基础上实现了与东方的贸易对等，并逐步改造欧洲，让欧洲的那些在封建自治领基础上发展起来的小国家通过海洋输入的资源而成长壮大，并逐步形成民族国家体系。

二、三十年战争和民族国家西欧体系的形成

在宗教改革之后，哈布斯堡王朝统治下的德意志皇权日益衰微，各邦诸侯割据称雄。信奉新教（路德宗、加尔文宗）的诸侯和信奉旧教（天主教）的诸侯在宗教纠纷掩饰下争夺地盘和反对皇帝专权，并分别组成新教联盟（1608年）和天主教联盟（1609年）。

哈布斯堡王朝极力限制新教活动，争取旧教诸侯重振帝国皇权，并得到罗马教皇、西班牙和波兰贵族的支持。

法国为称霸欧洲，力图使德意志保持分裂状态，支持新教诸侯反抗

皇权；丹麦、瑞典早已觊觎北海和波罗的海的德意志领土和港湾；荷兰和英国则不愿神圣罗马帝国势力在北欧扩张，英国还企图削弱西班牙的势力。这些国家都支持新教联盟。

1618年捷克反对哈布斯堡王朝的起义，是三十年战争的导火线。神圣罗马帝国皇帝马蒂亚斯（1612—1619年在位）企图在波希米亚（今捷克）恢复天主教，指定斐迪南二世为波希米亚国王。斐迪南二世下令禁止布拉格新教徒的宗教活动，拆毁其教堂，并宣布参加新教集会者为暴民。1618年5月23日，新教集会者冲进王宫，把皇帝的钦差从窗口抛入壕沟，史称"掷出窗外事件"，它成为三十年战争的开端。

三十年战争是欧洲几百年来宗教和国际政治各种矛盾的总爆发。正如瑞典国王古斯塔夫二世在给他的首相的信中所说："各个小型的战争，在这里都汇集成一个全面的欧洲战争。"

整场战争共分为4个阶段，分别是捷克阶段（1618—1624年）、丹麦阶段（1625—1629年）、瑞典阶段（1630—1635年）及全欧混战阶段（1636—1648年），最后以哈布斯堡王朝一方战败，参战各国于1648年签订《威斯特伐利亚和约》结束，共达30年之久。

三十年战争推动了欧洲近代民族国家体系的形成。《威斯特伐利亚和约》的签订标志着近代意义上的国际社会得以形成，由它决定的国际法准则在欧洲也真正产生。该条约确立了国际关系中的国家领土、主权与独立等原则，被认为是近代国际关系的开端。

《威斯特伐利亚和约》的缔结承认了神圣罗马帝国统治下的许多邦国是独立的主权国家。于是，在欧洲出现了为数众多的独立的主权国家，德意志分裂，荷兰独立，法国和瑞典兴起，西班牙衰落。

在宗教事务方面，该和约规定，所有人——包括诸侯和他们的臣民——都有宗教自由，所有三十年战争中反叛自己领主的人都得到了特赦——除了在哈布斯堡家族的世袭领地上的人。新教内部达成了协议，如果某一领主从某一新教派别改宗另一新教派别，不得强迫其臣民改宗。因此，这一合约的基本成果是在新教各派内部达成了和解，在新教与天主教之间划清了界限。按照当时新教与天主教的实际控制范围而划定的分界线，基本上确定了欧洲大陆的宗教格局。和约签订之后，人们对国家和政治的关心超过了对神学或教规的关心。

从世界文明体系的视角而言，《威斯特伐利亚和约》的签订意味着由西班牙主导的、以西欧为主要权力争夺战场的世界争霸战的基本结束，以神圣罗马帝国为代表的大一统治理模式彻底失败，民族国家西欧体系基本确立。

▲ 本章小结

从全球史的角度而言，亚欧大陆世界文明体系存在着至少两个层次上的中心与边缘地带的级差，造成了文明体系的多级分化排列状态。首先，拜占庭帝国（包括前述以俄国为代表的东欧文明）代表着亚欧大陆大一统帝国的主流发展道路，西欧则在蛮族传统、西罗马帝国法理和宗教教权对立统一的基础上逐渐成长出权力离散的边缘型文明形态。

其次，西欧文明内部的封建体制，又逐渐演变出分别以英法为代表的两种形态。其中，法国（包括早期法兰克王国、后期神圣罗马帝国、更后期的法兰西帝国）偏向大一统的大陆帝国传统，而英国则更加偏向权力分散和制衡的模式。

从某种程度上来说，在欧洲大陆边缘地带发展起来的西班牙帝国，既带有向海洋寻求新世界资源的取向，又作为神圣罗马帝国的重要组成部分而醉心于重构西欧的大一统大陆帝国传统。与之相对，葡萄牙（以及后期的荷兰）则更倾向于世界商业性殖民地建设和世界性商业贸易利润的获取，主要重心也不在于欧洲争霸和重建亚欧大陆帝国传统。事实证明，这种大一统帝国治理与权力离散的道路分化，最终引发了神圣罗马帝国的崩解，大一统帝国道路在西欧不再可行，西欧需要在相对分散的封建自治领基础上建立新的民族国家认同形式，并最终完成以民族国家为基本认同单位的新的世界联结。

也是在这个意义上，三十年战争是上述两条道路之争在政治和宗教两个层面的彻底破局，既包含政治上重新认知个体与民族国家及其领袖的关系，也包含在精神上重新认知个体与上帝的关系。宗教改革，意味着个体通过民族国家想象和认知世界的一种新的可能，其中包含世界政治（帝国）和世界宗教这两种"世界主义"想象的新开端。前者主要以民族国家为基本认同单位，最终达致民族国家世界文明体系的平衡（资本主义和社会主义的对立统一）；后者意味着新教需要从世俗化的视角达致"人人自由平等"的"国家公民"和"世界公民"想象。

三十年战争的结束和《威斯特伐利亚和约》的签订，确立了新的世界政治和世界宗教想象的基本模式——通过民族国家为载体来实现。这意味着民族国家既有世界政治意义上的群体单位意义，也有世界宗教意义上的人人精神自由平等的内涵。这两种目的都必须在民族国家世界文明体系中实现。

而这一目标的局部完成——民族国家的西欧体系化，意味着以民族国家为载体的西欧内部的政治平等和宗教平等得以实现。

具体而言，西欧以民族国家为基本认同单位的政治平等即主权国家理论的确立，成为日后国际法的基本准则。该理论起源于16世纪法国思想家让·博丹创立的主权理论。他认为主权是一国享有的、统一而不可分割的、凌驾于法律之上的最高权力。荷兰法学家胡果·格劳秀斯进一步指出：主权即权力的行使不受另外一种权力的限制，当一国不受任何别国控制而处理内部事务时就表现为主权。主权观念为国际关系和国际法奠定了理论基石，主权原则成为国际关系的根本准则。该理论的要点是：① 主权是国家固有的属性，具有不可转让、不可分割和不可侵犯的神圣地位，具有排他性；② 主权是国家独立自主地处理内外事务的最高权力；③ 主权具有两重性，在国内有最高的对内主权，在国际上有独立的对外主权，二者是统一而不可分割的；④ 主权的内容包括领土完整、政治独立、经济自主和与别国的主权平等；⑤ 主权国家是国际法的主体，也是国际关系唯一的行为主体。该理论认为在国际社会中拥有主权的国家应有权独立自主地处理本国内外事务，决定内外政策，采取它认为合适的和必要的措施来保护自身的利益并实现既定的目标。

西欧以民族国家为基本认同单位的宗教平等的含义更加复杂。首先是"教随王定"，即由本国的领导者决定国家宗教的最终归属，并担任宗教的最高代表，罗马教廷只是天主教名义上的最高领袖；其次是宗教信仰自由，即个体可以选择新教教派或者天主教教派作为自身的信仰。

以此为基础，新教更发展出所谓"新教伦理"，即以世俗成功与否来验证自己是否为上帝的选民，某种程度上以人们对世俗化权利的平等追求替代了出世宗教的信仰诉求。由此，上帝面前人人平等的理念诉求转变为国家权威面前人人平等的问题，民族国家认同与人人自由平等之间的张力成为资产阶级思想革命的思考起点，并最终促使社会契约论等一系列思想的发生。

同时，也应该看到，西欧民族国家体系建立所包含的政治平等和宗教平等内涵，仍然停留于"民族国家"的思想状态，还没有进入"世界体系"阶段，其中内含的"世界主义"和"世界公民"取向，需要等到下一个阶段（思想上的启蒙运动阶段）才能得以彰明。

事实上，尽管早期西欧民族国家体系实现了西欧内部所谓的权利平等认同，但形成了对世界其他地区和人种的歧视。所谓"人种学"以及种族歧视，就是这种欧洲白人优越论的体现。这显然是反"世界主义"取向的，与世界政治和世界宗教平等的世界文明体系化诉求背道而驰。

当然，后者的"世界主义"诉求也不太可能一蹴而就，需要在世界历史的具体进程中逐渐演变和发展。

在全球史的视域中，这也意味着民族国家世界体系建构过程中的某种模式转变，即西班牙代表的哈布斯堡王朝时代结束，民族国家西欧体系基本确立，在此基础上探索民族国家世界文明体系的发展道路，将成为全球历史的主要趋势。

第六章
民族国家世界文明体系的建立过程：总体性视角下英国革命

第一节　全球民族国家世界文明体系建立的总体性视角

一、全球民族国家世界文明体系建构的两条关键线索

全球民族国家世界文明体系的建立，是一个历史的过程。更重要的是，这个历史过程并不是一个个民族国家的国别发展史的简单叠加，而是全球史总体视角下世界文明体系的统一化进程，具有体系化对立的基本要素，只是需要从亚欧大陆传统的中心地带大一统帝国治理模式与边缘地带权力离散模式的对立，转变为以民族国家为新中心的体系化对立。

换言之，亚欧大陆世界文明体系古代史中内蕴的世界帝国与世界宗教中的"世界主义"因素，不能被1500年代之后西欧的发展历程简单承继，关于新的世界政治治理和世界宗教认同的内在文明诉求并不会停留于"民族国家西欧体系"的状态。

某种程度上，三十年战争的结束、《威斯特伐利亚和约》的签订、民族国家西欧体系的建立，以及哈布斯堡王朝的衰落，并不意味着"历史的终结"，反而意味着新道路的开始。

也就是说，西欧发展出来的民族国家世界体系化道路必须勠力完成以往的"世界帝国"和"世界宗教"所承担的两种意义上的世界文明体系重建。其中，民族国家偏向世界政治治理，而新教偏向世界主义思想重建，二者既有区别又相互沟通。最终，沿着这条世界治理和世界宗教的思想道路，在亚欧大陆原有大一统帝国法理和海洋权力离散型法理对立的基础上，发展出了马克思主义"消灭阶级差别"和康德所谓"世界公民"这两种"世界主义"道路，创造出新的社会主义与资本主义世界文明体系的对峙平衡，至此这个问题才得以彻底解决。这种新的民族国家世界文明体系格局，既是亚欧大陆世界文明体系的某种历史延续，也从世界政治治理和世界（宗教）思想革新两个层面建构了某种世界主义的新形态。

在民族国家世界文明体系的建构过程中，原本处于边缘地带的西欧文明，成长为世界文明体系的中心，其中有两条关键性的线索。

其一，在固有的大陆大一统帝国治理模式与海洋权力离散治理模式对立的基础上，在哈布斯堡王朝崩解之后的民族国家体系内部，仍然存在着以英法等民族国家为载体的道路对立，并分别生发出资本主义和社会主义文明道路。这种文明体系的对立统一应如何理解？

其二，正如马克思所言，资本来到人间，从头到脚，每个毛孔都滴着血和肮脏的东西。西欧殖民主义在新大陆和全世界范围内开展的殖民掠夺和世界争霸，是其根本特征之一。西欧在早期殖民掠夺的基础上发展出"天赋人权，人人平等"以及"消灭阶级差别，人人平等"等世界主义文明诉求，资本主义和社会主义阵营联手毁灭"霸权主义"和"法西斯主义"的野蛮化道路，对这些文明道路的选择应如何理解？

只有抓住这两条关键性的世界文明体系化线索，才能真正将纷繁复杂的民族国家的国别史纳入世界文明体系的总体性视角加以清晰解读。

二、全球民族国家世界文明体系建构的阶段划分

具体而言，全球民族国家世界文明体系的建构过程大致可以分为两个阶段。

第一个阶段是民族国家西欧体系确立的过程。在以西班牙为代表的"征服美洲和掠夺资源"为主的模式与以葡萄牙（以及后期的荷兰）为代表的商业殖民为主的模式对立的基础上，西班牙代表的哈布斯堡王朝最终被击败，在边缘文明的海洋权力离散治理模式基础上发展出来的民族国家认同在西欧内部得到确立。

第二个阶段是民族国家世界文明体系确立的过程。这个过程又可以细分为三个相互关联又有所区分的子阶段。

第一个子阶段以英法争霸为线索。英法对北美和东方（印度）进行殖民开发并争霸世界，最终英国击败法国取得阶段性胜利，率先完成工业革命和政治革命。这一阶段最重要的结果就是确立了大英帝国所谓海洋权力离散治理模式的合法性，以英国工业革命、英美政治革命、法国大革命以及资产阶级人权宣言为代表的资本主义"世界公民"道路得以形成。

第二个子阶段以英美道路和法俄道路的对峙为线索，包含法国革命、俄国革命以及第一次世界大战等重大事件。这一阶段最重要的成果是确立了马克思主义"消灭阶级差别，人人平等"的世界主义道路的合法性。

第三个子阶段以资本主义与社会主义道路的对峙为线索，包括两次世界大战中资本主义阵营和社会主义阵营的发展，以及两大阵营联手战胜"法西斯道路"并最终实现资本主义和社会主义的体系化对峙平衡，民族国家世界文明体系得到最终确立。

事实上，每个阶段的世界文明格局也有所不同，需要更加细致地区别和分析。

第一阶段时期，即早期民族国家欧洲体系的发育阶段，其处于西班牙的"日不落帝国"时代，西班牙和葡萄牙等新兴帝国与亚欧大陆其他帝国（如奥斯曼帝国、莫卧儿帝国、大清帝国）处于相对弱势与并列状态。欧亚直接接触后，历经了很长时间的不平等贸易，亚洲有许多货物让欧洲人垂涎，欧洲却没有亚洲人想要的农产品或手工制品。

只是在西班牙发现了美洲的白银之后，欧洲才在白银资本的基础上实现了与东方的贸易对等，搭上了东方世界的贸易快车，实现了快速发展。但正如上文所言，早期的西班牙帝国实际上内蕴着西欧大陆大一统帝国治理模式和海洋权力离散治理模式的争斗，最终引发了三十年战争，之后才逐渐摆脱了哈布斯堡王朝希望拓展的神圣罗马帝国体制，确立了西欧民族国家体系，走向了不同于大一统帝国的世界治理道路。

在哈布斯堡王朝崩解之后独立出来的荷兰共和国，沿袭了葡萄牙的世界性商业殖民模式，并将其发展到了新的高度。荷兰发展了新的商业证券和东印度公司模式，在私人资本的基础上进行世界性商业殖民，配以新型造船业，被称为"海上马车夫"。荷兰的世界性商业模式，主要是通过建立各种商业性殖民据点，以掠夺方式或商业经营来获取超额利润。他们通过海洋与东方世界的商业沟通，对东方世界产生了重大影响。如荷兰曾经在中国台湾建有商业据点，后被当时东亚最庞大的海上武装力量郑成功集团收复，后又归于清朝统治。而荷兰传入日本的各种学说，曾被统称为"兰学"。总体而言，荷兰的世界性商业帝国与亚欧大陆同时期的其他帝国，如奥斯曼帝国、莫卧儿帝国、大清帝国等，大体处于相对平等的状态。

第二阶段时期，英国所建立的"日不落"帝国，一定程度上是在西班牙和荷兰的经验基础上发展起来的。早期英国曾经鼓励对西班牙商船进行海上私人劫掠，并凭借海岛优势大力发展海洋舰队，最终打败了"西班牙无敌舰队"。在进入印度之后，英国前期建立起"东印度公司"，后期才将其改为政府统一经营。以此为基础，英国大量向北美移民，并发展出与法国不同的北美殖民地治理模式。

到英法在北美的开发殖民模式最终成熟，其间又经历了几百年的三角贸易，欧洲的民族国家体系这时才具备了进行全球争霸的体量，并最终战胜亚欧大陆传统的大一统帝国，成长为全球民族国家世界文明体系的新"中心"。

在这个过程中，西欧在吸纳世界资源的基础上，开始了经济上的工业革命，与之相伴随的是政治和思想上的全面变革。通过英国革命、美国革命、法国革命、俄国革命的彼此传递、相互渗透和影响，西欧在英法道路分野的基础上，形成了资本主义和社会主义两种世界主义道路的对立平衡，并联手战胜了"法西斯主义"，最终形成冷战对峙的新世界文明体系格局。

基于篇幅所限，我们将后续研究重点放在民族国家世界文明体系建构的第二个阶段，重点剖析从英法争霸直至资本主义和社会主义体系建立的过程，从总体性视角出发，来解读世界政治和思想的统一进程，以避免以往单独的国别史研究的弊端。当然，为避免与过去历史叙述的过度割裂，本研究仍然以世界文明体系中具有代表性的民族国家为载体来展开叙述，只是会相应强调总体性的视角以及各个民族国家道路之间的内在关联。

第二节　总体性视角下的英国政治革命

一、英国何以能率先完成政治和工业革命：英法道路分化和竞争背景下的道路优势

英国率先完成政治和工业革命，是在民族国家西欧体系确立之后，以英法为代表的新兴资本主义国家寻找新的世界争霸道路，并相互对立、

彼此刺激的结果，是民族国家世界文明体系确立过程中的一系列事件的综合反映。

事实上，正因为先有英法道路的分化和彼此竞争，尤其是英国在获得印度和北美殖民地的主导权后，开拓出新的世界性市场，并在此基础上通过殖民掠夺和三角贸易输入大量资源，产生人口相对较少背景下的资源聚集和生产效应，英国才能率先完成政治和工业革命。

英法道路的分化意味着大陆法理与海洋法理的道路之争。

如前所述，从中世纪开始直至英法百年战争，英法代表着欧洲文明道路的两种方向：法国更倾向于具有大一统传统的大陆系法理，而英国更倾向于权力离散型的海洋法理。这是亚欧大陆世界文明体系传统中关于"世界想象"的本源性差异发展到民族国家世界文明体系阶段的结果，此种"世界想象"差异并无本质变化，只是改变了表现方式。

在历经以西班牙帝国、葡萄牙帝国为代表的征服掠夺和商业殖民模式之后，作为后起者的英法在北美进行了以移民为主的开发殖民。但由于内在指导思想的差异，英法殖民模式也有所不同。

法国的殖民政策，是大一统大陆法统治理的直接延伸。法国殖民地由法国直接派人管理，法国政府派公务员、警察直接到殖民地办学校，教法语，使当地人法国化。殖民地的具体事务，都受法国政府管辖。

英国的殖民政策，遵循的是权力离散结构的海洋法理治理模式，英国不直接委派官僚管理殖民地，而是由殖民地的移民和殖民者自己成立政府，这主要有两种情况。第一种出现于美洲早期的移民型殖民地。英国资本家、军人、律师、工程师、传教士等各行业的人在殖民地定居，这些人并不是伦敦政府的官僚，他们定居以后自发成立独立于伦敦的自治政府。第二种出现于所谓的保护国中，这些地区在承认英王作为共主的前提下，保留着当地的文化、习惯法、社会结构，比如后期的印度等。

三十年战争之后，西班牙衰落，法国和英国逐渐崛起，《威斯特伐利亚和约》确立了欧洲民族国家体系规范，但最终发展为民族国家世界文明体系，仍然沿袭着文明内在对立统一的动力机制，只是传统的大一统大陆法理与权力离散型海洋法理的差异，演变为以英法为代表的殖民模式和世界争霸模式的对峙。

从 1648 年《威斯特伐利亚和约》确立民族国家西欧体系，到 1688

年英国资产阶级和新贵族发动推翻詹姆斯二世统治、防止天主教复辟的"光荣革命",再到1689年英国议会通过限制王权的《权利法案》,奠定了国王统而不治的宪政基础和君主立宪制政体,直至1756—1763年,英国、普鲁士同盟战胜法国、奥地利、俄国同盟,获得七年战争的胜利——英国道路获得了优势,并最终影响了美国独立革命。英国开创且最终为美国所承继的海洋帝国世界治理模式得以确立。

当然,此种世界文明体系意义上的政治文明优势离不开经济基础。实际上,在通过自身长足发展获得对欧洲大陆和亚洲大陆其他帝国的文明优势之前,英国主要通过包括印度、北美在内的新兴世界性市场以及三角贸易完成原始积累,并率先完成了工业革命。

二、英国在民族国家世界文明体系中获得竞争优势的过程

美国历史学家斯塔夫里阿诺斯在其著作《全球通史:从史前到21世纪(第7版)》中,将西欧的扩张分为伊比利亚阶段(1500—1600年)和荷兰、法国、英国阶段(1600—1763年),将英国获得七年战争的胜利作为西欧扩张阶段的关键节点。① 事实也说明,英国崛起的道路选择是一个历史过程,是在先后战胜西班牙、荷兰和法国的基础上逐渐形成的。

如上文所言,英国作为世界文明体系中权力离散型海洋法理的代表,从《自由大宪章》诞生开始,就已经与法国所代表的大一统大陆法理分道扬镳,但是在具体的历史细节中,这种选择过程仍然充满了反复博弈的意味。英国在民族国家世界文明体系建立的阶段战胜西班牙,在后续阶段战胜荷兰和法国,都是对自身发展道路进行持续探索和改进的结果。

1. 英国与西班牙的斗争

如之前提到的一样,最早大肆攫取美洲白银并成为"日不落帝国"的是西班牙,但哈布斯堡王朝更多着力于维护既有的封建体制。因此,

---

① 斯塔夫里阿诺斯著,吴象婴、梁赤民、董书慧等译:《全球通史:从史前到21世纪(第7版)》,北京:北京大学出版社,2005年版。

英国、法国以及荷兰与西班牙展开的竞争，代表着亚欧大陆世界文明体系中大陆法理与海洋法理的路线之争。直至 1648 年《威斯特伐利亚和约》签订之后，这种竞争才逐渐演变为以英法为主体的竞争。

16 世纪的欧洲，西班牙是当仁不让的霸主、天主教世界的顶梁柱，而英国在欧洲政治版图上就显得无足轻重了。然而这个时期风起云涌的宗教革命改变了欧洲的政治格局。英国由亨利八世创立英国教会，脱离罗马教廷，成为最早的新教国家之一。伊丽莎白女王上台以后，对内巩固英国新教的地位，对外支持荷兰等新教国家取得民族独立，于是和西班牙发生越来越多的冲突。英国国内的新教势力认为，面对西班牙帝国咄咄逼人的态势，英国有责任为欧洲的新教徒建立一个大帝国，同西班牙争霸，这种观点为英国刚刚起步的帝国事业披上了一层冠冕堂皇的外衣。

西班牙和葡萄牙通过殖民扩张大发其财，着实让英法等国家眼红。尤其是英国，对西班牙在美洲掠夺的金银垂涎三尺。早在 1496 年，英王亨利七世就雇用威尼斯航海家卡波特去寻找新大陆。以后的几十年里，英国的航海家们来到北美的纽芬兰、哈德逊湾和弗吉尼亚，以及南美的圭亚那等地寻找金银财宝，却一次又一次空手而回、血本无归。这些倒霉的英国人看着西班牙满载财宝的船队在大西洋上往来穿梭，不禁"妒从心头起，恶向胆边生"，干起了杀人越货的勾当。

从 1585 年到 1604 年，英国每年有一两百艘武装商船出海，专门在大西洋和加勒比海劫掠西班牙运输船队，其每年的掳获平均可达 20 万英镑。本来这种海盗行径纯属个人行为，但伊丽莎白女王出于政治目的，给这些海盗船长发"私掠许可证"（privateering commission）。"私掠许可证"是一国政府授予本国私人船只在战争时期攻击和劫掠敌国商船的权利。"私掠"在国际法上的合法地位一直持续到 1856 年。当时海盗被抓获肯定是要上绞刑架的，但如果拥有"私掠许可证"，就可以声称自己是奉命行事，享受战俘待遇。西方史学家们有时将私掠船主们称为"绅士海盗"，以区别于纯粹的海盗。对于英国的私掠船主们来说，"皇家海盗"的称号似乎更为贴切。虽然皇家海盗人数不过几千，却是受到举国关注的一群人，而出色的海盗船长甚至能成为国人景仰的民族英雄。

在某种程度上，伊丽莎白女王重用这些海盗也是无奈之举，也正是英国和西班牙两条道路之争的体现。如上文所言，英国和西班牙在法理制度上有本质的不同。西班牙是当时典型的大陆法理体制，王权至高无上，来自殖民地的财富全部落入国王的私囊，因而西班牙国王行事完全没有财力或政体的限制，可以随心所欲。英国国王从来就没有如此绝对的权力，早先受地方贵族掣肘，后来受议会两院限制。这种权力离散传统一定程度上决定着英国的政治体制和革命方向。由于在财力上捉襟见肘，伊丽莎白女王不得不依靠民间力量同西班牙争霸。英国最终打败了西班牙的无敌舰队，获得海洋霸权。

英国权力离散型的法理传统，正是英国后来居上的主要原因。在日后法国逐渐取代西班牙成为大陆法理的主要代表之前，英国还面临着与同属海洋法理传统的荷兰的竞争。

2. 英国与荷兰的竞争

荷兰的国土面积仅有 4 万多平方公里，自然资源贫乏，但在历史上有一段辉煌的时光。荷兰在 1648 年独立以前，先后受哈布斯堡王朝、神圣罗马帝国和西班牙的统治。

荷兰的造船业极负盛名，仅在首都阿姆斯特丹就有几十家造船厂，可以同时开工建造几百艘船，而且船只造价比技术先进的英国还要低 $1/3\sim1/2$，所以荷兰很快成为欧洲的造船中心。那时，世界各国间的贸易交往主要依靠海上交通。荷兰的商船队拥有 1.6 万余艘船只，占欧洲商船总吨位的 3/4、世界运输船只的 1/3，被称为"海上马车夫"。17 世纪起，经过资产阶级革命而摆脱西班牙统治的荷兰，经过短短几十年的发展，就超过了许多欧洲国家，成为"17 世纪标准的资本主义国家"。波罗的海沿岸地区的粮食，由它运往地中海；德意志的酒类、法国的手工制品、西班牙的水果和殖民地产品，由它运往北欧。荷兰商人在取得远航东方的路线图后，旋即组织商船到达爪哇和摩鹿加群岛等地。1602 年，荷兰商人和贵族联合建立东印度公司，在南亚迅速扩张，建立起一批武装商站。荷兰 1603 年在爪哇，1606 年在马六甲，先后打败西班牙和葡萄牙的海军。1619 年，荷兰在爪哇建立了第一个殖民据点，然后由爪哇向西侵占苏门答腊岛，向东从葡萄牙手里夺取马鲁古群岛，还相继侵占了马六甲和锡兰（今斯里兰卡）。在亚洲东部，荷兰曾一度侵入中国领土台湾，在日本的长崎建立了商业据点。1648年，荷兰占领了好望角，在非洲南端建立起一个战略地位十分重要的殖民据点。在北美，荷兰以哈德逊河流域为基础，建立了新尼德兰殖民地，并在河口区域夺取曼哈顿岛建立新阿姆斯特丹（今纽约）。在南美洲，荷兰殖民者占领了安得列斯群岛中的一些岛屿。

英国于16世纪晚期挫败了西班牙的海上霸权，打破了西班牙的殖民垄断局面，逐渐发展为强大的殖民主义国家。它觊觎着海洋霸权，这使其同荷兰的斗争变得不可避免，逐渐由竞争、抢夺发展到武装冲突。

1651年，英国议会通过了新的《航海条例》，规定一切输入英国的货物必须由英国船只载运，或由实际产地的船只运到英国。荷兰一向以其商船数量多、体积大、效率高、组织完善而成为贸易中介国家和全世界商品集散中心。英国的《航海条例》显然是针对荷兰设置的，以打击它在英国与其他国家贸易中的中介地位。荷兰反对英国的《航海条例》，但英国拒绝废除此条例，这导致英荷之间爆发了四次大战。

（1）第一次英荷战争（1652—1654年）。1652年5月，两国舰队在多佛海峡发生冲突，7月8日荷兰正式宣战。英国海军封锁了多佛海峡和北海，拦截荷兰商船，荷兰则组织舰队护航。1653年8月，荷兰集中海军力量与英国决战被击败，英国取得了制海权，使依赖贸易生存的荷兰经济瘫痪。1654年4月，两国签订《威斯敏斯特和约》，荷兰被迫承认了《航海条例》。

（2）第二次英荷战争（1665—1667年）。它是由英国占领荷兰在北美的殖民地新阿姆斯特丹而引起的。1665年1月24日，荷兰对英宣战。1666年2月，法国和丹麦同荷兰结成同盟。在1666年6月的敦刻尔克海战中，荷兰舰队击败了英军，但未能巩固既得的战果。同年8月两国再度交战，荷军败北。1667年6月，荷兰海军封锁泰晤士河口，歼灭部分英国舰只。由于伦敦直接受到威胁，英国被迫于1667年7月31日缔结《布雷达和约》，规定英国占有新阿姆斯特丹，但要将英军在战争期间占领的苏里南（在南美）归还荷兰。

（3）第三次英荷战争（1672—1674年）。1672年5月，英法联合对荷兰宣战，分别从陆地和海上发动进攻，荷兰无法抵挡法军进攻，被迫掘开海堤淹没国土，才使法军撤退。1673年6月，英法联合舰队与荷兰进行了两次斯库内维尔德海战；8月，法国退出战争，英荷也都无力继续战争，遂于1674年2月签订《多佛尔和约》，继续承认《布雷达和约》的效力。

（4）第四次英荷战争（1780—1784年）。英国以荷兰支援美国独立战争为理由，在1780年单方面废除当初威廉三世主导签订的英荷同盟的各种条约，发动第四次英荷战争。1784年，这场战争随着英国承认美国独立而结束，但荷兰的国势与信用一落千丈，被迫依赖盟友法国居中调停，以向英国争取较好的和平条约。英国此前一百年内向荷兰借贷的巨额国债，以此为契机而免付利息，并在战后以低价向荷兰商人收购国债。战败的骨牌效应越滚越大，此前一直是全世界金融中心的阿姆斯特丹，其金融地位战后被伦敦取代；荷兰东印度公司亦受战败影响而出现经济危机，暴露出巨大赤字，最后在1799年宣布破产。当初在17世纪叱咤风云的"海上马车夫"与殖民帝国，随着这场战争而崩溃、衰落，而法国在这个过程（尤其是前三次英荷战争）中渔翁得利，获得了大片土地与商贸利益，国力直线上升并超越荷兰，成为欧洲大陆最强的霸权。

在某种程度上，英荷争夺海上霸权，是民族国家西欧体系向世界体系过渡的一个阶段，其最终结果，是法国代替西班牙成为大陆法理传统的代表，而英国成为海洋法理传统的最终代表，英法争霸逐渐成为之后路线之争的主流形态。

3. 英国与法国争霸的过程（如何在印度和北美获得优势）

如前所述，在先后击败西班牙和荷兰的过程中，英法在世界文明体系中的竞争成为主流，而其中两种法理传统的不同，在某种程度上成为决定英法世界殖民道路的不同。法国的殖民政策，是大一统大陆治理的直接延伸。法国殖民地由法国直接派人管理。英国的殖民政策，是权力离散型结构的海洋法理治理模式的体现，它不直接委派官僚管理殖民地，而是由殖民地的移民和殖民者自己成立政府。

更为重要的是，法国沿袭了欧洲大陆争霸的传统，更感兴趣的不是海外殖民地，而是欧洲霸权，而英国执着于建立新的海洋霸权，并在欧洲大陆实行"均势"政策，即避免欧洲大陆出现能够一统西欧的大陆强国。

以此为基础，再加上英国移民北美殖民地的人数远超法国，英国率先获得了北美和印度的巨大殖民优势，并建立起新的海洋霸权和"日不落帝国"，为海洋法理意义上的政治和经济革命开辟了新的方向。在这个意义上，英国在民族国家世界文明体系中率先取得政治和经济革命的成功，最重要的是依托于新的世界性殖民市场和资源输入，而不能简单归因于英国国内的各种内部因素。

英国在北美和印度战胜法国的具体过程如下。

在北美洲，英、法两国最初的殖民地有许多共同特点。它们都位于大西洋沿海地区和西印度群岛，那里的土著居民较为稀少，英国人和法国人无法靠土著劳动者生活，尽管他们在一些产糖的岛上确实依靠黑奴劳动者。由于英国人和法国人找不到贵金属，他们只好靠农业、捕鱼、伐木和皮毛贸易养活自己。

北美英属殖民地大致可分成三类。主要生产烟草的弗吉尼亚及其邻地；从事捕鱼、伐木和皮毛贸易的新英格兰以及不信奉国教的小片居留地；拥有可以带来极大利润的甘蔗种植园的英属西印度群岛。总的来说，这些英属殖民地的一个特点是人口稠密，远远多于法属殖民地的人口。它们的另一个特点是政治上的独立性。每个殖民地都有一名总督、一个咨询委员会和一个法院系统，三者都由英国任命。几乎每个殖民地都有一个民选的立法议会，它通常与英国委任的官员不和。英国政府坚决认为所有殖民地的产品都应用英国船只运往英国。这似乎是个合情合理的要求，因为他们也给了殖民地用自己的产品垄断国内市场的权利。然而，殖民地的商人和种植园主对此提出了强烈抗议。

由于不能使用较便宜的荷兰船只，不能将产品输往更加有利可图的非英国市场，后续美国革命的因子已悄然产生。

法国在北美最初的据点是阿卡迪亚（即新斯科舍）、魁北克及蒙特利尔。法国人以圣劳伦斯河流域为开拓殖民地的主要根据地，利用无与伦比的内陆水系向西推进到苏必利尔湖，向南推进至俄亥俄河。1682年，法国贵族拉萨尔划船沿密西西比河而下，声称整个密西西比河流域为法国所有，并将其命名为路易斯安那，以纪念路易十四。这引起了复杂的状况，每当英国殖民者到达并越过阿巴拉契亚山脉，英法两国就会在土地所有权上发生冲突。不过，法国人起初在土地方面占有很大优势。他们的探险者最先开辟了这些地区,然后他们的官员沿着从圣劳伦斯河到路易斯安那的线路修筑了许多堡垒要塞。大西洋沿岸的英属殖民地被从圣劳伦斯湾到墨西哥湾的一条巨大弧形地带有效地包围。

法国人不仅占有北美洲的制高点,还拥有纪律和团结方面的巨大优势。法属殖民地不存在难以驾驭的民选机构。负责各殖民地防御的总督和处理财政、经济事务的地方行政长官皆由巴黎任命。这种安排较早期的英国代议制更稳定高效。

英属殖民地的总督只能请求和怂恿他们的议会采取某种行动。他们几乎不能下命令,尤其是在他们的薪水基金改为由议会投票决定之后。在法属殖民地,总督和地方行政长官可以直接下达命令,而他们的部下则必须执行。

但是这种优势只是暂时的和局部的,由于英法需要在全世界进行争霸,因此局部的优势未必能带来最终的胜局,也未必能弥补战略上的劣势。

如前所述,印度文明的特色之一就是以出世轮回的精神接纳外来世界帝国的统治秩序,这在一定程度上决定了印度统治秩序的特色。

在西方殖民者进入印度之前,印度就在来自中亚的莫卧儿王朝统治之下,但实际上穆斯林统治者主要停留于上层,社会下层秩序主要还是围绕印度教体系来运转。印度尽管在莫卧儿王朝统治之下,但实际上存在众多的"土邦",他们虽然臣属于莫卧儿王朝,但相对独立,彼此钩心斗角、尔虞我诈,常为了偏安一隅、蝇头小利,在面对西方殖民者入侵时,或按兵不动,或助纣为虐,或引狼入室。

西方殖民者正是利用印度内部纷争、互不团结,才得以各个击破,逐一将它们掳为藩臣。结果正如马克思所分析的:大莫卧儿的无限权力被他的总督们打倒,总督们的权力被马拉提人打倒,马拉提人的权力被阿富汗人打倒,而在大家这样混战的时候,不列颠人闯了进来,把他们全部征服了。

进入18世纪,莫卧儿帝国的崩溃已经不可阻挡,西方殖民者开始了与土邦的合纵连横。如马拉塔人代表模糊的、早期意义上的印度民族主义,他们从孟买以南约160公里处的首都萨达拉扩张到离加尔各答不到320公里的地方。中央政权的瓦解给了英国东印度公司和法国东印度公司以可乘之机，使它们得以从纯粹的商业组织转变为地区霸主和贡物收集者。它们修筑堡塞、供养士兵、铸造货币并与周围的印度统治者缔结条约，因为印度已不存在能够阻止英法扩展影响的中央政权。

英国最终能够在印度争夺战中战胜法国，起决定性作用的还是海军和整体战略上的优势。英国能从欧洲运来军队、金钱及供应品，同时阻止法国这样做。而法国人建立印度本土治理体系难度太大，竞争的重心又一直在欧洲大陆，因而最终败给了更加灵活有效的英国体制。

英法两国在北美和印度殖民地的竞争，几乎延续了一个世纪，直到1763年英国大获全胜，中间发生了四次战争。这些战争都有两个方面，即欧洲方面和海外方面。欧洲方面的战争是围绕王朝的野心，尤其是法王路易十四和普鲁士腓特烈大帝的野心进行的。海外方面的战争则源于各种各样的因素——印度的势力均衡，在美洲相互冲突的领土要求，西班牙殖民地的贸易条件，以及对世界商船航线的控制。由于这些战争的欧洲方面和海外方面的区分极其明显，每次战争都是在欧洲以一名字相称，在美洲以另一名字相称。因此，这些战争载入历史的名字为：奥格斯堡联盟战争或威廉王之战、西班牙王位继承战争或安妮女王之战、奥地利王位继承战争或乔治王之战、七年战争或法国和印第安人战争。

前三次战争的结果是，英国人获得新斯科舍、纽芬兰和哈德逊湾地区。但是，这些征服并未解决一个基本问题：法国人是否会保住加拿大和密西西比河流域，从而把英国人限制在大西洋沿海地区？这一问题由第四次战争作了最后答复，第四次战争也解决了印度的前途问题。这场重大战争被称为七年战争，因为它从1756年至1763年进行了七年。1757年，这场战争发生重大转折，主要是由于老威廉·皮特进入了英国内阁。皮特将财力集中于海军和殖民地，同时资助在欧洲继续作战的同盟者和普鲁士的腓特烈。正如他所说，他的战略是在德意志平原上争取到一个帝国。最终，他取得了辉煌的成功。

这场战争的欧洲方面一直拖延到1763年交战国缔结《巴黎和约》才宣告结束。英国从法国得到了整个圣劳伦斯河流域和密西西比河以东的全部地区。在印度，法国人保有他们在本地治里和其他城市的商业设施——事务所、货栈和码头。但是，他们被禁止修筑防御工事或与印度王公缔结政治联盟。也就是说，法国人是作为商人而不是作为帝国建立者回到印度的。

1763年《巴黎和约》签订时，英国政治家霍勒斯·沃波尔评论道："烧掉你们的希腊和罗马书籍——有关微不足道的人们的历史记载吧。"①

虽然此种话语有夸耀大英帝国武力军功之嫌，但1763年七年战争结束时，英国在北美和印度殖民地取得了绝对优势，再加上南部非洲的黑奴贸易扩展，英国以海洋帝国的模式建立了一个不同于传统亚欧大陆世界体系的新的世界性市场，并从中获取了对自身道路和发展的绝对自信。

4. 英国的国家宗教选择

新教和天主教的对立是马丁·路德掀起的宗教改革的结果。英国宗教改革发生在16世纪，旨在使英国教会脱离教皇和罗马教廷的控制。

从历史上来看，英格兰从来没有像德意志那样，深深卷入欧洲大陆和教皇的政治旋涡，因而不像德意志人那样对腐败的罗马教会抱有强烈的道德义愤和民族仇恨。当亨利八世开始宗教改革时，其主要原因不是出于纯洁的信仰，而是出于现实政治和国家利益的需要，并且在宗教改革运动中受新教且主要是加尔文教的影响。

早年的亨利八世并不是一个宗教改革者，他坚决抵制英格兰的宗教改革运动，为此还把异教徒送上了火刑柱。他还亲自撰文抨击马丁·路德的异端邪说，教皇利奥十世因此授予他"信仰捍卫者"的称号；马丁·路德则将他斥为"戴着王冠的蠢参谋长"。而英国宗教改革运动的导火线是由亨利八世的离婚案引起的。西班牙公主、神圣罗马帝国皇帝查理五世的姨母凯瑟琳成为亨利八世的妻子后，总共为他生了六个孩子，但其中五个都夭折了，唯有女儿玛丽一世长大成人。亨利八世因此很为王位继承人伤神。后来，亨利八世与王后的女侍官安妮·博林发生了婚外情。1527年，他以没有男性继承人为由向罗马教皇提出与王后凯瑟琳离婚。但教皇慑于神圣罗马帝国皇帝查理五世的压力没有批准。结果，愤怒的亨利八世开始了对抗教廷的活动。当时的欧洲在宗教改革的影响

---

① 斯塔夫里阿诺斯著，吴象婴、梁赤民、董书慧等译：《全球通史：从史前到21世纪（第7版）》，北京：北京大学出版社，2005年版。

下，反教皇的情绪已经颇为普遍。亨利八世决定利用人们对教会的不满加强自己的统治。

1530年，约克主教托马斯·沃尔西去世。亨利八世借此机会宣布任命信仰新教的托马斯·克兰麦为坎特伯雷大主教，同时禁止英国教会向罗马教廷缴纳贡金。1533年，亨利八世自行宣布与王后离婚并与安妮结婚。于是教皇将他开除了教籍。1534年，英国国会通过了《至尊法案》，规定国王是英国教会（也叫安立甘宗或英国圣公会）最高首脑，教皇无权干涉英国教会事务；教会召开会议前须经国王批准；现行教规须经国王指定专人审查；教会法庭的职权转移到国王法庭上。同时，该法案还保留了天主教的主教制度、基本教义和仪式等内容。从此，英国完全脱离了罗马教廷的控制，成为一个新教国家。

1553年，信奉天主教的玛丽一世继位。她即位后便着手恢复天主教，废除了《至尊法案》，并残酷迫害新教徒，烧死反对人士达300多人，其中包括坎特伯雷大主教托马斯·克兰麦。1558年，信奉新教的伊丽莎白一世成为女王，她重新颁布了被废除的《至尊法案》，同时颁布《1558年教会统一法令》恢复爱德华六世时期定下的礼拜和仪式，安立甘宗从此再次成为英国国教会。她还修改了教义教规，反对罗马教会对各国教会的控制；反对教会占有土地，出售赎罪券；不承认教会有解释《圣经》的绝对权威；不承认教士沟通神与人的中介作用；认为《圣经》是信仰的最高准则，教徒能够与上帝直接相通；要求用英语举行宗教仪式，简化形式；主张教士可以婚娶。故而在"血腥玛丽"时代逃往欧洲大陆的新教徒纷纷回国。

英国宗教改革打破了教皇对英国的控制，重新确立了教会与国家的关系，激发了英国民众的民族意识。在这场宗教改革运动中，天主教会被剥夺的财产很大一部分落入了新兴资产阶级的手里，进而促进了资本主义的发展。

虽然亨利八世掀起的英国宗教改革貌似具有极大的偶然性，实际上却是英国在海洋法理传统中各种改革总体趋势的必然表达。如果说德国宗教改革主要是反对天主教和罗马教皇的权威，英国宗教改革则确立了清教徒在宗教信仰中的国家化、世俗化和个体化融合的倾向，这一倾向在日后的发展中成为英美政治革命的重要精神和思想来源。

5. 英国的国家政治选择

如前所述，在近现代之前，英国国家建立的过程，充斥着法国所代表的大一统大陆法理与具有英国自身特色的权力离散型海洋法理之间的博弈。自《自由大宪章》颁布开始，国王不得擅自征税就成为英国的某种政治传统。自英法百年战争之后，英国逐渐形成了自身的民族认同和国家意识，其内部（以及英国与法国）的道路之争，也是在历史过程中逐渐形成和展开的。

1485—1603年，在亨利·都铎（即亨利七世）开创的都铎王朝的统治下，英国君主专制取得了长足发展。英国冲破了中世纪基督教体系的束缚，逐渐形成了以专制君主为核心的信仰新教的民族国家。这一时期，专制君主制符合历史发展的潮流，推动了英国的进步与发展。不过，尽管完成了宗教改革，形成了民族共同体意识，但是此时的英国仍然存在一些悬而未决的基本矛盾，如因宗教改革而产生的天主教与新教的矛盾，特定历史时期形成的新君主专制与议会自由传统的矛盾。这实际上为英国在17世纪长期的动荡埋下了伏笔。

15世纪至17世纪初期，英国传统的经济和发展模式逐渐转变。从与西班牙竞争的"皇家私掠"，到与荷兰和法国在殖民地的争夺，海军逐渐成为英国的中坚力量。从海外获得的各种资源输入，促成了英国资产阶级的壮大。

这一时期，英国的一个显著特征是，随着羊毛价格的上涨，英格兰许多地区出现了被称为"羊吃人"的圈地运动。这种趋势的发展大大加强了富裕阶层和新贵族的势力。

事实上，在15—16世纪，新君主专制的出现为英国新教民族国家的发展起到了推动作用。这一时期的资产阶级和新贵族相对弱小，君主专制能够促进国内新经济的平稳发展，因为资产阶级和新贵族能够借助君主的力量抗衡旧的封建贵族势力并壮大自身的力量。亨利八世掀起的宗教改革，即是这种国家化和世俗化道路的典型体现。

而到了17世纪初期，在资产阶级和新贵族力量日益壮大之后，原先为专制统治而服务的贵族所代表的议会逐渐重视自身的自由传统，不再将君主视为自己的代表和保护人，双方的矛盾愈发明显。1603年，苏格兰国王詹姆斯·斯图亚特继承了英国王位，开始了斯图亚特王朝在英格兰和苏格兰的统治。詹姆斯一世甫一登台便鼓吹"君权神授"，声称国王是上帝派到人间的最高权威，有无限的权力。他根本不把议会放在眼里，曾三次解散议会；他不关心英国的海上贸易，不重视建设海军。这些政策大大阻碍了英国经济社会的发展，引起了人们的强烈不满。查理一世继位后，仍然独断专行，大肆搜刮钱财。由于议会不同意他随意收税，他竟多次解散议会，结果形成多年无议会统治的局面。此时的英国，一方面王室生活极度腐化，挥霍无度，国家处在无序之中；另一方面国王征收各种苛捐杂税，压榨人民，大量工人失业，反对压迫的农民要求取消地租、获得土地，革命运动蓬勃兴起。查理一世的专制统治使英国社会的各种矛盾迅速激化。

为了筹划军费，镇压苏格兰人民起义，查理一世被迫于1640年恢复长期关闭的议会。议会同国王进行抗争，起草了《大抗议书》，抨击查理一世的暴政。他们要求限制王权，取消国王的专卖权，监督国王和大臣的活动。查理一世拒绝接受《大抗议书》，最终和议会决裂。1642年，查理一世挑起了内战，组织王军，向议会军发起进攻。1643年，克伦威尔前往英格兰东部，募集了一支主要由自耕农和城市平民组成的骑兵，在马斯顿荒原战役（1644年7月）、纳西比战役（1645年）等战役中屡次击溃王军。1649年，查理一世被送上断头台处死，英国开启了共和国时代。1653年4月，克伦威尔发动政变，解散议会。12月16日，他正式宣布自己就任英格兰、苏格兰和爱尔兰（1649年占）的"护国主"，英国的共和国时代结束，以克伦威尔的个人军事独裁为特色的护国政休时期开始。1658年，克伦威尔病逝，英国重新进入混乱时期。1660年，查理二世即位，斯图亚特王朝复辟。1685年，查理二世去世，其弟詹姆斯二世继位，推行反动政策，实行血腥报复。1688年，支持议会的辉格党人与部分托利党人发动宫廷政变，邀请詹姆斯二世的女儿玛丽和时任荷兰奥兰治执政的女婿威廉（后来的玛丽二世和威廉三世）回国执政，推翻斯图亚特王朝统治。这次政变没有流血而获得成功，因此史称"光荣革命"。1689年，具有深远影响的《权利法案》颁布。

《权利法案》的主要内容如下：① 国王不得侵犯议会的征税权；② 国王无权废止议会通过的法律；③ 不经议会同意，国王不得组织常备军；④ 人民有请愿权；⑤ 国王不得干涉议会的言论自由，不得因政治行为拘禁议员；⑥ 必须定期召开议会。1701年，议会又通过《王位继承法》，规定国王的法令必须由有关大臣签署才能生效，所有大臣必须执行议会的决议，不同意议会的决议，大臣就须辞职。这一法案实质上是《权利法案》的补充，根据这个法案，大臣便对议会负责而不对国王负责，英国国王变成了"统而不治"的虚君，政权完全落入以资产阶级和资产阶级化新贵族为主的议会之手，英国的君主立宪制最终确立。

"光荣革命"的胜利和《权利法案》的颁布，意味着英国权力离散型的海洋法理道路的走向逐渐清晰，民族国家世界文明体系也逐渐摆脱了欧洲的局限，开启了走向世界的新可能。其既为1763年英国最终战胜法国取得北美和印度殖民地的主导权奠定了基础，也推动了第一次工业革命的到来。

第三节　总体性视角下的英国工业革命

英国是世界近代史上第一个完成工业革命的民族国家，但是英国完成工业革命并不是单纯的国家内部事件，而是民族国家世界文明体系运作的结果。

一、英国工业革命是世界体系演进的结果：新的世界性市场和政治经济综合优势

英国先后战胜西班牙、荷兰和法国，取得北美和印度殖民地的主导权，并建立起一个不同于传统世界市场的新世界性市场，由此而积累了大量的资本。

与此同时，英国在与大陆法理道路的竞争中完成了宗教改革和政治革命，取得了一系列政治文化经济优势。在此基础上，英国才得以率先完成工业革命，并影响了后续整个民族国家世界体系的运作方式。

一般认为，英国工业革命始于18世纪60年代，以棉纺织业的技术革新为始，以瓦特蒸汽机的改良和广泛使用为关键环节，以19世纪30—40年代机器制造业机械化的实现为完成标志。

英国工业革命的主要表现是大机器工业代替手工业，机器工厂代替手工工场。这次革命的发生并非偶然，它是英国在世界文明体系资源配置和累积的背景下，社会政治、经济、生产技术以及科学研究发展的必然结果。它使英国社会结构和生产关系发生重大改变，生产力迅速提高。这次革命从开始到完成，大致经历了一百年的时间，影响范围不仅扩展到西欧和北美，还扩展到东欧和亚洲，它标志着世界文明工业化生产模式的到来。某种程度上，英国工业革命与政治革命一样，作为民族国家世界文明体系整体性运作的体现，它的演变和传播也具有某种世界整体性规律。只有在这个意义上，才能理解后续各个国家的政治和工业革命，包括苏联社会主义政治和工业革命的发展脉络。

二、影响英国工业革命的具体综合性因素

英国在政治和工业革命前，还是一个封建专制的农业国家。全国有人口550万，其中410万人住在农村。最大的城市伦敦的人口也只有20万，其他城市的人口最多也不超过2万。本节尝试从以下几个方面来解释工业革命首先在英国发生，然后再传播到全世界的原因。

1. 政治革命的成功

如前所述，"光荣革命"和《权利法案》的最终签订，是民族国家世界文明体系内部大陆法理和海洋法理两条道路反复博弈的结果，意味着以英国为代表的民族国家海洋法理道路的初步成型。这是一个全球史意义上的胜利，而不是简单的民族国家内部的道路抉择。在此基础上，英国发展了强大的海军，最终赢得了在印度和北美地区的主导权，并建立了一个以海洋霸权为基础的新的世界性市场。

2. 原始积累的完成

资本主义生产方式的产生和发展需要具备两个基本条件。一是将大量的生产资料和货币财富集中到少数人手中并转化为资本；二是要有大量的只有人身自由而无生产资料的雇佣劳动者。创造这两个条件的过程，就是资本原始积累的过程。

英国的资本原始积累主要有国际和国内两条路径。资本的获得主要

通过新的世界性市场的殖民掠夺进行，在国内辅以国债制度、银行和股份公司、严密的税收制度等的作用；劳动力的获得则主要依靠国内的"圈地运动"和国际上技术人口的移民。

自16世纪下半叶起，英国政府就奉行重商主义政策。为了发展贸易，英国政府大力扶植造船业，支持在海外成立特权贸易公司，其中影响最大的有1600年英国在印度成立的东印度公司和1670年在北美成立的哈德逊湾公司。英国在印度采取的是强迫式贸易，如强迫印度农民种鸦片，并将其输出到各国取得高额利润；又如低价收购印度大米，再卖给其他国家获取暴利。英国殖民者对于美洲殖民地的土著，一方面进行残酷的屠杀，另一方面开展掠夺式的贸易。1670年英国在北美创立的哈德逊湾公司，到1720年其收入便增加了7倍。英国就是这样通过强迫和掠夺式贸易，使大量的财富源源不断地流回国内，其中也包括著名的"三角贸易"。

16世纪开始的"三角贸易"历时约300年之久。欧洲奴隶贩子从本国出发装载盐、布匹、朗姆酒等，在非洲换成奴隶沿着所谓的"中央航路"穿过大西洋，在美洲换成糖、烟草和稻米等种植园产品以及金银和工业原料返航。这条航线穿梭于欧洲西部、非洲的几内亚湾附近、美洲西印度群岛之间，大致构成三角形状，又由于被贩运的是黑色人种，故又称"黑三角贸易"。

3. 生产技术已经成熟

早在15世纪，英国农村的半农半工的手工业就非常普遍，最初主要是毛纺织业。到15世纪末，穿梭于城乡之间的呢绒商人为了加快生产速度，逐渐地把单独的家庭手工业联合起来，形成了早期的毛纺织业手工工场。这种手工工场有分散的和集中的两种形式。在16世纪时，分散的手工工场占主导地位。英国手工工场规模的扩大和技术的进步，与来自欧洲其他国家的大量工匠移民有密切关系。在中世纪末期，法国、尼德兰等地区的手工业技术水平要高于英国，它们拥有大量的熟练工匠。但是，不断发生的宗教战争使大批新教徒遭到迫害，因此许多信奉新教的熟练工匠逃亡到英国避难。这些技术熟练的工匠涌入英国之后，对于改良和革新英国的手工业技术起了很大的作用。随着英国圈地运动的发展，丧失土地的农民日益增多，这为英国大商人提供了大量的具有各种技能的廉价劳动力，于是集中的手工工场逐渐发展起来。手工工场发展的结果是技术分工更加精细，操作分成各种细节，从而使专门工作日益精巧、熟练。这样就出现了适于各种专门工作的细小而简单的生产工具，同时也出现了高度熟练的技术工人与非熟练工人的区别。手工工场分工的进一步细化，催生了许多只适合专门工作的工具，因而提供了把这些工具联结在一起成为机器的可能性。此外，手工工场训练了大批有技术、有经验的工人，他们积累的生产经验也直接推动了各种机器的发明。所有这些都为发明机器创造了前提。

传统的手工工场不能适应广大国内外市场的需求，技术改革成为迫切需要，这就提出了发明机器的历史任务。在这个意义上，可以说是民族国家世界体系的市场需求召唤了一个生产供给不足的国家走向了工业革命，而不是一个单一民族国家内部独立完成了这种变革。

4. 自然科学的进步

机器的发明必须以自然科学的进步为基础。16世纪以前，整个欧洲都受到宗教神学和经院哲学的影响，科学技术的发展受到严重阻碍。到16世纪末17世纪初，在文艺复兴运动的影响下，人们的思想获得解放，在自然科学方面也取得了显著成果。其中影响较大的人物有弗兰西斯·培根（1561—1626年），他既是哲学家，也是自然科学家。培根认为哲学的任务，就是要深入自然界，研究和反映自然界，从中获得知识，以推动科学和技术的进步。培根提出了"知识就是力量"的口号。在培根看来，知识并不像经院哲学那样只是空谈，更不能被宗教信仰代替，知识之所以成为力量，就在于它具有认识自然和利用自然的作用，从而能够促进生产的发展。培根提倡通过科学实验认识自然。他认为，实验是观察、认识和得到新发现最有效的方法。培根的思想激发了17世纪英国在自然科学领域的活力，并解放了社会生产力。

科学是没有国界的，这个时期除英国之外，整个欧洲在自然科学方面也取得了很多成果。例如，波兰的天文学家尼古拉·哥白尼（1473—1541年）提出"太阳中心说"；法国的数学家勒内·笛卡儿（1596—1650年）发明了解析几何；意大利的科学家伽利略·伽利雷（1564—1642年）

在动力学方面取得重大突破；英国科学家艾萨克·牛顿（1643—1727年）继承和发展了伽利略的科学突破，并在许多领域取得重大成果。恩格斯说，牛顿由于发现了万有引力定律而创立了科学的天文学，由于进行了光的分解而创立了科学的光学，由于创立了二项式定理和无限理论而创立了科学的数学，由于认识了力的本性而创立了科学的力学。在这些科学成果中，万有引力定律和力学三大定律，对自然科学的发展和工业革命的兴起都产生了巨大的和直接的影响。这个时期取得的自然科学成果为工业革命的发生奠定了坚实的理论基础。

与此同时，指导变革的新经济学理论也开始萌发。每当一种新的生产方式和社会制度诞生时，意识形态方面总是要有新的经济学理论作为先导。这种新理论为新的生产方式和社会制度大声疾呼，宣传它的优越性，指导人们过上新的生活。新的经济学理论在巩固和发展新的生产方式和社会制度方面发挥了不可估量的作用。在工业革命之前和工业革命初期，资产阶级的经济学家就已经为资本主义制度的确立和工业革命的到来做了大量的舆论工作。17世纪中叶，英国资产阶级革命发生后，国内外市场迅速扩大。社会财富的增长，不再单纯表现为货币的积累，而且表现为生产的增长，表现为在生产过程中创造出来的社会物质财富的不断扩大。因此，工业资产阶级反对国家干预经济生活和限制生产。随着资产阶级利益的重心从流通领域向生产领域转移，重商主义学说趋于崩溃，新的经济学说产生了。这种新的经济学说就是资产阶级的古典政治经济学，它是工业资产阶级的利益在思想上的反映。其中最具代表性的是亚当·斯密（1723—1790年）的经济学。亚当·斯密经济学的主要代表作是《国民财富的性质和原因的研究》（中文译本名为《国富论》）。这本书可以说是资产阶级政治经济学的第一部系统而完整的著作。亚当·斯密第一次正确地宣称：任何劳动不管用于哪一个生产部门都是社会财富的源泉。它对工业革命的蓬勃开展起到极大的鼓舞作用。《国富论》的出版，为工业资产阶级的统治提供了理论根据，对英国工业资产阶级的壮大产生了深刻影响，成为工业革命时代到来的号角。

5. 新兴产业的出现

英国的毛纺织业是13—14世纪从尼德兰工人处引进的。此后几百年间，毛纺织业在英国城乡广泛地发展起来，成为英国的民族工业。16世纪中叶，英国羊毛织品的输出量占全部输出商品的80%。到17世纪初，毛纺织业已普及全国，大约有1/5的人口从事这项工作。此外，还有一些与行会无关的新行业，如棉纺织业、采煤业、制铁业、玻璃制造业和造船业等也都发展了起来。此时，英国集中的手工工场和分散的手工工场都已经极为普遍。

英国资本主义的发生与成长有其本身的特点，这就是资本主义生产关系深入农村，使英国封建社会的经济基础遭到剧烈的破坏，从而为资本主义的长足发展奠定了坚实基础。在18世纪，虽然毛纺织业在英国是最发达的工业，但这种工业是在封建社会后期发展起来的，受到政府的严格控制。政府这样做的目的本来是保证产品的质量，维护民族工业在世界市场上的信誉，但是在达到这个目的的同时，也严重阻碍了毛纺织业技术的更新，使这个行业的生产过程变得僵化，成为一个保守、传统、毫无生气的生产部门。而英国棉纺织业则不同，它是一个新兴的工业部门，到17世纪才在兰开夏建立生产中心。在此之前，它的生产基地散布于农村，不受行会和政府法规的约束，也不存在生产上的清规戒律。因此，棉织业具有良好的技术创造环境。18世纪以前，英国棉纺织业的原料主要靠进口，生产技术相当落后，产品质量不及国际市场上的印度，同类产品的价格却比印度的贵50%～60%，处境十分艰难。英国棉纺织业为了求生存，就只有努力提高产品质量，降低生产成本，因而技术革新势在必行。而且棉纺织品适于普通大众的日常穿着，价格较毛纺织品低廉，在国内外市场上的前景十分广阔。可见，棉纺织业更适于发明新机器，推广新技术，创造新产品。所以，到18世纪60年代，英国工业革命首先从新兴的棉纺织业开始了。工业革命是发明促进发明的过程，各工业部门发生连锁反应。从轻工业到重工业，从工作机到发动机，互相推动，循序渐进，最后形成一个机器生产的完整体系。英国工业革命从18世纪中叶起到19世纪中叶止，大致用了一百年的时间，它的发生是种种因素相互作用的结果，不是简单地排列组合就能实现的。我们能够在欧洲其他国家看到它们具备其中一个或几个因素，有的甚至很显著。但是，只有英国实现了上述各种因素的结合，促成了一种递增的、自我持续的技术发展过程。

英国工业革命对其他国家工业革命的发展也产生了重大的影响。由于英国是世界上第一次工业革命的发源地，它的成果和经验必然会散播到其他国家。特别是在 1825 年英国解除机器输出的禁令以后，机器大量出口，1825—1840 年英国机器出口价值由 2 万英镑增至 60 万英镑，增长了 29 倍。同时，英国的新技术和技术人员也不断外流。因此，其他资本主义国家的工业革命完成时间都比英国短。法国完成工业革命只用了约 60 年时间（19 世纪初至 19 世纪 60 年代末），美国只用了约 50 年时间（19 世纪初至 19 世纪 50 年代末），德国只用了约 40 年时间（19 世纪 30—70 年代）等。

总之，英国工业革命是新世界性市场和各种具体因素综合影响的结果，它的作用无法局限于某个国家内部，而必然向全世界传递。

本章小结

综上所述，英国率先完成了政治革命和工业革命，然后逐渐传导至其他国家。这是民族国家世界文明体系运作规律的体现，如果没有大陆法理道路与海洋法理道路的竞争，没有海洋霸权和新世界性市场的建立，英国就不可能以单独的民族国家的姿态完成上述革命。同样地，英国政治革命和工业革命的完成，必然会影响到整个民族国家世界文明体系，带来一系列的体系性变革，如英国革命向美国革命、法国革命甚至俄国革命的传导——只是我们更习惯以民族国家为单位来进行阐释而已。

第七章
民族国家世界文明体系的建立过程：总体性视角下的启蒙运动与世界主义道路

第一节　启蒙运动中的英法道路分野和世界主义道路

众所周知,思想世界是现实世界的反映。作为民族国家西欧体系建立的基础,文艺复兴、宗教改革和地理大发现(寻找新世界的动机和想法),都出现在西欧大陆的边缘地带,并且受到了"东方世界"和"伊斯兰文明"的影响。一定程度上,这本身也是亚欧大陆世界文明体系化机制的反映,新的思想和变动总是在文明边缘地带萌发。

如前所述,英国的政治革命和工业革命,同样也是在上述西欧整体性转变的基础上,在与西班牙和法国等所代表的大陆法理道路的博弈中,逐渐生发出英国经验主义基础上的海洋法理道路。作为民族国家世界文明体系边缘地带所生发出来的新经验和新思想,这条海洋法理道路并不会仅仅停留于民族国家内部,而是在世界体系中不断传递和发扬壮大。在某种程度上,启蒙运动就是新的英国经验主义传统在大陆理性哲学体系中进行思辨和发展的结果。这也是启蒙运动思想萌芽何以最早出现在英国,但最终在法国形成运动高潮的内在原因。

从民族国家世界文明体系的视角而言,代表海洋系权力离散传统的英国率先完成政治与工业革命,代表大陆大一统传统的法国则在强化绝对君权的道路上积重难返,这种英法道路分野代表的历史线索,反映在启蒙运动的思想内核中,并最终在康德和马克思的学说中得到说明,形成了两种彼此联系又有所区别的世界主义传统。

具体而言,启蒙运动发生在18世纪的欧洲,最初产生在英国,而后发展到法国、德国与俄国,此外,荷兰、比利时等国也有波及。

法国是启蒙运动的中心,法国的启蒙运动与其他国家相比,声势最大,战斗性最强,影响最深远,堪称西欧各国启蒙运动的典范。这个时期的启蒙运动,覆盖了各个知识领域,如自然科学、哲学、伦理学、政治学、经济学、历史学、文学、教育学等。

启蒙运动也为美国独立战争和法国大革命提供了思想框架，并且催生了资本主义和社会主义的兴起。其中，英国启蒙运动思想家洛克受英国政治革命的经验影响，提出了最早的社会契约论和三权分立思想。

法国启蒙运动的主要思想家伏尔泰、孟德斯鸠、卢梭等人则在此基础上，依照大陆法理思辨传统进行深度的人性和政权治理合法性分析，反对封建专制，主张由开明的君主执政，强调资产阶级的自由和平等，主张天赋人权，认为人生来就是自由和平等的，法律应以人性为出发点，在法律面前人人平等。他们猛烈抨击天主教会的黑暗和腐朽，主张信仰自由和信仰上帝，反对专制制度，强调自由和平等。

实际上，这些思想与当时法国存在的专制君权的现实格格不入，而是法国思想家们在英国革命的影响下对理性自由精神发出的深度追问，也是法国思想家们对世俗化社会如何订立完美"契约"，以彼岸理性精神为此岸世界立法的文明精神的继承和发扬。

从理性文明的角度而言，英国海洋法理传统主要强调经验传承，主张通过权力制衡达到最佳的"契约"状态，这一传统最终在康德"世界公民"的思想体系中得以完成。而法国大陆系法理传统和大一统治理视角下的"世界公民"，经由卢梭的"人民主权"概念，在马克思主义的"人民民主政权"思想体系中得以完成。

因此，启蒙运动实际上是民族国家世界文明体系得以最终确立的思想准备运动，为美国革命和法国革命，直至世界文明体系中的资本主义和社会主义道路的确立奠定了思想基础。

第二节　从启蒙运动到康德的"世界主义"道路

法语中，"启蒙"的本义是"光明"。当时先进的思想家认为，迄今为止，人们处于黑暗之中，应该用理性之光驱散黑暗，把人们引向光明，即引向专制主义、宗教愚昧、特权主义对面的自由、平等和民主。其中，康德关于启蒙的定义最为经典——启蒙，是指人类从自我导致的不成熟状态中觉醒。这种不成熟状态是指在缺乏指导下无力运用自我理性的状态。其原因并非人们缺乏理性,而是在无人指导之下缺乏决心和勇气来运用理性。因此,启蒙的口号是"勇于智慧",即有勇气运用自己的理性。启蒙时代的学者不同于之前的文艺复兴时代的学者,他们不再以宗教辅助文学与艺术复兴,而是力图以经验加理性思考使知识系统能独立于宗教的影响,作为建立道德、美学以及思想体系的方式。启蒙思想家们从人文主义者那里进一步从理论上证明专制制度的不合理,从而提出一整套哲学理论、政治纲领和社会改革方案,要求建立一个以"理性"为基础的社会。他们用政治自由对抗专制暴政,用信仰自由对抗宗教压迫,用真正的信仰来摧毁天主教权威和宗教偶像,用"天赋人权"的口号来反对"君权神授"的观点,用"法律面前,人人平等"来反对贵族的等级特权,进而建立新的政权。

但是,敢于脱离宗教愚昧和专制主义,有勇气运用自己的理性去自由和平等地思考,并不是一蹴而就的,这首先得益于经验主义传统中对人类生产和生活的基本信心。如"工业革命"一节所述,培根提出了"知识就是力量"的口号。在培根看来,知识并不像经院哲学那样只是空谈,更不能被宗教信仰代替,具有认识自然和利用自然的作用,可以促进生产的发展。培根还提倡认识自然要通过科学实验。他认为,实验是观察、认识和得到新发现最有效的方法。牛顿观察"苹果落地"而提出万有引力定律虽然只是一个逸闻,但是他成功地将来自环地中海"一神"传统的彼岸逻辑引入到了自然界,为人类认知自然、形成知识提供了现实的路径。① 亚当·斯密第一次正确地宣称,任何劳动不管用于哪一个生产部门都是社会财富的源泉,并提出劳动分工和自由竞争是提升生产力的基础,从而为自由贸易奠定了思想基础。在亚当·斯密之前的重商主义时代,人们更相信财富来源于国家通过对外贸易、掠夺等方式获取的金银等重金属的流通。在这个意义上,是亚当·斯密解决了资产阶级对

---

① 牛顿最终认为宇宙的运行需要一个"第一推动力",并在晚年重新沉迷于对第一推动力的神学思辨。

生产生活和财富来源的基本信心问题。①

以上述经验主义哲学传统和自然科学、社会科学知识为基础，人们开始思考人类自身的属性和来源，以及如何正确地使用权力以获得社会生活中的理性均衡。最典型的就是社会契约论的发展。

社会契约是某一社会全体成员就该社会行动的基本准则取得的一致协议，通常带有假设或想象性质。

在民族国家诞生的过程中，人们到底如何与政府订立契约，才能同时保证个人与政治权力的正义状态，成为民族国家合法性和文明化世界存在必须解决的问题。

实际上，建立在海洋法理和大陆法理传统上的不同思想传统，在启蒙运动及其后续思想变革中解决了这一问题，即康德和马克思的"世界公民"和"世界主义"道路，为民族国家世界文明体系奠定了"和而不同"的坚实思想基础。

近现代最早提出国家需要个人权力让渡的思想家是霍布斯（1588—1679年）。他认为只有个人让渡权力给国家，国家主权才会成立。但是霍布斯认为，从自然状态中建立的国家，是君主专制的国家。在他看来，君主应当具有至高无上的绝对权力，是一切法律的制定者和纠纷的仲裁者，臣民只能绝对服从君主，不能有任何的不满和反抗，否则被君主处死是合理的。而且，君主的权力一旦被认可就是永远不可以转让的。这就是说，臣民一旦通过契约把权力交给了君主，就再也不能收回。否则就是违反了契约，违反了正义。但是，对于君主来说，却不存在违反契约的问题，因为契约是臣民之间订立的，君主不是订约的一方，因此，他不受契约的任何限制。正因为霍布斯提出的社会契约论存在"授权不悔"原则，因此有明显弊端。

对此，约翰·洛克（1632—1704年）认为，个人具有赋予国家权力的自由，也有收回这种权力赋予的自由。洛克相信，只有在取得被统治

---

① 或者如重农学派，认为社会财富就是从土地上生产出来的农产品，农业是财富的真正源泉。无论是重商主义还是重农主义，都没有真正解决社会财富来源与民众生产生活之间的关联问题，没有能够从理性的政治经济学视角解释社会财富的来源与增长。当然，亚当·斯密也只是片面论证了经济增长的来源，最终解决这一问题的是马克思（劳动创造价值以及剩余价值理论）。

者的同意时，社会契约才会成立，如果缺乏了这种同意，那么人民便有推翻政府的权利。

洛克在其著作《政府论》下篇系统地阐述了公民政府的真正起源、范围和目的。其主要内容包括如下。

（1）自然状态。人类最初是处于一种纯粹的自然状态。自然状态是一种完全的自由、平等的状态。自然法在自然状态中起支配作用。自然法，也就是理性，教导着有意遵从理性的全人类：人们既然都是平等和独立的，任何人就不得侵害他人的生命、健康、自由和财产。在自然状态中，自然法的执行权属于每一个人，也就是说，人人都有权惩罚违反自然法的人。这种惩罚权不是无限的，它以制止违反自然法为限度。

（2）政治社会的起源。自然状态的生活如此美好，为什么人们还要加入政治社会，受政治权力的约束呢？这是因为自然状态有三种缺陷：① 在自然状态中，缺少一种稳定的、人所共知的法律，作为决断是非和裁决纠纷的共同尺度；② 在自然状态中，缺少一个有权依照既定法律来裁判一切纠纷的知名的和公正的裁判者；③ 在自然状态中，往往缺少权力来支持正确的判决，使它得到应有的执行。所以人们甘愿放弃各自独立行使的惩罚权，交由他们中间被指定的人来专门行使。这种惩罚权力的行使也不能是随意的，而必须按照政治社会一致同意的规则，或按照他们授权的代表一致同意的规则来行使。这就是立法和行政权力的起源，政府和政治社会本身的产生缘由也在于此。

（3）政府的目的是保护私有财产。一个人只要使任何东西脱离其自然存在的状态，这个东西里就已经掺进了他的劳动，即掺进了他自己所有的东西，因而这个东西就成为他的财产。换言之，劳动在自然之物上加上了一些东西，使它们成为劳动者的私有财产。劳动创造财富，货币扩大财富。人们在自然状态下就已有财产权，政府成立的目的就是保护私有财产，绝对不能侵犯它。因此，未经人民自己或其代表同意，政府绝不应该对人民的财产课税。

（4）法治与分权。国家必须根据正式颁布过的、长期有效的法律来统治，而不能依靠临时的专断命令来进行统治。法律一经制定，无论贫富贵贱，每个人都必须平等地服从，任何人不得以任何借口逃避法律的约束与制裁。国家权力有三种：立法权、执行权和对外权。立法权是国家的最高权力，但它对于人民的生命和财产不是也不可能是绝对专断的，未经本人同意，任何人都不能取走其财产的任何部分。如果制定和执行法律的权力属于同一批人，这就会给他们以巨大的诱惑，使他们动辄就利用权力攫取私利，因此立法权和执行权应是分立的。执行权和对外权之间虽有区别，但几乎总是联合在一起的。

（5）人民主权与政府解体。既然国家权力是根据人民委托来实现某种目的而出现的，那它就必然要受那个目的的限制，当这一目的显然被忽略或遭受打击时，委托必然被取消，权力又回到当初授权的人民手中，人们又可以重新把它授予最能保卫自己安全的人。因此，政治社会始终保留着一种最高权力，以保卫自己不受任何团体（即使是他们国家的立法者）的攻击和谋算。当政府已经开始祸害人民，统治者的恶意已昭然若揭，或其企图已为大部分人民所发觉时，人民就将被迫揭竿而起，推翻其统治了。当立法机关被变更时，当握有最高执行权的人玩忽职守时，当立法机关或君主在行动上违背人民的委托时，人民的这种最高权力就能体现出来，政府就将解体。

卢梭（1712—1778年）的政治哲学所追求的最高目的是人的自由和平等。《论人类不平等的起源》的主题是探讨不平等的起源和基础，《社会契约论》则提出了实现社会平等的理想。前者的终点是后者的起点，专制被暴力推翻后，人们面临的问题是如何在社会中达到新的平等。卢梭认为可能的道路有三条：一是回到自然状态，二是通过暴力革命去除一切不平等的根源，三是用社会契约来保证社会平等。第一条道路是不可行的，返归自然状态的道路已经被人们遗忘；第二条道路也走不通，因为暴力只能打破，而不能产生新权力。"那么剩下的就只能用契约作为人间一切合法权利的基础。"鉴于历史上的契约是以牺牲人的自由平等为代价的，所以卢梭要创立一种真正合法的契约来取代它。在卢梭看来，社会契约的核心是权力的转让。在转让什么、转让给谁等关键问题上，卢梭的回答与他的前辈都不同。霍布斯要求把除生命权以外的全部权利都转让给代理人，洛克要求只把财产代理权转让给代理人，卢梭却认为，社会契约的要旨是一切人把一切权利转让给一切人。由于这种转让的条件对每个人都是相同的，因此每个人并没有把自己奉献给任何一个人，反而从所有订约者那里获得了与自己转让给他们的同样多的权利，所以每个人在订约后仍然只是服从自己本人，并且仍然像以往一样自由。社会契约所产生的结果既不是霍布斯所说的有绝对权力的"利维坦"，也不是洛克所说的只有有限权力的政府，而是集强制的权力和自由的权力于一身的"公意"。所谓公意，指全体订约人的公共人格，是他们的人身和意志的"道义共同体"，它是"每一个成员作为整体的不可分的一部分"。"公意"是一个抽象概念，而不是一个集合概念；"公意"不同于"众意"："众意"是个别意志的总和，它是不可能完全一致的；"公意"是没有相互矛盾的个人利益，它是在扣除"众意"中相异部分之后所剩下的相同部分。"公意"永远以公共利益为出发点和归宿，永远是公正的，不会犯错误。"公意"在具体的政治实践中表现为法律。在"公意"所谓"一切人把一切权利转让给一切人"基础上，卢梭的"人民主权"概念，暗含着民族国家契约状态的两种可能，即个体主义和集体主义、资本主义和社会主义两条道路的可能。这实际上是从大陆法理和海洋法理两种角度，发展出"人民主权"的丰富可能性。

伏尔泰（1694—1778年）创作了许多著作，他反对封建专制、反对宗教迷信，宣扬自由和平等的原则，主张人们在法律面前一律平等。其思想的核心是自由与平等，这对当时的封建等级制是一种反抗。他主张建立一个在"哲学家"的开导下、依靠资产阶级力量的开明君主专制统治，这个制度有着言论自由、人身（权）不可侵犯等特征。

孟德斯鸠（1689—1755年）在约翰·洛克分权思想的基础上明确提出了"三权分立"学说。他用三十年时间写就了《法的精神》一书，提出意在确保自由的三权分立制，即立法权、行政执法权、司法权分立，以限制王权。他的主张与伏尔泰比较吻合。

在此基础上，康德（1724—1804年）于1795年出版了《论永久和平》，书中提出了世界公民、世界联邦、不干涉内政的主权国家原则等，以及至今仍有现实意义的构想。康德的世界主义、世界公民的观点，为个体主义—民族国家—世界文明秩序疏通了道路，是海洋法理的近现代完美形态表述，为英美资产阶级革命指明了最终的方向。

综上所述，启蒙运动是一个思想运动，是英国经验主义传统与欧洲大陆思辨哲学传统、海洋法理和大陆法理反复互动、彼此融合的过程。只有在这个意义上，才能深刻理解为何会诞生两种"世界主义"传统。

第三节　从启蒙运动到马克思主义的"世界主义"道路

在康德将启蒙思想中蕴含的个体主义—民族国家—世界文明秩序疏通道路的同时，马克思则在卢梭"人民主权"思想基础上，结合唯物辩证法和阶级斗争学说，指出"人民主权"国家本身的必然命运：当无产阶级通过暴力革命，在政治上消灭了依赖无产阶级而存在的资产阶级（而不是肉体上）时，就消灭了阶级本身，同时也就消灭了阶级社会，消灭了阶级斗争，国家这个阶级统治的工具也就自然消亡了。人类社会进入了没有阶级、自然也就没有国家的社会阶段，由此实现彻底的自由文明状态。这种大陆法理传统的"世界主义"思想理路，显然为后续革命尤其是俄国革命指明了走向世界文明体系的道路与方向——马克思主义的道路。

马克思主义，是马克思主义理论体系的简称。它由马克思主义哲学、马克思主义政治经济学和科学社会主义三大部分组成，是马克思、恩格斯在批判地继承和吸收人类自启蒙运动以来关于自然科学、思维科学、社会科学优秀成果的基础上于19世纪40年代创立的，并在实践中不断地丰富、发展和完善的无产阶级思想的科学体系。

马克思主义主要是批判地继承德国古典哲学、英国古典政治经济学和英国、法国空想社会主义而创立的无产阶级思想的科学体系。马克思、恩格斯在1841年以前曾经接受黑格尔唯心主义哲学，从1841年下半年起转向费尔巴哈的唯物主义。他们吸取黑格尔哲学中辩证法的合理内核而摒弃其唯心主义，吸取费尔巴哈哲学中唯物主义而摒弃其形而上学和社会历史问题上的唯心观点，创立了辩证唯物主义哲学。

马克思主义哲学是辩证唯物主义和历史唯物主义的统称，其前身是德国古典哲学。辩证唯物主义认为，世界的统一性在于它的物质性，物质是世界所发生的一切变化的基础。运动是物质的存在形式，物质的运动是绝对的，静止是相对的。物质不是精神的产物，精神只是运动着的物质的最高形式。社会存在决定人们的意识，人们能够认识并正确运用客观规律。辩证法的规律是从自然界和人类社会的历史中抽引出来的，实质上可以归结为以下三个规律：从量转化为质和质转化为量的规律；对立的相互渗透的规律；否定之否定规律。辩证法是关于一切运动最普遍的规律的科学。运动的根源在于矛盾。矛盾双方只存在于它们的相互依存和相互联系之中。人们要认识物质世界的运动规律，必须通过实践，人应该在实践中证明自己思维的真理性。人的认识能力是无限的，个别人的认识又是有限的，这个矛盾要在无穷无尽的、连绵不断的世代中解决。

唯物史观（历史唯物主义）认为，物质生活资料的生产劳动是人类社会存在和发展的基础。劳动者和生产资料始终是生产的因素，两者的结合构成生产力。人们在发展生产力时也发展着一定的相互关系，即生产关系，生产关系总合起来就构成为社会关系。生产关系和社会关系的性质随着生产力的改变而改变。人们首先必须吃、喝、住、穿，然后才能从事政治、科学、艺术等；所以每一个历史时代的物质生活资料的生产以及由此产生的社会结构，是该时代政治和思想的基础。从原始公社制解体以来，全部历史都是阶级斗争的历史。历史活动是群众的事业，人们自己创造自己的历史，但他们是在现实关系的基础上进行创造的。个人在历史上有一定作用，每个时代都需要而且能够创造出自己时代的伟大人物。

马克思、恩格斯运用辩证唯物主义和历史唯物主义，研究作为人类社会发展基础的各个时代的生产关系，尤其是研究资本主义社会的生产关系，创立无产阶级政治经济学，其前身是英国古典政治经济学。这是马克思主义理论最深刻、最详细的证明和运用。它阐明了人类社会各个发展阶段上支配物质资料的生产、交换以及与之相适应的产品分配的规律。在资本主义社会中，商品生产占统治地位，资本主义生产的重要特点是自由雇佣劳动制，工人的劳动力成为商品。劳动力的价值是由维持和再生产劳动力所必需的生活资料的价值决定的。马克思发现劳动力是一种特殊的商品，它每天创造的价值同它每天的消耗全然不同。雇佣工人每天除了补偿自身劳动力价值以外，还必须额外工作若干小时，马克思称其为剩余劳动时间，将剩余劳动时间创造的价值称为剩余价值。此外，马克思还对剩余价值率、绝对剩余价值、相对剩余价值、剩余价值的分解等作出了科学分析。马克思的剩余价值学说揭示了资本家剥削的秘密,成为马克思经济理论的基石。马克思把社会产品按价值分为不变资本、可变资本和剩余价值三个部分,从而分析了资本主义实现价值和剩余价值的深刻矛盾;论证了资本主义制度下生产社会性和私人资本主义占有形式之间的矛盾;指出了周期性经济危机的不可避免性。马克思阐明资本主义积累的一般规律,指出资本积累必然造成社会两极分化,无产阶级与资产阶级之间的对抗更为尖锐。生产资料的集中和劳动的社会化达到同资本主义私有制外壳不能相容的地步,从而资本主义不可避免地要让位于社会主义。

科学社会主义的前身是法国空想社会主义。唯物史观的发现使了解人类社会发展的历史过程成为可能。剩余价值的发现揭示了资本主义生产方式的性质及其运动规律。这为社会主义从空想变为科学奠定了理论基础。科学社会主义是马克思主义理论体系的核心,它的任务是研究无产阶级解放事业的历史条件以及这一事业本身的性质。它是最直接的全面指导无产阶级和全人类解放斗争的行动科学。马克思、恩格斯认为,社会主义必然代替资本主义是社会生产力发展的要求和合乎规律的结果,推翻资本主义并实现社会主义是无产阶级的历史使命,反对资产阶级的阶级斗争和无产阶级革命是通往社会主义的必由之路。工人革命的第一步就是使无产阶级上升为统治阶级,争得民主。阶级斗争必然要导致无产阶级专政,这个专政是消灭一切阶级和进入无阶级社会的必要准备。无产阶级的共产主义社会按其成熟程度不同分为低级阶段和高级阶段。在低级阶段,各方面还存在旧社会的痕迹,实行的是等量劳动的交换;在高级阶段,随着个人的全面发展,生产力也增长起来,那时将实行各尽所能,按需分配。共产主义社会将是这样一个联合体,在那里每个人的自由发展是一切人自由发展的条件。要保证社会主义革命获得胜利并实现共产主义的最终目标,工人阶级必须组成与有产阶级一切旧政党对立的独立政党。工人阶级政党要有一个新的科学世界观作为理论基础,它比其余无产阶级群众更善于了解无产阶级运动的条件、进程和一般结果,始终代表着整个运动的利益,坚持整个无产阶级的不分民族的利益。共产党在为实现自己纲领的斗争中要实行正确的战略和策略,要使全世界无产者联合起来,要善于争取各种同盟者,善于同其他政党采取种种共同行动。①

综上所述,马克思主义同样沿袭启蒙运动的思想历程,在工人阶级各种实践反抗斗争的基础上,将英国经验传统和大陆理性哲学融合,提出了"消灭阶级差别,人人平等"的"世界主义"道路。

▲ 本章小结

启蒙运动所探索的民族国家认同最终走向世界文明体系道路的可能性,内含着亚欧大陆历史思想传统的大陆法理与海洋法理的对立统一,表现在两个方面。在思想认知层面,英国经验主义传统和大陆思辨哲学传统的融合构成了获取人类理性认识的必经环节;在"世界主义道路"方面,康德和马克思延续上述认知传统,分别阐述了海洋法理和大陆法理的"世界主义"理念,并由此指明了资本主义和社会主义道路最终前行的方向。

---

① 俄国在革命实践中发展出了"列宁主义",列宁主义一词始见于1903年俄国社会民主工党第二次代表大会后。1924年斯大林在《论列宁主义基础》一书中系统地论述了列宁主义,并把它定义为:"列宁主义是帝国主义和无产阶级革命时代的马克思主义。"列宁在新的历史条件下对马克思主义发展所作的贡献是多方面的,他提出的新思想、新观点是很丰富的。构成列宁主义的核心内容主要有以下6个方面。① 帝国主义理论;② 无产阶级革命理论;③ 民族殖民地问题理论;④ 无产阶级专政理论;⑤ 建设社会主义的理论;⑥ 新型无产阶级政党的理论。列宁主义开创了人类历史的新纪元,它指引俄国人民建立了世界上第一个社会主义国家并取得社会主义建设的巨大成就,它鼓舞和推动了全世界一切被压迫阶级和一切被压迫民族争取解放的斗争。它至今仍然是指导无产阶级革命和社会主义建设的行动指南。

第八章
民族国家世界文明体系的建立过程：总体性视角下的美国革命

如前所述，美国革命同样不是一个民族国家内部的独立事件，而是民族国家世界文明体系中英国革命和英法争霸（海洋法理和大陆法理道路的争逐）的延续和发展。在经历了启蒙运动和各种思想历程之后，美国革命将康德所谓"世界公民"道路从英国经验阶段推进到了美国经验阶段，或直接或间接地影响了法国革命。当然，思想变革和现实变革并不是严格按照历史时间顺序发生的，但在逻辑上具有某种内在的一致性。

值得注意的是，这种源自海洋法理传统的文明演进，本就是与以法国为代表的大陆法理相互竞争的结果，在全球史上则表现为英法争霸和美国革命中到处可见的法国因素，以及美国革命对法国革命的深刻影响。在这个意义上，美国革命既是英国革命的延续，也是英法争霸的延续。

第一节　总体性视角下的美国革命：是英国革命的延续，也是英法争霸的延续

前面已经提到，与西班牙、葡萄牙以征服和掠夺为主要形式的殖民统治不尽相同，大英帝国的建立和英国的"光荣革命"，是亚欧大陆世界文明体系海洋法理传统在"民族国家世界文明体系"中的转变和发展结果，并开辟出新体系下"世界文明"的可能道路。从1215年的《自由大宪章》颁布开始，英国的贵族、教士和皇室阶层就已经基本确立权力分治原则——纳税必须经议会同意——由此而逐步发展出近代的君主立宪政体。在此基础上，启蒙运动的思想家们进一步阐发了"个体向国家赋权"和"三权分立"等近代权力分治理论，但如何从"每个人生而平等"的理念出发，将此种个体自由和新型政体完全融合，并进一步达致康德所谓"以人为目的"和"敢于使用理性"的"世界公民"的尝试，最终是在美国革命的经验实践中达成的。

众所周知，美国是一个移民国家，早期最主要的移民是来自欧洲尤其是英国的新教徒，此外还有被贩卖到美洲的非洲黑奴（因为各种原因印第安原住民反而不是文化意义上的主流人群）。这两种主要"人民"来

源决定了美国革命的基本方向——某种程度上，美国革命是新教徒移民结合《五月花号公约》的自由平等精神和"无代表不纳税"的政治原则，改造形成"独立宣言"，并最终解放"黑奴"等所有被歧视人群成为"世界公民"的过程。

也是在这个意义上，美国革命是民族国家世界文明体系内部海洋法理道路的一个不断展开过程，大概可以分为18世纪下半叶的独立战争、19世纪60年代的南北战争以及20世纪60年代的民权运动等。这场横跨3个世纪的思想和政治革命，对整个民族国家世界文明体系具有极大的影响。本章先介绍独立战争和南北战争。

一、独立战争的始末

如前所述，自击败西班牙和荷兰之后，英法在印度和北美的殖民争夺成为民族国家世界文明体系竞争的主线，英国由于其权力离散和制衡的海洋法理路线取得领先，并率先形成了包括印度和北美在内的新世界性市场体系。在这个过程中，英国和法国（包括其他一些欧洲国家）的竞争一直没有停止，北美独立战争一定程度上是这种竞争在北美大陆的深化和持续。

1607年，英国人来到北美大西洋沿岸，开始建立第一个殖民地弗吉尼亚。经过不断拓殖，到18世纪30年代，英国人已在北美大西洋沿岸建立了13个殖民地。

殖民地的统治模式是依照英国政体建立的，每个殖民地都有自己的总督和议会。总督代表英国对殖民地进行统治，拥有行政、经济和军事大权，可以否决议会通过的法案。

在1756—1763年的"七年战争"中，为争夺对北美殖民地的控制，英国与法国进行了长期的争夺。英国虽然打败了法国，控制了北美大部分地区，但因长期的战争而导致财政困难。于是，英国政府不断地向北美各殖民增加税收，并实行高压政策，对殖民地进行蛮横的压榨和残酷的剥削。英国希望北美永远做它的原料产地和商品市场，竭力压制殖民地经济的发展，并从殖民地搜刮尽可能多的财富。

英国议会于1764年4月通过《殖民地通货条例》和《糖税法》，前者宣布殖民地发行货币为违法行为；后者修改了海关条例，禁止产自外国的朗姆酒进口，提高葡萄酒的关税，对咖啡、蓝靛、纺织品等货物征收新税，并加大了对走私行为的打击力度。1765年2月，英国议会通过《印花税法》，它规定法律文件、契约文件等都要支付印花税。1767年，财政大臣查尔斯·汤森提出将英国的土地税由20%减至15%，由此产生的差额则依靠从殖民地取得的收入来弥补，并建议对殖民地的进口商品征税，这一建议获得议会通过。《汤森税法》立即遭到北美殖民地的反抗，英国政府同殖民地的矛盾进一步激化。1773年英国议会通过了《茶叶法》，以挽救英属东印度公司的破产。《茶叶法》允许东印度公司将茶叶直接向北美出口，每磅茶叶只征收3便士的茶叶税，东印度公司的茶叶不通过英国或北美批发商，而是通过其指定的代理商出售。这样做就使得东印度公司在殖民地的茶叶销售价格较低，殖民地的守法商人和走私商人都无法与英货的代理人竞争，从而垄断殖民地的茶叶市场，这种垄断只利于效忠英国的商人。《茶叶法》遭到坚决反对，殖民地人民阻止卸货或者封存茶叶，尤其是波士顿人在亚当斯的领导下，于1773年12月16日，在波士顿湾夜袭了3艘茶船并将价值约9000英镑的90000磅茶叶倾入海中，这就是著名的"波士顿倾茶事件"。

英国议会通过了一系列惩罚性的法令——《波士顿港口法》《马萨诸塞政府法》《司法法》《驻营法》，接着，英国议会又通过了《魁北克法》。这些法令规定了关闭波士顿港并禁止其沿海贸易；改变马萨诸塞殖民地的特许状，以任命的参事会取代选举产生的参事会；加强总督的权力；被控在镇压骚乱或执法过程中犯有杀人罪的人可在英国审讯；英军可自由驻扎在旅馆或无人居住的建筑物中；把密西西比河以西和俄亥俄以北的土地并入加拿大。这些强制法令严重侵犯了殖民地人民的权利和自由，被称为"不可容忍的法令"，它们剥夺了殖民地人民的政治和司法权利，《魁北克法》加剧了北美殖民地人民在宗教上与英国的矛盾，进一步激化了英国同殖民地人民之间的矛盾，激起了他们的联合反抗。1774年9月，殖民地人民在费城召开了第一届大陆会议，大陆会议是北美殖民地摆脱英国的殖民统治朝着全国性地方政权方向发展的开始。会议宣称强制法令是违宪的，拒绝服从，号召殖民地组织军队，中断同英国的一切贸易，会议还起草了《权利宣言和怨由陈情书》，但没有公开提出独立的要求，而是承认英国议会有权管理北美的商业。大陆会议还成立了大陆协会，对英国进行贸易抵制。面对北美殖民地的反抗运动，英王及英国政府决定采取武装镇压的方式，乔治三世遂失去了与殖民地和解的机会。

1775年4月18日，马萨诸塞总督托马斯·盖奇率领英军前往康科德，企图逮捕波士顿的反英领导人亚当斯等人并摧毁民兵基地康科德的军械库，途中在莱克星顿附近遭民兵伏击，损失200多人。莱克星顿之战揭开了美国独立战争的序幕。

1775年5月10日，第二届大陆会议在费城召开，会议仍希望避免与英国彻底决裂，会议通过了《橄榄树请愿书》，表示仍效忠英王，向他保证"我们无意结束我们之间长期的和幸福的存在的联合"，但乔治三世并没有接受，反而宣布殖民地处于叛乱状态，派遣外国雇佣军镇压美洲殖民地。这样，北美殖民地彻底放弃了与英国和解的希望，走上了与英国完全决裂的独立道路。为了联合抗英，北美第二届大陆会议于6月14日决定，建立各殖民地联合武装力量即大陆军，任命华盛顿为总司令。

1775—1778年为战争的第一阶段，主战场在北部，英军占据优势。战争开始后，英军主动进攻，企图迅速扑灭殖民地的革命烈火。其总的战略是以海军控制北美东部沿海，陆军则分别向加拿大和纽约进发，打通普兰湖、哈德逊河谷一线，以孤立反英最坚决的新英格兰诸殖民地，然后将其他殖民地各个击破。大陆军因力量薄弱，除战争初期远征一次加拿大外，基本上处于守势，采取俟机破敌、争取外援的方针。

1779—1781年为战争的第二阶段，主战场转到南部，美军以弱胜强。英军新任统帅克林顿上任后，利用南部"效忠派"较多和靠近西印度群岛的有利条件，调兵遣将，决心将英军主力转移到南部，企图对美南部诸州各个击破，并依托沿海基地和纽约遏制北部。北美大陆军则力图与法国陆海军配合，控制沿海基地，同时积极开展游击战，打乱英军的计划。1778年2月，法美签订军事同盟条约，法国正式承认美国。1778年6月，法英开战。1779年6月，西班牙也对英作战。1780年，俄国联合普鲁士、荷兰、丹麦、瑞典等国组成"武装中立同盟"，企图打破英国的海上封锁。同年12月，荷兰加入法国方面对英作战。1781年，英军在吉尔福德之战中伤亡惨重，渐感力量不支。

1782年，英美达成停战协议。1783年9月3日，双方在巴黎签订《巴黎和约》，英国被迫承认美国独立。和约共10条，第一条规定："英王陛下承认合众国为自由、自主和独立的国家"。内容还有：确认美国疆界东起大西洋沿岸，西止密西西比河，北接加拿大五大湖区，南至佛罗里达北界；两国人民从此永久和平，停止在海上、陆上的一切敌对行动并互释战俘；英从美境内所有港口、地区、港湾撤出全部军队和舰只等。该和约的签订标志着英国正式承认美国独立，美国获得完全独立。

在美国独立战争过程中，相当多的兵力是法国投入的，法国不仅直接出兵帮助美国打仗，还最早承认美国独立并赠送自由女神像等。法国甚至为支持美国独立欠下了巨额债务，这间接引发了路易十六下台和法国大革命。在这个意义上，美国独立战争是英法争霸的继续，同时也是英国权力离散型海洋法理在美国的延续和发展。

二、《独立宣言》的思想来源和发展历程

从1775年4月19日，波士顿人民在莱克星顿上空打响独立战争第一枪起，到1776年7月4日，北美殖民地发表《独立宣言》，宣告脱离英国独立，成立美利坚合众国，再到1787年美国出台宪法，规定美国是联邦制国家，联邦权力高于各州权力，采用行政、立法、司法三权分立，相互制衡的原则，肯定了资产阶级民主共和政体，这是美国独立思想不断进步和践行的一个过程。

相对于美国独立，在某种程度上，《独立宣言》和1787年宪法及其所确立的新型政治体制（联邦共和制）与三权分立，可能是人类文明更为可贵的精神财产。

《独立宣言》宣布解除殖民地对英王的隶属关系，标志着美利坚合众国的诞生，后来美国将《独立宣言》发布的这一天作为国庆日。《独立宣言》中包含了许多资产阶级的民主和人权理念。它宣布人生而平等，并享有神圣不可侵犯的权利，这些权利包括"生命、自由和追求幸福"。《独立宣言》指出，政府的一切权力属于人民。由此，建立在自由民主基础上的自由政府，以及由资产阶级"人人平等、天赋人权"推广而来的"世界主义"，成为美国精神的象征。

但是《独立宣言》并不是从天上掉下来的，在某种程度上，它是新教徒的个体信仰自由理念和启蒙运动中的权力制衡原则，以及英国政治理念中"无代表不纳税"的思想进一步融合的产物。

如前所述，从英国移民北美殖民地的人数远超法国，这是英国能够在北美战胜法国的重要原因。英国移民中有大量担心宗教迫害的"清教徒"，他们在英国政府鼓励自治的前提下，依照来源于新教的"上帝面前人人平等自由"的宗教伦理而进行自治实践，由此而奠定了《独立宣言》"人人平等，天赋人权"的思想基础。其中最有代表性的文本之一就是著名的《五月花号公约》[①]。

1620 年 11 月 11 日，经过在海上 66 天的漂泊之后，一艘来自英国的名为"五月花号"的英国 3 桅盖伦大帆船向美洲陆地靠近。船上有 102 名乘客。他们的目的地本是哈德逊河口地区，但由于海上风浪险恶，他们错过了目标，于是就在科德角外的普罗温斯顿港抛锚停航。为了建立一个大家都能受到约束的自治基础，他们在上岸之前签订了一份公约，这份公约被称为《五月花号公约》，签署人立誓创立一个自治团体，这个团体是基于被管理者的同意而成立的，而且将依法而治。这是美国历史上第一份重要的政治文献。

《五月花号公约》由"五月花号"船上的每一个成年男子所签署，因为妇女那时还没有政治权利。1991 年的《世界年鉴》评价该公约是"自动同意管理自己的一个协议，是美国的第一套成文法"，也被人们称为"美国的出生证明"。

一个重要的事实是，当"五月花号"的清教徒们登陆后，在公约上签字的 41 名清教徒理所当然成为普利茅斯殖民地第一批有选举权的自由人，这批人中有一半未能活过 6 个月，剩下的一半就成为殖民地的政治核心成员。他们每年举行一次大会，通过法律，选举总督和总督助理，并在 1636 年通过了《统一基本法》，对殖民地的政治结构和居民权利作了文字上的规定。1639 年后，殖民地代表大会变成了殖民地议会，非教会成员的自由人也可以被选入议会，美国的历史由此发端。这是从宗教信仰自由到世俗政治权力自由的一种自然过渡过程，具有极其重要的历史影响。

[①] 由于原件已经丢失，《五月花号公约》有几个版本。下面是其中一个最为朴素的版本：我们在上帝面前共同立誓签约，自愿结为一民众自治团体。为了使上述目的能得到更好实施、维护和发展，将来不时依此而制定颁布的被认为是对这个殖民地全体人民都最适合、最方便的法律、法规、条令、宪章和公职，我们都保证遵守和服从。

《五月花号公约》是美国历史上第一份政治性契约。这份写在粗糙羊皮纸上的公约，内容虽然很简单，却在美国政治思想史上占有重要地位，因为它预示了资产阶级民主政治的许多理念：人民可以通过自己的公意决定集体行动，以自治的方式管理自己的生活；行使统治必须经过民众的同意；人民可以通过公议的契约建立秩序，而不是由人民之上的权威予以强加。它标志着"政府须经被统治者的同意方可实行统治"这一启蒙运动的思想原则得到认同并得以实施。它所体现出的依法管理、民众自治理念成为许多殖民点和后来的殖民地竞相效仿的模式，对《独立宣言》和美国宪法都产生了巨大的影响，被人们称为美国精神的先驱。

以此种自治精神为基础，在独立战争期间，托马斯·潘恩于1776年1月10日以"一个英国人"的署名发表的一部小册子《常识》，宣传和强化了独立的理念。

当时英国和殖民地之间的关系十分紧张，北美人民反英斗争风起云涌，潘恩很快就投身政治斗争中。但是，人们的君主制观念还根深蒂固，连华盛顿、富兰克林、亚当斯这些独立战争时期著名的政治家，都不明确提出独立。

1775年4月19日的莱克星顿和康柯德的战斗之后，潘恩得出结论，这次起义的目的不仅要反对不公正的税制，而且要支持全面独立。因此，他发表了一本50页的小册子《常识》，书中对他的论点做了详细解释，公开提出美国独立问题。这本小册子立即引起轰动，3个月内售出10多万册。在一个人口仅250万的殖民地里，可能总共售出了50万册。潘恩的《常识》比任何一个出版物都更能说服当时的公众舆论支持北美从不列颠独立出来。它还被誉为是《独立宣言》的精髓。

美国独立战争起初并不是一场目标明确的战争，华盛顿等人都对这场战争的合法性感到犹豫，但托马斯·潘恩的《常识》首先喊出了美国独立的声音。据美国学者伯纳德·施瓦茨所著的《美国法律史》，美国独立战争前，伦敦愿意通过放弃强行征税的做法，如取消印花税法，对这些殖民地做出让步，但对于殖民地立法权这一宪法权利，它却不愿放弃。因此，单单看到北美独立战争是为争取经济权利而战显然是片面的，可能更符合历史的是，北美人民当时渴求全面的民主。潘恩敏锐地认识到了这一点，并勇敢地首先喊出了独立的声音。这也是《常识》甫一出版便成为畅销书的原因。其次，正是《常识》呼唤出的独立的声音，为美国精神日后的发展扫清了道路，正是在潘恩一再灌输的美利坚建国"没有先例"的思想刺激下，"五月花号"的后人们才赤脚的不怕穿鞋的，表现得比欧洲哪个民族都果敢。潘恩的文字不单服务于独立战争，更要紧的是，"塑造了美国公民"，是康德所谓"敢于使用理性"启蒙精神的具体体现。

以上述思想历程为铺垫，《独立宣言》将"自由人自我管理"的启蒙理性精神和"无代表不纳税"的政治原则结合，构成了美国独立的精神支柱。

《独立宣言》包括三个部分。第一部分阐明政治哲学——民主与自由的哲学，内容深刻动人；第二部分列举若干具体的不平等事例，以证明乔治三世破坏了美国的自由；第三部分郑重宣布独立，并宣誓支持该项宣言。

以下都是《独立宣言》中最富于启蒙精神的具体表述：

> 我们认为这些真理是不言而喻的：人人生而平等，造物者赋予他们若干不可剥夺的权利，其中包括生命权、自由权和追求幸福的权利。
>
> 为了保障这些权利，人类才在他们之间建立政府，而政府之正当权力，是经被治理者的同意而产生的。
>
> 当任何形式的政府对这些目标具破坏作用时，人民便有权利改变或废除它，以建立一个新的政府；其赖以奠基的原则，其组织权力的方式，务使人民认为唯有这样才最可能获得他们的安全和幸福。为了慎重起见，成立多年的政府，是不应当由于轻微和短暂的原因而予以变更的。过去的一切经验也都说明，任何苦难，只要是尚能忍受，人类都宁愿容忍，而无意为了本身的权益便废除他们久已习惯了的政府。但是，当追逐同一目标的一连串滥用职权和强取豪夺发生，证明政府企图把人民置于专制统治之下时，那么人民就有权利，也有义务推翻这个政府，并为他们未来的安全建立新的保障。①

---

① 以上论述皆可以在洛克《政府论》中找到直接的思想甚至是文字来源。

以上这些原则是英国革命以来海洋法理"世界公民"道路第一次以政府宣言的方式公开表述，并对后世文明体系产生了持续而深远的影响。

不仅如此，美国革命还在《独立宣言》的基础上，通过联邦宪法，将其思想原则和"三权分立"的政治原则结合，形成了现代第一部成文宪法——《美利坚合众国宪法》。

美国宪法规定实行资产阶级性质的联邦制，肯定了以立法、行政、司法三权分立，相互制衡为原则的资产阶级总统制民主共和政体。宪法原文由序言和7条正文组成，规定立法权属于美国国会，并规定了国会的组成；规定行政权属于美国总统，并规定了总统产生的办法；规定司法权属于美国联邦最高法院，并规定了最高法院的组成。此外，还规定了各州的相互关系和义务，宪法修正案提出和通过的程序，联邦宪法和按照宪法制定的法律为全国最高法律，宪法经9个州制宪会议批准后生效。这部宪法表明，美国在世界上创造出了一种全新的政治体制，其既不同于君主立宪制，也不同于议会内阁制，使美国成为一个具有全国统一的中央政权的联邦制国家。这种政治体制和国家结构形式后来为许多国家所仿效。

美国宪法明确了由选举产生的政府具有唯一的合法性，人民通过选举或者指定产生的政府官员和议员来行使权力。议员们也可以修改美国宪法和其他基本法律，甚至还可以重新起草新的宪法。根据产生方式的不同，各级政府官员在权力上有着不同的限制。通过选举产生的官员只有通过选举才能继续留任其职位。而由政府首长或部门指派的其他官员则根据指派人的意愿决定去留，而且随时可以被罢免。这一规则也存在例外：美国联邦法院系统法官在接受美国总统的任命之后，该项任命将终身有效。创立这一例外的目的，是保证法官在司法过程中不因为其职位的变动，而受到行政权力的不当干涉和压力。在美国宪法生效后不久的1803年，最高法院大法官马歇尔在马伯利诉麦迪逊案中，确立了美国联邦最高法院的违宪审查权，即法院有权判断国会的立法是否与宪法的精神相违背，从而可以宣布国会的立法合宪或者无效。

美国的宪法建立在七个基本原则之上：人民主权、共和制、联邦制、三权分立、制约与均衡、有限政府、个人权利。

（1）人民主权。也称主权在民，意思是指国家权力来源于人民，属于人民。

（2）共和制。人民主权也是共和制的一个原则。美国是一个共和政体，美国公民通过投票推选出政治代表，来行使他们的权利。

（3）联邦制。联邦制是一种在州政府和联邦政府之间分享权力的方式：联邦政府只享有宪法明确列举的权力，而未列举的保留权力归各州所有。

（4）三权分立。即行政权、立法权和司法权并立，由国会代表组成的立法机关负责制定法律，由总统领导的行政机关负责执行法律，司法部门包括法院系统负责解释法律。

（5）制约与均衡。即行政权、立法权和司法权相互制衡，比如法律需要国会通过才能生效，但总统有否决权，即使总统通过了，最高法院也可以指出里面的某个法律违反了宪法的某个基本原则。所以，没有另一方的认可，任何一个部门都不可以完全作主。

（6）有限政府。它是制约与均衡里的一个理念，是为了确保政府各个部门之间相互制约和协作。

（7）个人权利。个人权利是美国宪法中的重中之重。它允许人民有言论自由和新闻自由等，但也不是真正意义上的完全自由。所有的个人权利都写在权利法案中，也就是美国宪法的修正案中。美国宪法是一部可以修改的、随着时间的推移而不断完善的法律文件，但它始终坚持着最初的基本原则。

1787年制定的宪法没有把《独立宣言》和当时一些州宪法中所肯定的民主权利包括在内，遭到广大人民群众的强烈反对。后来在资产阶级民主派的压力下和1789年法国资产阶级革命的影响下，美国国会于1789年9月25日通过10条宪法修正案，作为美国宪法的补充条款，于1791年12月15日得到当时9个州批准并开始生效。这10条修正案通称"权利法案"。主要内容是：国会不得制定剥夺公民的言论、出版、和平集会和请愿等自由的法律；公民的人身、住宅、文件和财产不受非法的搜查或扣押；非依法律的正当程序，不得剥夺任何人的自由、生命或财产，以及司法程序上的一些民主权利等。以后又陆续补充了17条宪法修正案，其中主要有：南北战争后生效的废除奴隶制，保障黑人权利的第

13~15条修正案；1920年生效的美国妇女享有选举权的第19条修正案；1964年生效的关于选举时取消人头税限制的第24条修正案；1971年生效的关于降低公民选举年龄的第26条修正案等。最终这27条修正案成为美国宪法的一部分。200多年来，美国宪法的内容除通过宪法修正案的方式加以改变外，更重要的是通过联邦最高法院行使司法审查权，对联邦宪法作出解释，以及通过政党、总统和国会的活动所形成的宪法惯例来改变宪法的内容，以适应社会不断变化的需要。

综上所述，从《五月花号公约》到《常识》，再到《独立宣言》和《美利坚合众国宪法》，从英国清教徒的自治盟约、启蒙思想到"无代表不纳税"的政治理念，再到一个新型政体的全面形成，美国革命的精神和实践体现了康德所谓"世界公民"道路跨越几个世纪的演进历程。

事实上，美国独立革命及其思想在民族国家世界文明体系的大陆法理和海洋法理两条道路上均产生深远影响。在大陆法理道路上，其"天赋人权，人人平等"观念不仅直接赋予法国大革命激进不休的革命精神，也在其资产阶级革命的饱满理想与现实失败的冲突基础上间接引发了"巴黎公社"等新的革命实践；而在海洋法理道路上，美国革命开启了一种跨越几个世纪的漫长征途，将新教徒"白人成年男子的平等"慢慢推进到"黑白平等"和"男女平等"等领域，并由此引发美国所代表的资产阶级世界各种跨文明（白人来自欧洲基督教文明传统，黑人来自非洲多神崇拜文明传统）的思想融合与冲突。

第二节　总体性视角下的美国革命：从独立战争走向南北战争

一、独立战争及其思想影响

如上所述，美国革命是英法世界争霸和英国革命的延续，其内在的权力分治和新教伦理中的个体自由原则，成为现代民族国家世界文明体系的象征，并具象为所谓"天赋人权，人人平等"的"世界主义"原则，在以美国联邦宪法为基础的政治实践中得到了确立和实行。

但是，需要注意的是，美国《独立宣言》以及后续的"联邦制宪"，实际上有着某种"不平等"的历史基因，即当时来自非洲的黑人移民处在"奴隶"状态，并没有类似白人的平等权利（其时包括妇女在内的其他群体同样没有此种平等权利，但黑人的奴隶困境更甚），因此，美国革命确立的"人人平等"和"自由联邦"的原则，指引着美国革命进一步发展的方向：南北战争和民权运动。

南北战争（1861—1865年）是美国历史上规模最大的内战，参战双方为北方的联邦军队和南方的同盟军队。战争之初，北方为了维护国家统一而战。后来，这场战争演变为一场消灭奴隶制的革命战争。其中的内在逻辑，除了上述美国政治革命理路的作用之外，也包含"工业革命"需要解放自由劳动力的因素。

经过这场战争，美国实现了政治制度和经济发展意义上的真正统一。虽然这场战争的直接目的并不是维护黑人的自由，主要是维护联邦国家的政治统一和工业经济的市场统一，但在南北双方战斗的过程中，黑人奴隶制度最终走向了瓦解。此后，美国确立了相对一致的工业经济形态，为经济的进一步发展扫除了障碍。但是，黑人的平权（选举权）问题并没有得到解决，这也为后续美国的民权运动和革命埋下了伏笔。

二、南北战争：美国内战

19世纪，美国开始经历工业革命，经济迅速发展。同时，美国获得了美洲西部的大片领土，接连成立新的州。每当新州成立时，该州内就会发生容许或禁止奴隶制的斗争。北方资产阶级和农民主张在新州内禁止奴隶制度，要求把新州确定为自由州。南方奴隶主则力图把奴隶制扩大到西部，主张把新州确定为容许奴隶制存在的州，奴隶主利用其在国会及政府中的统治地位，连续取得胜利，这激起了北方广大人民的愤慨。

美国独立后，南方和北方继续沿着两条不同的道路发展。在北方，资本主义经济发展迅速。1860年，美国北方工业产值居世界第四位。南方则普遍实行种植园黑人奴隶制度，这是生长在美国社会的毒瘤，它严重窒息了北方工商业的发展。南北矛盾和斗争自19世纪初起日趋激烈，斗争主要围绕西部地区展开。到19世纪50年代，双方在局部地区的矛盾已酿成武装冲突。在奴隶主的进逼面前，北方人民发起了声势浩大的"废奴运动"，南方黑奴也不断展开暴动。1854年，美国共和党在北方成立。同年，南方奴隶主企图用武力把奴隶制扩张到堪萨斯，于是在堪萨斯爆发了西部农民与来自自由州的移民共同反对南方奴隶主的武装斗争。1857年，奴隶主又企图利用斯科特判决案把奴隶制扩展到美国全部领土上去，遂导致约翰·布朗起义。

1860年11月，林肯当选总统，南北双方长期积累的政治危机被催化。同年12月，南卡罗来纳州通过法令，宣称"以美利坚合众国的名义存在于南卡和其他州之间的联盟"就此解散。6周内，其他6个南方州也相继宣布退出联邦，并开始夺取位于各州界内的联邦资产，包括萨姆特堡、皮肯斯堡等军事设施。1861年2月18日，南方各州成立美利坚联盟国，杰斐逊·戴维斯任总统，南北矛盾彻底激化。

南北战争初期，北方实力大大超过南方，北方23个州有2234万人口，南方7个州只有910万人口。北方有发达的工业，年产值15亿美元，拥有130万工人，3万多公里的铁路网和丰富的粮食，而南方工业薄弱，年产值仅1550万美元，工人仅11万，铁路也只约为北方的2/5。但南方有充分的军事准备。得益于不久前结束的美墨战争，南方军队素质较高，指挥官经验丰富，并得到了英法等国的援助，南方想通过速战速决击败北方。

南北战争大体分为两个阶段。

1861年4月至1862年9月是"有限战争"阶段。双方都集中兵力于东战场，为争夺对方首都而展开激战。北方军队虽然在西线取得一系列辉煌战果，夺取了几个重要战略据点，但是这些战果都被东线的惨败抵消。在军事屡次失败的情况下，共和党内部的激进派和社会上的废除主义者提出解放奴隶和武装黑人的主张，林肯也意识到解放奴隶的必要性。

1862年9月22日，林肯发表《解放黑人奴隶宣言》，战争进入"革命战争"阶段。该宣言宣布，1863年1月1日以前南方叛乱者不放下武器，叛乱诸州的奴隶将从那一天起获得自由。消息传到南方后，成千上万的奴隶逃往北方。英国工人阶级也展开了支持北方的运动，迫使英国政府放弃了原来的干涉计划。林肯政府还实行了一系列其他革命措施和政策，即 1862—1863 年实行武装黑人的政策，成千上万的黑人报名参加北方军队，其中主要是南方逃亡奴隶。1862 年 5 月颁布的《宅地法》规定：一切忠于联邦的成年人，只要交付 10 美元的登记费，就可以在西部领取 64.74 公顷土地，在土地上耕种 5 年后就可以成为这块土地的所有者。1863 年开始实行征兵法，以代替募兵制，同时调整军事领导机构，实行统一指挥，任命有卓越军事才能的格兰特为全军统帅。随着南方奴隶的纷纷逃亡，种植园经济濒于瓦解，同时北方海军实行的海上封锁，几乎断绝了南方与欧洲的贸易，南方遭遇严重困境。1865 年 4 月，罗伯特·李的部队陷入北方军队的重围之中，被迫向格兰特请降，南北战争终止，美国恢复统一。

南北战争是美国历史上唯一一次内战，战争最终以支持联邦的一方取得胜利而告终。美国借此完成了政治和经济上的统一，实现了具有深远影响的政治与工业革命。南北战争的局限性在于林肯只是废除了南方叛乱诸州的奴隶制，这些黑人虽然被解放了，在政治上逐渐取得公民权及选举权，但是并没有获得和白人一样的权利。因此也埋下了后续"民权运动"的伏笔。

▲ 本章小结

南北战争是民族国家世界文明体系中康德"世界主义"道路持续演进过程中的一部分。从独立战争到南北战争到"民权运动"，美国横跨 3 个世纪的漫长革命进程，是世界文明体系运作的一部分。

换言之，从英国革命到美国革命，我们可以发现亚欧大陆"英法"对立的治理传统，如何经由"英国革命""英法争霸"和"开发殖民"，逐渐生发出"美国革命"中"人人平等，天赋人权"的自由平等思想。这不仅决定着英美"世界主义"道路"政治正确"的发展方向，也影响着后续包括"法国大革命"在内的民族国家世界文明体系的走向。尤其是"独立战争"和《独立宣言》，直接影响着法国大革命的精神内涵，也间接迫使法国大革命陷入某种理想与现实之间的张力，从而引发了民族国家世界文明体系的进一步拓展。

第九章
民族国家世界文明体系的建立过程：
　　总体性视角下的法国大革命

如前所述，英法道路的分野，在中世纪就已经初现端倪。英国代表着所谓权力离散和制衡型社会治理的模式、海洋法理传统，法国作为欧洲大陆法理传统在西欧的开创者和承继者（法兰克王国、查理曼帝国和神圣罗马帝国的创造者），始终有着浓厚的大陆帝国情结。

1500年代之后，经历了西班牙、葡萄牙殖民模式，英法作为后起之秀逐渐崛起，通过开发殖民和世界争霸，成为新兴民族国家的代表。英国率先实现政治革命和工业革命，以间接殖民治理模式建立了大英帝国，于七年战争中打败了更倾心于欧洲内部争斗的法国，夺得北美和印度殖民地的主导权。而延续和创新英国模式的美国革命取得成功，意味着英美模式最终打通了康德意义上的"世界主义"文明之路。另外，法国则在强化君主专制的道路上积重难返，深陷欧洲大陆的争斗，在启蒙运动和美国革命的思想冲刷下，继续寻找着大陆法理层面上的"世界主义"道路。

在这个意义上，英美革命道路与法国革命道路本就休戚相关，都是民族国家世界文明体系的有机构成部分。也只有在这个意义上，才能理解法国大革命既承继英美革命，又关联俄国革命的深远影响。

综上，这是1500年代以前亚欧大陆世界文明体系结构性的历史路径依赖的表现，也即俄国关联着亚洲大陆更深层次的大陆帝国和大一统法理渊源，法国代表着西罗马帝国灭亡之后西欧的大一统法理取向，英国则代表着权力离散和制衡型的海洋法理传统，形成了一种三级级差，法国介于英国和俄国之间。这种结构影响了近现代以来思想和革命传递的路径。

第一节　法国大革命的由来：英法争霸与道路差异

英法百年战争之后，两地的民族意识开始觉醒，并在宗教改革和地理大发现的推动下出现了西欧民族国家崛起的阶段。各新兴国家均有一个强化专制王权的过程，只是最终的结果有所不同。尤其在"三十年战争"之后,哈布斯堡王朝衰落,英法争霸逐渐主导了民族国家世界文明体系进程。在这个过程中,英法又秉持不同的治理理念。英国一直有强大的权力离散和制衡传统,从《自由大宪章》的诞生到《权利法案》的颁布,再到光荣革命确立君主立宪制,都体现了这一点;法国则有着顽固的大陆法理传统,更倾向于君主专制,"太阳王"路易十四时期到达了君主专制的高峰。

一、路易十四与法国君主专制的建立

路易十四(1638—1715年)在位长达72年110天,是在位时间较长的君主,将法国建成一个君主专制的中央集权王国。

路易十四把大贵族集中在凡尔赛宫居住,让整个法国的官僚机构环聚于他的周围,以此强化自身的军事、财政和决策权。凡尔赛宫的建造是路易十四集中政治权力的重要策略之一。他将贵族们变成了他的宫廷的成员,解除了他们作为地方长官的权力,借此削弱他们的力量。迫于宫廷的规矩,贵族们不得不从早到晚都待在宫殿里参加舞会、宴席和其他庆祝活动,并为各种礼仪服饰花费甚多。路易十四让这些贵族们沉溺于博取国王的宠幸,没有时间去管理地方的问题,渐渐地他们就丧失统治地方的权力了。

路易十四认为,要获得无上的权力,就必须统一法国的宗教信仰,即禁止宗教信仰自由,所以他频频对新教徒施加压力,并于1685年颁布了枫丹白露敕令,推翻了先王亨利四世于1598年颁布的对新教宽容的南特敕令。枫丹白露敕令下达后,胡格诺派的教堂被摧毁,新教的学校被关闭,多数胡格诺派教徒被迫改宗天主教。1715年3月,路易十四在一项声明中重申了他的粗暴政策:剥夺新教徒的一切合法地位,新教徒继续居住在法国就被认为"证明他们已经信奉罗马天主教"。路易的这些命令,迫使不愿改宗的20多万胡格诺派教徒移居国外,他们各自移居荷兰、普鲁士、英国,以及北欧和北美。许多历史学家认为这是一个致命错误,因为许多逃亡者都是技巧精湛的手工业者,他们的技艺跟他们的人一起流亡国外。这些流亡者为他们到达的国家带来了巨大的财富。但是对路易十四和他的大主教们来说,一个统一的法国就应该是一个天主教的法国。

路易十四还向各省派驻"司法、警察和财政监督官",整顿军备,扩充兵源,引进新式武器和先进技术,并把各省军队的调度权控制在中央手里。在经济上,路易十四推行重商主义,强化国家对经济的管控。

由此,路易十四在法国建立了一个以他为中心的、巴洛克式的专制王国。他发动战争,在凡尔赛宫举行豪华的庆祝活动,资助艺术和科学的发展来为他自己增光添彩,并自称"太阳王"。

他建立的这一绝对君主制,既承继了亚欧大陆大一统帝国的法理传统,又具有西罗马帝国灭亡之后法兰克王国最初具有的西欧特色(当时并没有形成大型专制帝国),实际上是以民族国家的模式重建新的大陆法理治理模式的尝试。这种绝对君主制,一直持续到法国大革命时期,而法国大革命的经验表明,民族国家的大陆法理道路仍然需要某种"世界主义"的牵引,并不能单独在某一个国家实现。

二、英法争霸与法国的失败

君主专制时期的法国,秉承亚欧大陆大一统法理传统,积极参与欧洲大陆与世界霸权争夺,而英国则采取"大陆势力均衡"策略,在欧洲大陆各国之间实行战略平衡,确保不出现欧洲霸主,并积极进行海外殖民。

如前所述,以此种英法的"世界争霸"为背景,在路易十五时期,英国取得了"七年战争"的胜利,击败法国取得北美、印度等殖民地的主导权,而法国则在"美国独立战争"中积极出钱出物并派兵帮助美国。

法国对"美国革命"的深度参与,造成了两个影响深远的结果:其一是法国深陷于国库空虚和财政负担中;其二是美国革命带来的"天赋人权,人人平等"等启蒙观念及其践行道路深入人心,最终引发了法国革命。

由于路易十五时代的过度参战且未能获胜(特别是七年战争),导致国库空虚,加之参与美国独立战争带来的财政压力,当时法国国债总量高达20亿法郎。战争债务带来的社会负担,加上君主体制下的军队无能,以及贵族阶级,尤其是住在凡尔赛宫的路易十六和玛丽·安托瓦内特皇后的奢华生活,大大加重了平民百姓的经济负担。老旧而效率低下的财政系统已经无法负担政府债务,而不合理的税务制度又让这一切雪上加霜。法国大革命的直接起因正是源于路易十六由于征税需要而恢复的已上百年未曾召开的三级会议。

在这个意义上，法国革命并不是一个单独国家内部的事件，而是民族国家世界文明体系内部英法争霸及其道路竞争进程中的一个构成阶段。

三、启蒙运动以及美国革命的思想影响

从民族国家世界文明体系的视角而言，启蒙运动的思想传导过程，是以英国为代表的经验主义传统与以法、德为代表的大陆理性传统的融合过程。康德所谓"敢于运用理性"的启蒙精神，逐渐成长为英美革命向法国革命传递的主要思想武器。

如果说启蒙精神在英美革命中主要表现为经验事实与理论相贴合的理性平和姿态，那么在法国大革命中，启蒙精神所倡导的平等理念与法国封建专制传统的相互冲突，引发了一系列愤怒和渴望，将法国大革命不断推向极致。

在这个意义上，由启蒙时代带来的愤怒和渴望，以及由此而生的社会和政治因素是法国大革命产生和激进化的重要原因。这包括对专制王权的愤怒；那些和荷兰、英国等国的商业城市有联系的市民，包括参加过美国独立战争的法国老兵，无形中助长了法国革命的政治意识形态；知识分子和商人对贵族特权和统治的愤怒；农民、工人以及资产阶级对传统贵族领主特权的愤怒；对神职特权者的愤怒和对宗教自由的渴望，相对贫困的乡村低等教士对贵族主教的愤怒，和由此延伸的对天主教的愤怒，受新教徒控制的小兄弟会修士会对其他宗教机构的影响；对自由以及共和制度（尤其是随着革命的深入发展）的渴望。

对此，法国著名历史学家阿历克西·德·托克维尔（1805—1859年）在其著作《论美国的民主》和《旧制度与大革命》中，从思想和精神视角对当时法国的革命情境作出了最佳总结。

托克维尔出身贵族世家，历经法兰西第一帝国、波旁王朝、七月王朝、法兰西第二共和国、法兰西第二帝国等时期。前期热心政治，1838年出任众议院议员，1848年二月革命后参与制定第二共和国宪法，1849年一度出任外交部部长。1851年路易-拿破仑·波拿巴建立第二帝国后，托克维尔因反对他称帝而被捕，获释后对政治日益失望，逐渐从政治舞台淡出，致力于历史研究，直至1859年病逝。

《论美国的民主》全书分为两卷出版，上卷在1835年，下卷在1840年。这本书上卷内容包括美国的地理环境和种族状况、英裔移民带给北美的影响、美国联邦制的优点与其他国家联邦制的比较、联邦政府与各州政府的关系、政党产生的原因、政治社团的作用、舆论的作用等；中心思想是阐明美国的民主、自由、平等是如何在政治生活和社会生活中体现的。下卷以美国的民主思想和美国的民情为背景分析了美国人的哲学观念、宗教思想、科学理论、文学艺术、社会心理、民族性格等方面，同时与英法等国出现的类似问题作了对比。

这本书是托克维尔深入考察美国的思想成果，也是美国革命理念在法国传播的产物。其基本思想，在于认为贵族制度必然衰落，而平等与民主的发展势不可当，同时提出了"多数人暴政"的可能性。

托克维尔认为，平等的逐渐发展，是事所必至、天意使然。这种发展是普遍的和持久的，它每时每刻都能摆脱人力的阻挠，所有的事和所有的人都在帮助它前进。

他阐述了自己考察美国的原因和目的。"我所说的这场伟大社会革命，世界上有一个国家好像差不多接近了它的自然极限。在那里，这场革命是以简易的方式实现的；甚至可以说，这个国家没有发生我们进行的民主革命，就收到了这场革命的成果。"17世纪初在美洲定居下来的移民，从他们在欧洲旧社会所反对的一切原则中析出民主原则，独自把它移植到新大陆的海岸上。在这里，民主原则得到自由成长，并在同民情的一并前进中和平地发展成为法律。

他还认为，在贵族社会，个人自由是有保障的。因为管理国家的任务是分给贵族成员的，而贵族是世袭的，他们借着自己的身份掌握了一定的国家权力，这样就使君主无法把权力集中在自己手上，独揽大权于一身。但在民主时代，由于彼此都是类似的，因此谁也不必信赖他人。但这种类似却使人们对于公众的判断怀有几乎无限的信任，公众的意见不仅成为人们思想和行为的唯一指导，而且借此拥有了极大的权力。在人们看来，如果公众的判断不与他们拥有的认识接近，那么绝大多数人是不会承认它是真理的，因而人们越来越多地把自己的事情交给政府而没有意识到这种做法的危险，这样就容易形成民主社会的弊端。在托克维尔看来，民主社会所具有的最大危险在于对平等的追求可能导致中央集权，民主社会缺乏贵族社会中贵族对王权的制约，因此"多数人的暴政"所带来的危害就更大了。

《旧制度与大革命》出版于1856年。托克维尔在本书中探讨了法国大革命在原有的封建制度崩溃之时，因并未带来革命预期，而致使执政者与民众间的矛盾公开化，并成为社会动荡愈演愈烈的原因。

通过对大量史实的分析，托克维尔揭示了旧制度与大革命的内在联系。法国大革命似乎要摧毁一切旧制度，然而大革命却不知不觉中从旧制度那里继承了大部分情感、习惯、思想，一些原以为是大革命成就的制度其实是对旧制度的继承和发展。作者不仅对法国大革命的起因与后果提出了一种开创性的解释，还提出了许多引发后来史学家和政治学家思考与探索的现象与问题。事实上，这本书并不是关于法国大革命的一般历史叙述，托克维尔在该书的前言部分就清楚地写道："我现在发表的这部书绝非一部法国大革命史；这样的历史已有人绘声绘色地写过，我不想再写。本书是一部关于这场大革命的研究。"

托克维尔在这本书中指出，革命的发生并非因生活的贫困。当时人们的生活并不穷苦，法国的经济即使称不上繁荣，至少也处在发展和转型的阶段。统治阶级与下层人民间的矛盾并没有激发到必须革命的程度，政治上也相对开明，所以托克维尔指出这样的问题：路易十六统治时期是旧君主制最繁荣的时期，何以繁荣反而加速了大革命的到来？

为此，托克维尔深入研究了法国革命的两个悖论：其一，革命往往会在对苛政"感受最轻的地方"爆发；其二，经济繁荣反倒加速了革命的到来。同时，他指出革命极易在改革开始的阶段，在压迫感受变轻的状态下因人们理念与现实的差距而爆发。

总之，托克维尔深刻解读了英美革命理念在法国传播的两大结果。一方面，美国革命带来的平等自由观念和暴力革命道路深入人心。法国革命将美国革命的理念推进到了新的高度，《独立宣言》中的平等自由宣言成为"天赋人权"思想的重要来源。[①] 另一方面，法国封建旧制度的强大使得新的平等自由理念无法顺利在制度层面实现，反而引发

---

① 美国《独立宣言》："我们认为下面这些真理是不言而喻的：人人生而平等，造物者赋予他们若干不可剥夺的权利，其中包括生命权、自由权和追求幸福的权利。"法国《人权宣言》："在权利方面，人们生来是而且始终是自由平等的。"

了巨大的"愤怒与渴望",促使革命的不断激进,增大"多数人暴政"的可能性。

当然,在某种程度上,托克维尔的比较政治学分析仍然过多地停留于单一国家之间的比较视角。如上文所言,从民族国家世界文明体系的视角出发,我们可以发现,法国所代表的大陆法理革命道路无法在法国独立实现,法国革命在理念上将英美革命经验推进到理论成熟阶段,同时将平等自由诉求传播到欧洲大陆,直至俄国所代表的大陆法理"世界主义"道路趋于成熟。

这决定了法国革命实践道路的激进性、复杂性和多变性。

第二节 法国大革命的具体过程

法国大革命又称法国资产阶级革命,是指1789年7月14日在法国爆发的革命,统治法国多个世纪的波旁王朝及其君主专制体制在三年内土崩瓦解。关于法国大革命结束的时间,世界史学界看法众多,但难成共识。从民族国家世界文明体系的视角而言,法国大革命不仅仅是一个国家内部的革命斗争,而且是英美革命和俄国革命、海洋法理道路(康德意义上的世界主义)和大陆法理道路(马克思主义意义上的世界主义)之间的传导和过渡阶段,与世界文明体系的整体变革一起持续了几个世纪。法国革命将英美革命的平等自由经验推进到理性主义的理念高峰,在理想和现实的剧烈落差中不断将革命推向极端,同时将革命不断扩散到欧洲大陆,直至大陆法理道路(马克思主义意义上的世界主义道路)逐渐成熟,才得以最终平息。在这个过程中,法国自身不断在帝国和共和国之间转换,直至二战后第五共和国才得以真正实现长治久安。

一、法国大革命:革命的爆发和法国内部各激进派阶段

在法国革命前,法国的居民(国王除外)被分成三个等级:第一等级,天主教高级教士;第二等级,贵族;第三等级,资产者、农民、无产者在内的市民、下层人民,以及除第一和第二等级外的其他阶层。

路易十六在 1774 年登上王座时，代表法国三个等级的三级会议已经有 175 年没有召开。1789 年 5 月 5 日，由于英法争霸以及法国支持美国革命等引发了巨大财政危机，路易十六不得已在凡尔赛宫召开三级会议，希望在会议中讨论增税、限制新闻出版和民事刑法等问题，并且下令不许讨论其他议题。而第三等级代表不同意增税，并且宣布增税非法。1789 年 6 月 17 日，第三等级代表宣布成立国民议会，宣布国王无权否决国民议会的决议。于是路易十六关闭了国民议会，宣布它是非法的，其一切决议无效，并命令三个等级的代表分别开会。1789 年 7 月 9 日，国民议会宣布改称制宪议会，要求制定宪法，限制王权。路易十六意识到这危及了自己的统治，便调集军队企图解散议会。7 月 12 日，巴黎市民举行声势浩大的示威游行支持制宪议会。次日，巴黎教堂响起钟声，市民与来自德国和瑞士的国王雇佣军展开战斗，在当天夜里就控制了巴黎的大部分地区。7 月 14 日群众攻克了象征专制统治的巴士底狱，取得初步胜利。这一天后来成为法国国庆日。

攻占巴士底狱成了全国革命的信号。各个城市纷纷仿效巴黎人民，武装起来夺取市政管理权，建立了国民自卫军。在农村，到处都有农民攻打领主庄园，烧毁地契。不久，由人民组织起来的制宪会议掌握了大权。这一年，制宪会议颁布了"废除一切旧义务"的"八月法令"，紧接着又通过了著名的《人权宣言》，向全世界庄严宣布了"人身自由，权利平等"的原则。从这一原则就能够直接看到美国《独立宣言》的影响。

但是，正如上文所言，这种源自海洋系的英美思想传统，与法国大陆系治理传统和现实存在着巨大的矛盾，由此导致了思想与现实的深度分裂，使得法国革命不断因为人们的失望而走向各种激进尝试。在历经君主立宪派、吉伦特派、雅各宾派、热月党人的轮番冲击之后，法国进入拿破仑帝制阶段。

1. 君主立宪派的统治

三级会议后，平民代表们在起义中夺取了巴黎市府政权，建立了国民自卫军。国王不得不表示屈服，承认制宪议会的合法地位。此时制宪议会实际上成为最高国家权力机关。在议会中，君主立宪派起主要作用。制宪议会通过法令，宣布废除君主专制制度，取消教会和贵族的特权，规定以赎买方式废除贡赋。1789年8月26日，制宪议会通过《人权宣言》，宣布"人们生来是而且始终是自由平等的"。10月，国王再次筹划利用雇佣军推翻制宪议会，失败后，王室被迫从凡尔赛宫迁到巴黎，制宪议会也随之迁来。巴黎出现一批革命团体，其中雅各宾俱乐部、科德利埃俱乐部在革命中发挥巨大作用。1790年6月，制宪议会废除了亲王、世袭贵族、封爵头衔，并且重新划分政区。成立大理院、最高法院，建立陪审制度。制宪议会还没收教会财产，宣布法国教会脱离罗马教皇统治而归国家管理，实现政教分离。1791年6月20日，路易十六乔装出逃失败，部分激进派领袖和民众要求废除王政，实行共和，但君主立宪派则主张维持现状，保留王政。7月16日，君主立宪派从雅各宾派中分裂出去，另组斐扬俱乐部。9月，制宪议会制定了一部主张"一切政权由全民产生"、三权分立的宪法，规定行政权属于国王，立法权属于立法议会，司法权属于各级法院。9月30日，制宪议会解散。10月1日，立法会议召开。法国成为君主立宪制国家。法国大革命引起周边国家不安，普鲁士、奥地利成立联军攻打法国。由于路易十六的王后、奥地利皇帝的妹妹玛丽·安东尼特泄露军事机密给联军，致使法国军队被打败，联军攻入法国。1792年7月11日，立法议会宣布祖国处于危急中，以无套裤汉（平民）为主体的巴黎人民再次掀起共和运动的高潮。雅各宾派领袖罗伯斯庇尔、马拉、丹东领导反君主制运动，于8月10日攻占国王住宅杜伊勒里宫，拘禁了国王、王后，打倒了波旁王朝，推翻了君主立宪派的统治。

2. 吉伦特派的统治

1792年8月10日巴黎人民起义后，吉伦特派取得政权。9月20日，法国军队在瓦尔密战役中打败外国干涉军。由普选产生的国民公会于9月21日开幕，9月22日成立了法兰西第一共和国。吉伦特派执政期间颁布法令，强迫贵族退还非法占有的公有土地，将没收的教会土地分小块出租或出售给农民，严厉打击拒绝对宪法宣誓的教士和逃亡贵族。1793年1月21日，国民公会经过审判以叛国罪处死路易十六。

吉伦特派当政以后，把主要力量用于反对雅各宾派和巴黎无套裤汉。从1792年秋季起，人们不满吉伦特派的温和政策，要求打击投机商人和限制物价，而吉伦特派却颁布法令予以镇压。同时，法国军队在 1792 年 10 月后已经打到国外，这引起了欧洲各国的担忧。1793 年 2 月，普鲁士、奥地利、西班牙、荷兰、萨丁尼亚、汉诺威、英国成立反法同盟，对法国进行武装干涉。然而吉伦特派无力抵抗外国军队，巴黎人民遂发动第三次起义，推翻了吉伦特派的统治，雅各宾派开始专政。

3. 雅各宾派专政

雅各宾派专政后，平定了吉伦特派在许多地区煽起的武装叛乱。1793 年，雅各宾派颁布多个土地法令，使大批农民得到土地，并发布了法国第一部共和制民主宪法，这部宪法由于战争未能实施，此外还改组并加强了作为临时政府机关的救国委员会。雅各宾派实行严厉的统治，处死了很多吉伦特派成员及其支持者，包括布里索、罗兰夫人、科黛，美国革命家托马斯·潘恩也被捕入狱。1793 年底至 1794 年初，雅各宾派将外国干涉军全部赶出国土，国内的叛乱也基本平息。1794 年 3—4 月，雅各宾派内部开始了激烈的斗争，使雅各宾派趋于孤立，人民也开始反对恐怖政策。同年 7 月，国民公会中反罗伯斯庇尔独裁的力量组成热月党，于 1794 年 7 月 27 日（法国新历共和二年热月九日）发动热月政变，推翻罗伯斯庇尔并将他斩首。

4. 热月党人的统治

1795 年 10 月镇压保王党战役后，热月党人根据新宪法于 10 月 26 日解散国民公会，成立新的政府机构——督政府。恐怖时期宣告结束，但政局仍然不稳。1796—1797 年，督政府派拿破仑·波拿巴远征意大利并取得重大胜利，军人势力开始抬头。1797 年立法机构选举时，许多王党分子当选。督政府为打击王党势力，宣布选举无效。1798 年立法机构选举时，雅各宾派的残余势力大批当选，督政府再次宣布选举无效。这种政策历史上称为"秋千政策"。1799 年英国组成第二次反法联盟，法国以西哀士为首的右翼势力要求借助军人力量控制局面。同年 11 月 9 日（共和八年雾月十八日），拿破仑·波拿巴发动"雾月政变"，结束了督政府的统治，建立起临时执政府，自任执政。法国大革命国内部分的激进高潮结束。

二、法国大革命：拿破仑阶段和拿破仑法典

拿破仑·波拿巴（1769—1821年），即拿破仑一世，出生于科西嘉岛，19世纪法国伟大的军事家、政治家，法兰西第一帝国的缔造者。历任法兰西第一共和国第一执政（1799—1804年），法兰西第一帝国皇帝（1804—1815年）。

拿破仑于1804年12月2日加冕称帝，把共和国变成帝国，在位期间称"法国人的皇帝"，也是历史上自查理三世后第二位享有此名号的法国皇帝。对内，他多次镇压反动势力的叛乱，颁布了《拿破仑法典》，完善了世界法律体系，奠定了西方资本主义国家的社会秩序；对外，他率军五破英、普、奥、俄等国组成的反法联盟，打赢五十余场大型战役，沉重地打击了欧洲各国的封建制度，捍卫了法国大革命的成果。他在法国执政期间多次对外扩张，发动了拿破仑战争，成为意大利国王、莱茵联邦的保护者、瑞士联邦的仲裁者、法兰西帝国殖民领主（包含各法国殖民地、荷兰殖民地、西班牙殖民地等），形成了庞大的拿破仑帝国体系，创造了一系列军政奇迹与短暂的辉煌成就。1810年，拿破仑迎娶奥地利公主玛丽·路易丝为妻，法奥结成同盟，法兰西第一帝国达到鼎盛时期。拿破仑成为欧洲霸主，成为与恺撒大帝、亚历山大大帝齐名的拿破仑大帝。

拿破仑无时无刻不在想着统治整个欧洲，欧洲大陆上只有俄国没有被他控制，而且拿破仑认为只有把俄国踩在脚下，才能征服英国。1812年5月，拿破仑率领使用12种语言的67万大军远征俄国，相继获得了斯摩棱斯克战役、瓦卢蒂诺战役、维捷布斯克战役的胜利。1812年9月7日，拿破仑率领法军获得了极为艰难且声势浩大的博罗季诺战役的战术胜利，但双方均损失惨重，俄军优秀指挥官巴格拉季昂亲王、火炮指挥官库来索夫战死。9月16日，拿破仑进入莫斯科，俄军司令库图佐夫、巴克莱等人力排众议，放弃首都，与沙皇亚历山大一世带着剩余的俄国高级将领和大部分居民进入俄国腹地，采取坚壁清野战术，拯救了俄军的有生力量。拿破仑本以为亚历山大一世会妥协，未料到迎接他的却是莫斯科全城的大火。同时，俄国的寒冬，成了拿破仑的最大障碍，由于法军物资补给不足且延滞、兵力分散，俄军迎来重大转机，库图佐夫以

逸待劳并趁机不断袭扰法军。在几个星期的灾难性对战中，本处于优势的法军不是战死就是冻死，最后回到法国的只有不到3万人。

自此之后，拿破仑虽仍有短暂的东山再起，但最终失败。1815年10月，拿破仑被流放到大西洋的圣赫勒拿岛，直至病死。

拿破仑代表的资产阶级革命进程虽然最终被欧洲封建势力联手绞杀，但其统治期间颁布的《拿破仑法典》影响深远，成为《人权宣言》之后最具代表性的资产阶级文本。

《拿破仑法典》原名是《法兰西共和国民法典》，是一部典型的资产阶级民事法典，分3篇，35章，2281条。法典于1804年推出，大多数条款拿破仑都亲自参与了讨论。据说，在召开的关于民法典制定的100多次会议中，拿破仑出席的就有90多次。《拿破仑法典》已不再单纯是一部法学作品，而是有着鲜明的时代和政治色彩。正因为拿破仑做出的突出贡献，《法国民法典》又被称为《拿破仑法典》。《拿破仑法典》包括刑法、刑事诉讼法、民法、民事诉讼法、宪法、商法，建立了比较完整的法制体系，构成了拿破仑时代乃至后来很长一段时间的法国六法体系。这些成文法典的制定极大地促进了当时乃至后来很长一段时间的法国法治社会的法律规范。《拿破仑法典》还包括物权、债权、婚姻、继承等法律，以及许许多多沿用至今的民法概念，是第一部把当时的基本原则、精髓完整传承到近现代社会的民法。1804年原版《民法典》（1807年后又称《拿破仑法典》）在法律上保障了新建立的小农土地所有制。其确保了私人财产所有权的神圣不可侵犯，确立了市场经济条件下的商品交易和价值秩序，进一步传播了法国资产阶级革命的胜利果实，维护了法国普通民众的基本人权。将《人权宣言》中关于财产权、名誉权等基本人权概念化、具体化，正因为如此，许多人认为《拿破仑法典》是法国大革命结束的一个重要标志和产物。《拿破仑法典》在拿破仑军队占领的国土上被强行实施，从而在历史上影响深远，欧洲资本主义国家的所有法律几乎都借鉴了这部法典。它规范了西方资本主义国家的社会秩序，代表了资产阶级的利益，体现了法国大革命的精髓。

总体而言，拿破仑征服欧洲的尝试及其最终失败，意味着法国所代表的大陆法理道路不能简单地承袭英美经验就能实现，而需要走另外一条以俄国为代表的"世界主义"道路。拿破仑之后的法国，就在这两条道路间不断地摇摆。一方面，英美经验在法国理性思维的加持和总结下成为《拿破仑法典》，并传播至整个欧洲；另一方面，法国革命开启了最初的无产阶级革命尝试——巴黎公社，并为马克思"世界主义"道路的成熟提供了经验基础。

只有在这个意义上，才能理解革命之后法国政体在帝国和共和国之间的不断摇摆，这是法国革命承上启下的历史地位决定的，可参如下历程。

① 波旁王朝（1589—1792 年，君主专制）；

② 法兰西第一共和国（1792—1804 年，共和制）；

③ 法兰西第一帝国（又称拿破仑帝国，1804—1814 年，帝制）；

④ 波旁王朝复辟（1815—1830 年，君主专制统治）；

⑤ 七月王朝（1830—1848 年，君主立宪制）；

⑥ 法兰西第二共和国（1848—1852 年）；

⑦ 法兰西第二帝国（1852—1870 年，专制统治）；

⑧ 法兰西第三共和国（1870—1940 年）；

⑨ 法兰西第四共和国（1945—1958 年）；

⑩ 法兰西第五共和国（1958 年至今）。

可见，法国所代表的大陆法理"世界主义"道路无法在法国和西欧单独实现，需要承袭整个亚欧大陆世界体系传统。法国只有在海洋法理道路和大陆法理道路达成平衡之后，才能获得长治久安。也只有在这个意义上，才能理解法国革命历史的某个阶段会开启作为无产阶级革命的"巴黎公社"的尝试。①

---

① 由此可见，无论是英国革命、美国革命还是法国革命，都并不仅仅只是所谓民族国家内部的资产阶级革命，而是民族国家世界文明体系运作的结果。英法对立的历史渊源，与新的"世界争霸"，激发了资产阶级走向新思想和新的世界主义道路的可能性。在法国革命中，表现出了美国革命的直接影响，以及法国革命必须面临的深层次困境。英国革命和美国革命是建立在自由平等的"世界主义"道路及各种资源支撑下才最终实现，而法国所代表的大陆系法理传统，与法国革命所秉持的"自由世界理念"并不能单独在法国实现。这种深度困境是法国革命越来越激进，最终走向"拿破仑"称帝，渐次拓展至欧洲，并内蕴着"无产阶级世界革命"道路的原因。

第三节　法国革命与巴黎公社：法国革命与无产阶级革命思想与实践的关系

一、法国革命开启第一次无产阶级革命尝试的内在原因

从法国的国家内部而言，带有无产阶级性质的巴黎公社革命具有某种偶然性，但是从民族国家世界体系的角度而言，法国革命介于英国革命和俄国革命之间的阶段，以及处于海洋法理道路和大陆法理道路之间的特色，使得其开启第一次无产阶级革命尝试具有某种历史必然性。

如前所述，拿破仑帝国的兴衰表明，法国资产阶级革命并不能单独在法国实现。在《拿破仑法典》所代表的资产阶级思想和制度深刻影响欧洲，并且不断深化欧洲资产阶级革命（如1848年革命）的同时，无产阶级革命思想也在欧洲大陆传播。

1848年革命是指欧洲各国爆发的一系列武装革命，反映了平民与贵族间的抗争，主要是欧洲平民与自由主义学者对抗君权独裁的武装革命。这一系列革命波及范围之广，影响程度之深，可以说是欧洲历史上最大规模的革命运动。第一场革命于1848年1月在意大利西西里爆发。随后的法国二月革命更是将革命浪潮推及几乎整个欧洲，仅俄国、西班牙和北欧少数国家未受影响。这一系列革命大多都迅速以失败告终。尽管如此，1848年革命还是造成了各国君主与贵族体制的动荡，并间接导致了德意志统一及意大利统一运动。

这次革命是欧洲社会经济和政治发展的必然结果。当时，一方面工业革命正在持续扩展，资本主义迅速崛起，欧洲开始进入大工业生产阶段，各国工业阶层的经济力量得到加强，但在政治上仍多处于无权的地位或初掌政权，自由主义和民族主义的浪潮也在欧洲持续高涨；另一方面，欧洲大部分国家还处在旧的君主专制的统治之下，或受到其他民族的压迫，维也纳会议在欧洲所确立的反动体系也还存在着。欧洲社会各方面的矛盾越来越尖锐，这样革命就无法避免了。

法国工业化在19世纪30年代以后突飞猛进，工人阶级兴起，社会

主义思想广泛流行。圣西蒙（Saint-Simon）、傅里叶（Fournier）、埃蒂耶纳·卡贝（Etienne Cabet）、路易·布朗（Louis Blanc）及蒲鲁东（Proudhon）皆是法国著名的社会主义者。他们成立民间组织，提倡社会主义及人道思想，希望政府加强保障国民的就业机会和老弱者的权益。这种思想直接激发了"主权在民"的观念，推进了对普选权的争取。社会主义和空想主义的宣传行动，为马克思主义的最终产生奠定了基础。巴黎公社就是在这些思想基础上出现在法国的无产阶级革命实验。

二、巴黎公社的意义

巴黎公社是在 1871 年 3 月 28 日到 5 月 28 日短暂地统治巴黎的自治政府，它是有史以来第一个工人阶级政府。

法国社会内部存在深刻的社会矛盾，工人阶级的组织性和觉悟大大提升，普法战争引起国内总体局势恶化，是巴黎无产阶级起义和巴黎公社诞生的条件。以拿破仑三世为首的统治集团摇摇欲坠，无力组织对普鲁士军队的抵抗，使国家处于民族危亡的边缘。1870 年 9 月 4 日，巴黎爆发了革命。第二帝国崩溃了，法国再次成为共和国。但是，资产阶级新政府却走上了卖国、向兵临巴黎城下的普鲁士军队投降的道路。1871 年 2 月 26 日，大资产阶级的走卒梯也尔政府签订了对法国极为苛刻的和约。

针对资产阶级的反人民的、投降的政策，充满爱国情绪的巴黎劳动群众提出了代表劳动人民的根本利益和法兰西民族希望的要求。根据劳动群众的要求（组织巴黎防御），在国民近卫军中央委员会指挥下，成立了国民近卫军共和联盟。被这些行动吓破了胆的梯也尔政府企图解除国民近卫军的武装。然而，被派往国民近卫军工人营驻地蒙马特勒、伯勒维尔和莱巴蒂尼奥勒等地的政府军队却转到了起义者一边。梯也尔政府及部分军队逃往凡尔赛。3 月 18 日晚，巴黎无产阶级同国民近卫军一起占领了政府机关。

1871 年 3 月 18 日的革命几乎是不流血的（这一天的伤亡人数不超过 30 人）。巴黎工人阶级欲完成革命，就既要实现从普鲁士的占领下解放法国这个全民族任务，又要实现从资本的统治下解放工人这个社会任务。国民近卫军中央委员会宣布自己是选出巴黎公社委员会（巴黎公社）之前的革命政权的临时机构，并向所有城市和国家机关委任了自己的代表（委员）。3月28日，巴黎公社宣告成立。4月19日，巴黎公社公布宣言《告法国人民书》，这是公社的纲领性文件，它阐述了消灭军国主义、剥削制度和各种特权的问题。巴黎公社的相关文献还表达了爱国主义和国际主义思想以及建立真正的民族联盟的设想。

巴黎公社是第一次无产阶级专政的政府尝试。许多著名的工人运动活动家——瓦尔兰、迪瓦尔、若阿纳尔、塞拉耶等，都是巴黎公社委员。巴黎公社的政权性质和活动特点，明显地表现在公社存在的短暂时期内所采取的措施中。公社取消了常备军，代之以武装的人民，宣布教会同国家分离，取消了牧师的薪俸，使国民教育摆脱宗教影响。为了消灭失业现象，公社于1871年4月16日颁布了关于恢复被业主遗弃的作坊的生产并将其转交给工人合作团体的法令，组织了生产子弹的作坊，取消了官吏的高薪并规定其薪额不得超过熟练工人的工资。公社的全部活动都具有旨在对社会进行革命改造的深刻的社会性，也具有国际意义。但是，在巴黎开始的革命并没有在全国取得胜利。里昂、圣艾蒂安、图卢兹、马赛、波尔多等城市的公社都被凡尔赛政府军队摧毁了。在主要是小佃农和无地雇农居住的涅夫勒省的三个地区以及其他农业地区，农民革命没有得到大规模发展，并于1871年4月被镇压。

在法国的中心存在着两个相互对抗的国家政权：以公社为代表的无产阶级政权和以凡尔赛反革命政府为代表的资产阶级政权。巴黎公社有成千上万人的军队，但缺乏军事建设和制订作战计划方面的经验。作为统治机关的巴黎公社是由各派代表组成的，它是无产阶级和小资产阶级党派的联盟。这导致公社成员在对政治纲领的理解和对实际问题的处理上出现严重分歧。公社领导间的持久辩论贻误了对反革命采取坚决行动的时机，导致主动权的丧失。

国民近卫军是巴黎公社武装力量的基础。为了加强巴黎防御，巴黎公社根据人民群众的要求，大大扩充了近卫军部队。在对资产阶级作战中，国民近卫军依托巴黎几个地区的防御工事和在起义中构筑的街垒，注意发挥火炮的巨大作用，组织起军队供给勤务和卫生工作。公社的军事组织具有国际性。在公社社员行列里同法兰西人并肩战斗的还有波兰人、匈牙利人、保加利亚人、意大利人等。用马克思的话说，巴黎公社奠定了无产阶级国际主义原理，后来全世界的革命者又发展了这些原理。梯也尔政府利用公社社员尚在踌躇之机，于5月中旬调动10万大军扑向巴黎。这支军队中的士兵主要是普鲁士统帅部为了加强反革命力量而释放的法国战俘（6万人）。当时，公社的国民近卫军不到5万人。国民近卫军被改编为两个集团军：第一集团军由东布罗夫斯基指挥，负责防守巴黎西部；第二集团军由弗鲁布莱夫斯基指挥，负责保卫城市南部。5月，两军连续激战，巴黎的劳动者死守阵地。但是，组织得更好、数量上占优势并得到普鲁士积极支持的梯也尔政府军队取得了胜利。反革命的残酷达到了空前的程度。梯也尔政府的士兵在巴黎街头杀死了3万名公社社员，3.6万多人被交付法庭审判。

列宁评价说，无产阶级"贬低了国内战争中纯军事行动的意义，没有向凡尔赛坚决进攻，以便在巴黎取得彻底的胜利，而是行动迟缓，使凡尔赛政府有时间纠集黑暗势力来准备五月的流血周"[①]。公社对工人阶级同农民结成联盟的重要性估计不足，无产阶级还不够成熟，组织性不强，受到小资产阶级思潮（尤其是蒲鲁东主义和新雅各宾主义）的消极影响，没有统一的领导力量——马克思主义革命政党。普鲁士军队和凡尔赛军队的封锁使巴黎断绝了同其他地区的联系。尽管有种种错误，巴黎公社依然是19世纪无产阶级革命运动最伟大的成就。列宁高度评价了巴黎公社的历史功绩，指出公社的活动提供了建立新型国家——无产阶级专政国家的范例。[②] 巴黎公社教导无产阶级"具体地提出了社会主义革命的任务"[③]，唤起了无产阶级对社会主义革命胜利的希望。马克思、恩格斯和列宁在自己的著作中深刻分析了巴黎公社的作战经验，这些经验对制订无产阶级军事组织的原则和解决保卫社会主义成果等问题方面起了很大作用。列宁写道："在当前的运动中，我们大家都依靠公社。"[④] 俄

---

① 列宁著，马克思恩格斯列宁斯大林著作编译局译：《列宁全集（第13卷）》，北京：人民出版社，1959年版，第454页。

② 列宁著，马克思恩格斯列宁斯大林著作编译局译：《列宁全集（第25卷）》，北京：人民出版社，1958年版，第405-406页。

③ 列宁著，马克思恩格斯列宁斯大林著作编译局译：《列宁全集（第13卷）》，北京：人民出版社，1959年版，第455页。

④ 列宁著，马克思恩格斯列宁斯大林著作编译局译：《列宁全集（第8卷）》，北京：人民出版社，1958年版，第181页。

国无产阶级注意到了巴黎公社的教训，特别注意到必须武装捍卫革命成果，在革命战争中必须实行进攻策略，在同敌人的斗争中必须坚决果断。

总体而言，马克思认为巴黎公社是对他的共产主义理论的一个有力证明。另外，从民族国家世界文明体系的视角而言，巴黎公社也是马克思"世界主义"道路中的一个必然的过渡阶段。在这个意义上，法国诞生第一个无产阶级革命政府具有某种历史和体系的必然性和传导性，正是以此为基础，俄国革命才能代表大陆法理道路的"世界主义"走向最终的成功。

本章小结

法国大革命蕴含着历史的深刻分裂——海洋法理世界主义道路与大陆法理世界主义道路的对立，后者并非起自欧洲大陆，而是亚欧大陆世界主义历史传统的沿袭和演变的结果，也正是在这个意义上，法国革命无法在法国这一单独的民族国家，甚至也无法在欧洲大陆彻底完成——必须在整个亚欧大陆世界文明体系——包括其转型之后的民族国家世界文明体系中才能最终实现。

这也是法国大革命之后，法国不断在帝国和共和国之间摇摆，在各种治理传统和模式中反复变动，并不断进行新的"革命"尝试，包括后来的"巴黎公社"等社会主义道路的尝试，并最终成为俄国革命道路实践来源的最终原因。

而法国作为一个共和制民族国家的最终确立，一直要等到二战之后，在资本主义和社会主义世界主义路线取得稳定平衡的格局下才得以完成。

第十章
民族国家世界文明体系的建立过程：
总体性视角下的俄国革命

如上一章所言,法国革命内含着亚欧大陆世界文明体系向民族国家世界文明体系转换的最大困境,即英美海洋法理传统在新教伦理个体主义基础上开创出的康德"世界主义"道路并不那么适用于法国及其背后的大陆法理。某种程度上,"法国大革命"真正需要解决的问题,是如何在欧洲大陆传统直至整个亚欧大陆传统的基础上寻找新的"世界主义"道路。

也正是在这个意义上,"法国大革命"之后的法国不断在帝国和共和国之间摇摆,并继续与周边大陆新兴民族国家,尤其是普鲁士(德国)和俄国等争夺欧洲大陆革命道路的主导地位。

一方面,英美道路已经取得了从思想到政治、经济的全面优势,英美的治理模式成为资本主义社会的主流;另一方面,英美道路的经验传入法国,与大陆理性传统融合,形成了资产阶级革命的最佳理论总结,即《人权宣言》。以此为基础,以法国为代表的各民族国家不断寻找符合欧洲大陆法理传统的"世界主义"道路,这才是欧洲大陆争战不断的内在动因——世界文明体系需要新时代的平衡模式。

事实上,大陆法理的代表性国家,无论是法国、俄国还是后来的德国,最终都没有走向英美模式。

只有理解了民族国家世界文明体系的运作是系统不断调整演进的结果,才能真正理解第一次世界大战,它由微小的事件引发并迅速撼动整个欧洲和世界,直至俄国革命成功和俄国选择退出才迎来重大转折。俄国革命的成功意味着大陆法理"世界主义"道路的最终成型。

第一节　马克思-列宁"世界主义"理论道路的诞生和发展

一、马克思主义中蕴含的"世界主义"道路

马克思"世界主义"理论道路的诞生,融合了英国古典政治经济学、英法空想社会主义和德国古典哲学的成就,是在欧洲革命运动和巴黎公

社等各种实践的基础上，进一步总结和发展启蒙思想的结果。

马克思主义，是马克思主义理论体系的简称，是关于全世界无产阶级和全人类彻底解放的学说。它由马克思主义哲学、马克思主义政治经济学和科学社会主义三大部分组成，是马克思、恩格斯在批判地继承和吸收人类关于自然科学、思维科学、社会科学优秀成果的基础上于19世纪40年代创立的，并在实践中不断地丰富、发展和完善的无产阶级思想的科学体系。

1848年《共产党宣言》的问世标志着马克思主义的诞生。其中马克思主义哲学主要包括辩证唯物论和唯物辩证法。马克思主义政治经济学主要揭示了剩余价值的规律。

马思科学社会主义则揭示了社会主义的世界道路，认为社会主义代替资本主义是社会生产力发展的要求和合乎规律的结果，推翻资本主义并实现社会主义是无产阶级的历史使命，反对资产阶级的阶级斗争和无产阶级革命是通往社会主义的必由之路。

从民族国家世界文明体系的视角而言，马克思主义以英法资产阶级革命和无产阶级斗争实践为基础，将卢梭的"人民主权"概念与剩余价值规律融合，发展出"人民民主专政"理论和开辟出无产阶级世界革命道路，并以此将"天赋人权，人人平等"等人类自由平等理念发展至社会主义革命阶段。

二、列宁主义的发展

列宁将马克思主义和俄国革命的具体实践相结合，提出首先在帝国主义薄弱环节通过无产阶级革命建立社会主义，并直接领导了其实践过程，形成了帝国主义和无产阶级革命时代的马克思主义——列宁主义。

"列宁主义"一词始见于1903年俄国社会民主工党第二次代表大会后。1924年，斯大林在《论列宁主义基础》一书中系统地论述了列宁主义，认为列宁主义是帝国主义和无产阶级革命时代的马克思主义。列宁在新的历史条件下对马克思主义发展所作的贡献是多方面的，他提出的新思想、新观点是很丰富的。

列宁特别强调了无产阶级革命和资产阶级革命的区别，并归纳如下：① 资产阶级革命通常是在资本主义结构初具形式时发生的，这种形式在公开革命以前就已在封建社会内部生长并成熟了,无产阶级革命却是在社会主义结构尚未成形时发生的。② 资产阶级革命的基本任务是夺取政权,并使政权适合于已有的资产阶级经济,无产阶级革命的基本任务却是在夺取政权以后建设新的社会主义经济。③ 资产阶级革命通常是以夺取政权的形式来完成的,但对于无产阶级革命来说,夺取政权只是革命的开始,并且政权是用作改造旧经济和组织新经济的杠杆。④ 资产阶级革命只限于以一个剥削集团代替另一个剥削集团,所以它无须摧毁旧的国家机器,无产阶级革命却要把一切剥削集团都从政权上推下去,并使全体被剥削劳动者的领导阶级即无产阶级去执掌政权,所以它不能不摧毁旧的国家机器而代之以新的国家机器。⑤ 资产阶级革命不能把千百万被剥削劳动群众长期地团结在资产阶级的周围,而无产阶级革命在巩固无产阶级政权并建成新的社会主义经济的过程中,是能够而且必须使被剥削劳动群众与无产阶级结成长期联盟的。

列宁还站在"世界主义"立场,对帝国主义时代的"一国胜利"和"其他国家胜利"的关系进行了深入分析。马克思主义创始人认为,社会主义革命将在发达资本主义国家同时发生,待社会主义制度建立后,经过一个过渡时期,国家会很快消亡。列宁把科学社会主义原则与帝国主义实际相结合,提出了一国胜利论,突破了马克思、恩格斯的发达国家共同胜利说,创新了社会主义革命路径理论。不同的资本主义国家在帝国主义环境内的发展不平衡性和跳跃性,帝国主义内部那些必然引起战争的灾难性矛盾,世界各国革命运动的增长——这一切都使无产阶级在个别国家内的胜利不仅是可能的,而且是必然的。社会主义可能在一个国家内胜利是什么意思呢?这就是可能用俄国内部力量来解决无产阶级和资产阶级间的矛盾,这就是在其他国家无产者的同情和支援下,但无须其他国家无产阶级革命的预先胜利,无产阶级可能夺得政权并利用这个政权在俄国建成完全的社会主义社会。否认这种可能就是不相信社会主义建设事业,就是离开列宁主义。没有其他国家革命的胜利,社会主义就不可能在一个国家内获得完全的最终胜利,这是什么意思呢?这就是说,没有几个国家革命的同时胜利,就不可能免除武装干涉从而不可能免除资产阶级制度复辟的危险。

总之,列宁在俄国革命实践经验的基础上,结合马克思主义的基本原理，提出了以"无产阶级政党领导的无产阶级专政"方式在"一国胜利"并推广到其他国家的"世界主义"道路，将马克思的理论推进到以"民族国家"为载体的具体实施阶段。这对社会主义世界革命产生了重大影响，不仅指引俄国人民建立了世界上第一个社会主义国家并取得社会主义建设的巨大成就，还鼓舞和推动了全世界一切被压迫阶级和一切被压迫民族争取解放的斗争。

某种程度上，马克思列宁主义的诞生和发展，是尊重俄国历史地位和民族国家世界文明体系及其大陆法理建构必然性的一种体现，是借助"民族国家"这一载体走马克思"世界主义"道路的经验和理论相结合的具体历史进程。当然，俄国革命同样脱胎于原有亚欧大陆世界体系，并不能一步前进到社会主义革命与建设阶段。事实上，俄国历史经历过多次道路选择，如向西欧学习，开展农奴改革和资产阶级性质的革命，但最终走上无产阶级革命和社会主义道路。

第二节　俄国革命：社会主义道路的选择和实践

作为民族国家世界文明体系"社会主义"道路的代表国家，俄国横跨亚欧大陆，兼具东欧和亚洲大陆法理的双重历史渊源。如前文所介绍的，"罗斯受洗"使俄国选择了东正教，而"金帐汗国"两百年的统治，又在俄国的治理传统中深深植下"大一统帝国"的烙印。

从全球史的角度而言，西罗马帝国灭亡之后的亚欧大陆上，渐次形成了以英、法、俄为代表的治理传统体系级差，即英国代表海洋法理，俄国代表大陆法理，而法国则在两者之间摆动。但是，从传统的亚欧大陆世界体系向民族国家世界文明体系转变的过程中，这种倾向并不是以绝对对立的姿态出现的，英国也有过强化君主权力的阶段，法国长期在帝国和共和国之间摇摆，俄国同样有向西欧学习并试图走资本主义道路的阶段。

具体而言，可以将俄国的革命道路分为三个不同历史阶段，不同的阶段呈现出不同的特色。早期寻找和引入资本主义革命道路；一战期间取得社会主义革命道路的突破；二战将社会主义革命道路推向民族国家世界文明体系，并最终成为世界性冷战格局的主要构成部分。

下面我们分别介绍不同阶段的历史进程。

一、早期寻找和引入资本主义革命道路

作为俄国前身的莫斯科大公国成立于1283年，后被金帐汗国统治。1480年，莫斯科公国脱离金帐汗国的管辖，开始向南、向东扩张。在西欧发现新大陆取得飞速发展后，同属欧洲王室婚姻体制的俄国也开始逐步向东吞并西伯利亚、向南获得波罗的海出海口，成为横跨亚欧大陆的大国。

彼得一世（1672—1725年）执政时期，作为俄国历史上最具改革精神的君王之一，他极力主张欧洲化，在科学技术、教育和社会风尚等方面学习西欧，希望走向海军强国路线。

彼得一世1682年即位，1689年亲政，1697年派遣使团前往西欧学习先进技术，本人则化名彼得·米哈伊洛夫下士随团出访，先后在荷兰的萨尔丹、阿姆斯特丹和英国的伦敦等地学习造船和航海技术，并聘请大批科技人员到俄国工作。回国后积极兴办工厂，发展贸易、文化、教育和科研事业，同时改革军事，建立欧洲化的正规编制的陆海军，继而发动战争。1721年，彼得一世在与瑞典进行大北方战争取得胜利后，被俄国元老院授予"全俄罗斯帝国皇帝"的头衔。彼得一世统治时期在政治、经济、军事和科技等领域进行的西化改革，使俄国成为欧洲大国之一。

在文化上，彼得一世大力引进西方的书籍和生活方式，下令全体臣民不得穿传统的长袍和留大胡子；规定贵族子弟到了一定年龄必须上学，否则不得继承爵位，并选派留学生去西欧学习。他还简化了俄文字母，引进西方历法，建立了俄国第一座图书馆、医院、剧院、博物馆、印刷所，还出版了第一份报纸，并亲自担任主编。

在政治上，彼得一世改革的目的是建立完整的中央集权统治。他剥夺贵族领主占据的杜马的职能，以参政院代之，下设11个委员会（实际上相当于西方国家的"部"）负责具体工作；罢黜大教长，代以宗教院，使教会成为国家政权的一部分；划分行政区域，将全国分为50个省。彼

得一世还颁布了一个"职级表",将文武官员分成14个不同的等级,所有的官员不管门第出身,都要从最低一级做起,靠功绩晋升。职级表的建立可以说是彼得一世改革相当大胆的措施,这直接打击了贵族的权力,象征着俄国社会的改变。比较高的等级在从前是世袭传承的,但职级表建立之后,哪怕是个平常老百姓,也可以因为辛勤的工作或高超的技艺而进入官僚体系,新一代的技术官僚迅速取代旧贵族,并取得人民的支持。这一套制度一直沿用到1917年俄国革命的时候。

在经济上,彼得一世为了应付大北方战争,需要汇集前所未见的经济资源,但巨大的财政赤字以及老旧的基础建设使国家无法在战时筹出那么多军费,彼得政府被经费问题压得喘不过气来,只好依赖国家垄断的具有战略意义的产业(如盐、酒、橡木以及焦油等)来输血。彼得一世还利用俄国的文化习俗来征税,例如在沐浴、垂钓、养蜂以及蓄胡方面征税,并征收纸制品的印花税,然而这些新税的征收效果并不理想。解决的方法是新增一个广义的人头税,这个税目被用来取代向有耕地的家庭征收的家庭税,每个农民被征收74戈比(kopeks,货币单位)的税金,而且必须以现金给付,这比之前的税制更显沉重。1680—1724年,国库的入账款项是以往的六倍之多,但"决不能由此得出结论:1724年压在农民肩上的税捐负担比1680年的要重三倍"。彼得一世在贸易方面采行保护主义,沉重的进口贸易关税让俄国的产品能够在有利的状况下销售出去。

在外交上,彼得一世改革的目的之一就是富国强兵,以打赢与瑞典的战争。早在去西欧考察期间,彼得一世就与丹麦、萨克森结成反瑞同盟。1700年,三国联合对瑞典宣战。但开始时战事不利,瑞典先以迅雷不及掩耳之势迫使丹麦退出,接着又在纳尔瓦打败俄军。彼得一世后来通过改革重整旗鼓,先后在1708年列斯纳亚战役和1709年波尔塔瓦战役中打败瑞典,尤其是波尔塔瓦一战对瑞军造成了毁灭性打击。1721年,俄瑞《尼斯塔德条约》签订,俄国夺得了梦寐以求的波罗的海东岸、芬兰湾、里加湾的大片土地,从而获得了出海口。彼得大帝的威名达到顶点。

但是,俄国毕竟是深具亚欧大陆法理传统的大国,国内90%以上的人口居住在农村,其中一半以上是农奴,并不具备成为"海洋强国"的实力和基础。彼得一世去世之后，俄国在向西欧学习的道路上持续摇摆，多次转向西欧资产阶级性质的改革，如废除农奴制度，开展斯托雷平土地改革等，但都没能彻底改变俄国的面貌，这些尝试最终都成为社会主义革命的铺垫。

俄国农奴制改革是俄国沙皇亚历山大二世推行的社会改革。从彼得一世开始西化尝试，直至19世纪中叶，俄国仍然保存着野蛮落后的农奴制。农民的人格和自尊心被无情地摧残，他们整天无偿地为地主劳动，甚至被作为物品来抵押债务。大量劳动力被束缚在庄园里，资本主义工业发展必需的劳动力缺乏来源，因此俄国的经济社会发展大大落后于西欧国家。农奴制改革使农奴成了"自由人"，为资本主义的发展提供了大量的自由劳动力，而且巨额的份地赎金为资本主义的发展积累了大量资金。俄国由此将彼得一世开启的资本主义化道路继续向前推进了一步，并为最终的社会主义革命奠定了自由工农的基础。

当时俄国还没有形成足以推翻农奴制度和专制制度的革命力量，废除农奴制的改革只能由沙皇政府自上而下推行。1860年10月拟出解放农奴法令草案，1861年3月3日（俄历2月19日），亚历山大二世批准废除农奴制度的"法令"和"宣言"。《关于脱离农奴依附关系的农民一般法令》规定，农民有人身自由和一般公民权，地主不能买卖和交换农民，农民有权拥有财产。在全部土地归地主所有的前提下，农民可以使用一定数量的份地，但必须向地主缴纳赎金（这种赎金大大超过了土地的实际价格）。农民在签订赎买契约之前还要为地主服劳役或缴纳代役租。当农民使用的份地超过法令规定的数额时，或者分给农民份地以后，地主剩下的好地不到全部土地的1/3时，地主有权向农民割地，即剥夺农民原种地的1/5～2/5。为管理改革后的农民，沙皇政府设置了由地方贵族控制的村社和乡组织，并建立了监督农民的连保制度，农民仍旧归村社管理。

农民要求的是无偿获得全部土地，并从地主的权力下完全解放出来，但1861年改革没有满足农民的要求。"宣言"和"法令"公布后，农民暴动和起义仅1861—1863年就发生了约2000次。列宁指出，农奴制改革是由农奴主实行的资产阶级改革。改革后，俄国仍保存了大量的农奴制残余，作为封建农奴制经济基础的地主土地所有制没有被消灭，少数地主贵族仍然霸占着大量土地，而占绝大多数人口的农民却只占有很少土地。1861年改革为资本主义的发展创造了有利条件，由于农民摆脱了对地主的人身依附，因此大批自由雇佣劳动力出现了，资本主义工业获得迅速发展，由地主主导的徭役经济逐步向资本主义经济过渡。继农奴制改革之后，沙皇政府还先后进行了地方机构、市政、司法、军事等一系列欧美资产阶级性质的改革，俄国从农奴制社会逐步过渡到资本主义社会。

在一定程度上，90％以上的农村人口和农村村社制度，代表着俄国自斯拉夫人以来的历史传统，也是其最终选择东正教治理模式并接纳"金帐汗国"统治的大陆法理基础。虽然自彼得一世以来，俄国积极向西欧学习资本主义道路，但没有真正让农民获得土地成为有产的"自由人"，反而为社会主义革命准备了无产阶级和工人阶级领导者。尤其是斯托雷平土地改革，最终拆毁了俄国农村的"村社"制度，让整个国家的治理基础处于极度脆弱的状态，无产阶级革命风雨欲来。

事实上，自1861年自上而下的农奴制改革之后，俄国的资本主义发展一直举步维艰，国内各种矛盾不断。1905—1907年间，一连串范围广泛，以反政府为目的或根本没有特定目的的社会动乱事件，诸如恐怖攻击、罢工、暴动等，在俄国境内发生。这场革命没有组织，也没有单一原因，主要源于人民对几十年的国家动乱和罗曼诺夫王朝的不满。俄国国内改革不力以及少数民族要求解放也是起因之一，而沙皇指挥不力导致军队在日俄战争中惨败是最直接的导火线。虽然各地的革命最后选择了妥协或被镇压，但俄国国内的改革步调在持续加快。

斯托雷平土地改革就是在这个基础上，希望以激进方式开展的资产阶级性质的土地改革，由俄国首相彼得·阿尔卡季耶维奇·斯托雷平于1906—1911年在任期间推行，旨在摧毁村社制度，扶植富农经济。

在大动荡的背景下，斯托雷平被任命为总理大臣。他声称在"一个人病危的时候就要进行以毒攻毒的治疗"，对恐怖分子的血腥暴力行为，绝对不能姑息。针对农民挑起的"分家不公"的诉求和反抗，斯托雷平毫不手软地予以镇压，绞死或者流放了数千名暴乱者，因此人们用"斯托雷平的领带"来指代绞索。当第二届国家杜马不通过土地改革措施的时候，他策划"六三政变"，直接驱逐了国家杜马议员，并将65个代表逮捕后流放到西伯利亚。他谈论道:"他们(议员)需要大动荡,我们需要大俄罗斯!""宪政、人权并不能带来秩序,铁腕手段才是解决之道。"他还把选举权的门槛提高,仅仅限制于富人和贵族群体中,认为"只有这样,才能帮助那些穷光蛋逃避那些他们并不真正想做的事情",政治上的稳定才有可能。他拒绝向追求宪政的自由派妥协,而代之以省和县行政机构的改革,来加强政府的权威,打击地方自治领袖。斯托雷平在1909年10月1日,对《伏尔加报》说道:"给国家20年的安定,俄国会变得你们辨认不出来。"

为维护地主资产阶级的利益,发展农村中的资本主义,以及防止革命,斯托雷平制定了新的土地政策。1906年11月22日,公布了《关于对农民土地占有和土地使用现行法若干补充规定》的法令,准许农民退出村社。每个农民可以取得村社的份地作为私产,并允许出卖。村社拨给退社农民的土地必须在一个地段内,使之可以成为独立田庄或独家农场。政府通过农民银行贷款给富裕农民,作为购买土地和建立农场之用。这个法令经过修改和补充,分别在国家杜马和国务会议获得通过,并于1910年6月27日由沙皇签署,成为正式法律。1911年6月11日,他又公布《土地规划条例》,规定:份地不论是否预先确定为私产,凡是实行土地规划的地方,都自动变为私产。1906—1915年,有200余万户农民退出村社。其中大多数退社贫苦农民由于缺乏农具和资金,不得不把土地以低价出卖给富农。斯托雷平还广泛实行移民政策,把不满沙皇统治的农民迁往西伯利亚等边远地区。自1906年至1910年的5年间,共迁出了250万人。斯托雷平的土地改革,破坏了传统的村社土地公有制,加速了农民的分化,在一定程度上促进了农村资本主义的发展。但是,农奴制残余依然存在,农村阶级矛盾更加激化,客观上为1917年推翻罗曼诺夫王朝的革命奠定了基础。

综上所述,俄国是横跨亚欧大陆的国家,兼具亚欧大陆治理特色,但以村社为根本的大陆法理占绝对统治地位。在向民族国家世界文明体系转换的过程中,俄国统治阶级上层曾极力向西欧海洋法理和资本主义性质革命道路靠拢,但各种激进的资产阶级性质革命,只是为社会主义革命的最终成功奠定了基础。

二、一战期间取得社会主义革命道路的突破:"一国胜利"阶段

如上文所言,在深厚的大陆法理背景下,俄国寻找和学习资产阶级革命道路的过程,事实上激化了国内的各种矛盾。在资产阶级力量壮大的过程中,无产阶级尤其是工人阶级也日益壮大,诞生了工人阶级政党——布尔什维克,也培养出了一批杰出的无产阶级革命家,列宁即是其中的典型代表。正是在列宁和布尔什维克(苏联共产党)的领导下,才有俄国十月革命的胜利。

俄国十月革命,又称红色十月、十月起义、彼得格勒武装起义或布尔什维克革命,是俄国工人阶级在共产党领导下联合贫农所完成的伟大的社会主义革命,是 1917 年俄国革命中第二个重要阶段。1917 年 11 月 7 日,以弗拉基米尔·伊里奇·列宁为领导的苏联共产党武装力量向资产阶级临时政府所在地圣彼得堡冬宫发起总攻,推翻了临时政府,建立了苏维埃政权。十月革命建立了人类历史上第二个无产阶级政权(第一个是巴黎公社)和由马克思主义政党领导的第一个社会主义国家——俄罗斯苏维埃联邦社会主义共和国(简称苏俄)。十月革命的胜利开创了人类历史的新纪元,通过率先在"一国获得社会主义革命胜利的方式",为世界各国无产阶级革命、殖民地和半殖民地的民族解放运动开辟了胜利前进的社会主义道路。

十月革命当然不是一蹴而就的,而是在前述各种并不成功的改革的基础上,由布尔什维克领导无产阶级进行反抗的结果。

如前所述,1905 年,工人阶级和其他被压迫民众掀起了莫斯科起义,起义持续 9 天并且引起了其他地方的暴动与起义。虽然起义最终因遭到血腥镇压而失败,但这标志着沙皇的专制统治再也难以维系下去了。此后,武装斗争没有因为起义失败而停止,而是四处都发动起来了。

1905 年后,革命转入低潮期,革命派内产生了左倾机会主义的召回派与右倾机会主义的取消派(经验批判主义、普列汉诺夫),前者要求召回党团,只进行非法斗争,后者要求取消非法斗争,只进行合法的斗争。列宁等布尔什维克党员对这两种思潮进行了坚决的斗争。列宁认为,由于革命已真正转入低潮,因而抵制政策是错误的。

1907 年后,布尔什维克暂停了武装斗争。尽管暂停了武装斗争,但

是布尔什维克没有放弃暴力革命的准备,而是将任何一个可作宣传的地方都作为宣传社会主义思想、提高工人革命觉悟的战斗舞台。

这一时期,彼得·斯托雷平上台执政,政治上依靠铁腕政策维护沙皇专制,残酷镇压自由主义者和社会主义者,经济上实行寡头资本主义政策,推行土地私有化改革,实现了俄国经济的高速增长,但由于其掠夺性私有化改革的极端不公正,底层民众并没有从经济的发展中获利太多,反而有相当一部分农民的私有财产遭受损害,社会不满度急剧上升。

由于当时俄国皇后亚历山德拉·费奥多罗芙娜是德国人(黑森和莱茵大公国阿历克丝郡主),战争期间曾向前线发了一封电报要求皇帝宣布停战,加上皇后派中坚人物拉斯普京也在1914年极力反对俄国同德国开战,结果俄国参与第一次世界大战后遭遇了对德的一系列军事失败,这使皇后派被国内各方指控为德国间谍,并被称为荡妇(实际上二者都无确凿证据)。这导致罗曼诺夫皇室成为众矢之的,彻底摧毁了沙皇"小父亲"的形象,而这个形象已在俄国百姓的心目中保持了几百年。1916年12月29日,拉斯普京被暗杀,暗杀者包括费利克斯·尤苏波夫亲王、皇族成员德米特里·巴甫洛维奇·罗曼诺夫大公、俄国杜马右翼议员普利什凯维奇、尤苏波夫的密友苏霍金大尉等。这场暗杀事件使俄国国内各方矛盾变得表面化。1917年初,拉斯普京死亡不到一个月,社会民主工党率先在首都彼得格勒策划了反帝国主义战争示威运动,要求停止战争,运动接着扩展到莫斯科、巴库等大城市,获得了反战者的支持。同年3月8日,彼得格勒爆发二月革命,沙皇尼古拉二世下台,罗曼诺夫王朝灭亡,俄国政权瓦解。

二月革命后,俄国存在着三股主要的政治力量:第一股是以立宪民主党为政治代表的资产阶级,第二股是由几个小资产阶级政党控制的苏维埃,第三股是以布尔什维克为首的几个较小的革命派社会主义政党。十月革命随即进入战略相持阶段。

1917年7月4日,在布尔什维克的领导下,人们喊出"一切权力归苏维埃"的口号,大量彼得格勒工兵参加了游行。当日下午,临时政府对游行队伍进行了镇压,宣布首都戒严,解除工人武装,关闭《真理报》并通缉列宁。这就是著名的"七月事变"。

"七月事变"把小资产阶级推向了无产阶级。资产阶级为保权,调和矛盾，推举小资政党社党人克伦斯基出任总理，但无力解决群众强烈要求的"和平、土地和面包"等一系列严重问题。

以此为基础，无产阶级十月革命的契机已经成熟。1917年11月6日夜里，伟大的俄国十月社会主义革命爆发了。这天，列宁秘密来到起义总指挥部——斯莫尔尼宫，亲自领导武装起义。从1917年11月6日夜间到7日上午，20多万革命士兵和起义工人迅速占领彼得格勒的各个战略要地。11月7日晚上9时，列宁领导赤卫队员、士兵和民众包围了临时政府的所在地——冬宫，并于次日凌晨两点实现占领。

在攻打冬宫的隆隆炮声中，全俄罗斯第二次苏维埃代表大会在斯莫尔尼宫开幕，大会首先通过了列宁起草的《告工人、士兵和农民书》，宣告临时政府已被推翻，一切权力归苏维埃。1917年11月8日，代表大会通过了列宁起草的《和平法令》和《土地法令》。《和平法令》揭露了帝国主义掠夺性战争的面目，反映了广大劳动人民迫切希望和平的愿望，建议一切交战国立即进行谈判，缔结不割地不赔款的和约。《土地法令》规定立即废除地主土地所有制，全部土地收归国有，交给劳动农民使用。代表大会还选举成立了世界上第一个工农兵苏维埃政府——人民委员会，列宁当选为人民委员会主席。人民委员会下设各部，执行无产阶级国家的各种职能。斯大林当选为民族事务人民委员，托洛茨基当选为外交事务人民委员。列宁彻夜工作，写出了《土地法》。11月9日清晨，大会胜利闭幕，宣告了世界上第一个无产阶级专政国家的成立。

布尔什维克夺得政权后，俄国革命由革命力量与反革命力量的战略相持阶段转为革命力量的战略反攻阶段。

在苏共的领导下，苏俄经过三年艰苦的国内战争，粉碎了帝国主义的武装干涉和国内反对力量的武装叛乱，保卫了苏维埃政权。1922年12月30日，苏维埃社会主义共和国联盟正式成立。

由于列宁承诺会在革命后为人民带来和平，十月革命后，俄国退出了第一次世界大战，沙皇尼古拉二世在此次革命后被枪决，第一个宣称实现了"无产阶级领导"的社会主义国家由此诞生。马克思列宁主义在世界上产生了更广泛的影响，传统资本主义世界受到极大的冲击。十月革命是20世纪国际共产主义运动的序幕，推进了社会主义运动在全球范围的扩张，许多殖民地或半殖民地的解放运动也因此得到了更多支持。

从民族国家世界文明体系的视角而言，十月革命的成功，意味着康德"世界主义"道路之外，马克思"世界主义"道路最终成型，并逐渐扩散到社会主义阵营，形成新的世界文明体系的平衡。

三、二战前后社会主义革命道路的发展

事实上，在十月革命之前，随着马克思主义在欧洲的传播，以及工人革命运动的不断兴起，曾经出现过无产阶级联合的组织"第一国际"和"第二国际"，只是他们没有列宁直接组织和领导的"第三国际"影响深远。

第一国际，即国际工人协会，是1864年建立的国际工人联合组织。马克思是创始人之一和实际上的领袖。第一国际是在19世纪50年代末60年代初欧洲工人运动和民主运动高涨的形势下产生的。1848年革命后，欧洲资本主义飞速发展，资本主义世界市场形成，资本主义国家间的联系越来越具有国际性质。与此同时，全世界劳动人民遭受的压迫日益深重，无产阶级和被压迫人民的反抗斗争不断高涨。反压迫反剥削的斗争实践使各国无产阶级认识到，他们有着共同的利益和共同的敌人，而以往分散的斗争常常使他们遭到失败，无产阶级必须在国际范围内联合起来，用无产阶级的国际团结去对抗资产阶级的国际联合。这种国际主义意识促进了国际工人协会的产生。1871年，第一国际法国支部参加并领导了巴黎公社运动，但是随着巴黎公社的失败，组织日渐衰弱，1876年正式宣布解散。

第二国际成立于1889年。这年7月14日，第二国际在巴黎召开了第一次大会，通过了《劳工法案》及《五一节案》，决定以同盟罢工作为工人斗争的武器。第一次世界大战爆发后，第二国际宣告解散，其后伯尔尼国际作为重建的第二国际成立并作为实体运作。第二国际影响较大的举措是宣布每年的5月1日为国际劳动节，宣布每年的3月8日为国际妇女节，并开创了八小时工作制运动。

第三国际又名共产国际，由列宁领导创建，存在于1919—1943年，总部位于莫斯科。第三国际为自己规定的任务是团结工人阶级和劳动群众，推翻资本主义和帝国主义统治，确立世界范围的无产阶级专政，建立世界苏维埃社会主义共和国联盟，彻底消灭阶级，实现社会主义和共

产主义。第三国际把马克思列宁主义作为自己的理论基础，以民主集中制为组织原则。成员最多时包括70多个国家和地区的共产党组织、400多万党员，召开过7次代表大会、13次执行委员会全体会议。十月革命的胜利，促进了各国共产党的建立，客观上要求建立新的国际组织。1919年3月2日在莫斯科召开了国际共产主义代表会议，有来自21个国家的35个政党和团体的52名代表参加。大会通过了《告国际无产阶级宣言》《共产国际行动纲领》《关于资产阶级民主和无产阶级专政的提纲》等文件，宣告第三国际成立。1943年5月15日，共产国际执行委员会主席团作出《关于提议解散共产国际的决定》，并于5月25日公开宣布《解散共产国际的决议》，声言这是为了适应反法西斯战争的形势，便于各国共产党独立处理问题。1943年5月26日，苏共中央发表决定，完全同意解散共产国际。

第三国际解散，并不意味着社会主义阵营的消失。事实上，苏联领导的社会主义阵营，是民族国家世界文明体系的重要组成部分。在二战期间，社会主义阵营与资本主义阵营合作进行了世界反法西斯战争，保护了人类文明的重要成果。二战之后，以苏联为首的社会主义阵营与以美国为首的资本主义阵营之间的长期对峙，构成了冷战时期的主要内容。①

本章小结

俄国革命具有与法国革命相同的大陆法理基因。法国大革命曾面临海洋和大陆法理传统构成的困局，在帝国和共和国之间摇摆，这实际上意味着，当英美"世界主义"道路逐渐成形时，大陆法理传统必须寻找

---

① 社会主义阵营，是指二战后，以苏联为首的由十几个社会主义国家组成的横跨亚欧大陆的阵营。1949年，社会主义阵营包括欧洲东部的苏联、波兰、民主德国、捷克斯洛伐克、匈牙利、罗马尼亚、保加利亚、阿尔巴尼亚、南斯拉夫和亚洲东部的中国、蒙古国、朝鲜、越南共13个社会主义国家。南斯拉夫虽然也是社会主义国家，但因为和苏联有矛盾，1950年后被苏联逐出社会主义阵营。1955年，南斯拉夫和苏联实现国家关系正常化，但南斯拉夫并没有重新加入社会主义阵营。后期越南、南也门、古巴、安哥拉、埃塞俄比亚等国也加入社会主义阵营。20世纪60年代，由于中苏论战，社会主义阵营实际上已不复存在。至苏联解体、东欧剧变，阵营宣告瓦解。

新的"世界主义"道路。这种对"革命路径"的依赖，推动了欧洲大陆开启新的"社会主义"道路，并在二战前后取得资本主义世界和社会主义世界的秩序平衡。

依循这种指向马克思"世界主义"的历史路径，俄国的革命道路在不同的阶段呈现出不同的特色：早期寻找和引入资本主义革命道路，一战期间取得社会主义革命道路的突破，二战将社会主义革命道路推向民族国家世界文明体系，并最终成为世界性"冷战格局"的主要构成部分。

其中，十月革命建立了人类历史上第二个无产阶级政权和由马克思主义政党领导的第一个社会主义国家——俄罗斯苏维埃联邦社会主义共和国，并通过一系列社会主义政策和模式，在短期内迅速完成工业化，一改老牌工业化国家动辄几十年甚至上百年的工业化进程，取得了巨大的制度优势。

十月革命的胜利开创了人类历史的新纪元。事实上，如果将一战看作欧洲大陆寻找民族国家体系下大陆法理传统的世界文明道路可能的总体性尝试，则十月革命的胜利意味着民族国家世界文明体系中社会主义道路的最终形成。由此，法国大革命直至俄国革命所肩负的大陆法理传统世界主义道路成为现实。

而社会主义与资本主义道路冷战平衡格局的出现，需要应对"德国法西斯道路"的挑战，这成为俄国革命道路第三个阶段即"社会主义"世界道路拓展深化以及民族国家世界文明体系取得平衡的阶段必须完成的任务。

第十一章
民族国家世界文明体系的建立过程：
总体性视角下的德国（法西斯）道路

如前所述，英美革命和法俄革命内含着民族国家世界文明体系海洋法理与大陆法理道路的对立统一，资产阶级和无产阶级"世界主义"文明道路发展到工业社会的相对平衡状态。德国（法西斯）道路，则试图以民族国家的某种极端方式打破这种世界文明体系的平衡，建立种族国家和法西斯主义的世界霸权，但最终被资本主义文明集团和社会主义文明集团联合打败。

从民族国家世界文明体系的视角出发可以发现，当以英美为代表的海洋法理道路和以俄国为代表的大陆法理道路确立之后，后起的民族国家仍然希望以民族国家认同为基础构造新的世界秩序，但却走上了法西斯主义霸权道路。某种程度上，德意志、意大利和西班牙地区，正是早期宗教改革、文艺复兴和地理大发现的发源地，均处于西欧大陆相对边缘的地带，它们于20世纪试图再次以民族国家为载体构造新的世界秩序，却走向了霸权主义和法西斯道路，其中缘由值得深思。

第一节　德国的民族国家之路

一、德国作为民族国家的统一之路

如前所述，德国的前身是查理曼帝国分裂之后的东法兰克王国，与法兰西、意大利同属于西欧大陆国家。在"既不神圣，也不罗马，也非帝国"的神圣罗马帝国时期，德国的分裂程度非常严重，在这片土地上甚至同时存在过1000多个独立的政权。直到19世纪中期，德国依然是由30多个邦国组成的松散的联合体，但也正是这种松散的权力结构和统一性的教权之间的巨大张力，使得宗教改革成为可能。

1517年，马丁·路德为反对赎罪券买卖发表了《九十五条论纲》，发起宗教改革运动。1519年，神圣罗马帝国哈布斯堡家族的查理五世即位，他不仅要对抗奥斯曼土耳其帝国，还要应对与法国及教宗的长期战争，此时无力阻止宗教改革，德国慢慢形成了新教和天主教领主势力对立的局面。而哈布斯堡王朝横跨西欧的各种权力关联，使得三十年战争成为欧洲新格局的起点。在这个意义上，意大利文艺复兴、德国宗教改革所带来的观念转变，以及葡萄牙、西班牙地理大发现输入的资源，引发了西欧权力格局的变动。虽然这时的主要冲突名义上是以新教和天主教的对立为主，但实际上也包括世俗化权力体制的重新调整。如前文所述，三十年战争之后，神圣罗马帝国哈布斯堡王朝彻底衰落，法国、瑞典等民族国家兴起，而威斯特伐利亚体系重构了以民族国家为主体的竞争局面。

在西欧哈布斯堡王朝体系崩解、威斯特伐利亚体系确立并逐渐发展为民族国家世界文明体系的过程中，英法争霸是海洋法理和大陆法理路线对立的集中体现。因此不难理解，1756—1763年发生的七年战争，欧洲主要强国均有参与，其影响覆盖欧洲、北美洲、中美洲、西非海岸、印度以及菲律宾。普鲁士与英国建立了联盟，法国和奥地利缔结了同盟关系。英普联盟日后又陆续有德意志小邦（特别是汉诺威）和葡萄牙参与进来，而法奥同盟则进一步囊括了瑞典、萨克森以及西班牙。俄国起初与奥地利同盟，但在1762年沙皇彼得三世即位后改变了立场，选择同瑞典一样与普鲁士单独缔结和约。1763年，以英国、普鲁士为首的国家战胜，各方签订《巴黎和约》和《胡贝尔图斯堡和约》，宣告战争结束。

神圣罗马帝国在1806年灭亡后，德意志邦联在1815年成立，其中以普鲁士和奥地利最为强大。普鲁士和奥地利都想由自己领导德国统一，后来普鲁士渐渐取得领导权。1834年，普鲁士在德意志地区建立了德意志关税同盟，除奥地利和汉堡外，全部德意志邦国都加入了该同盟。

1861年，威廉一世即位，不久任命俾斯麦为首相。大刀阔斧地开展军事改革。俾斯麦出任首相，标志着德国统一的开始。1862年9月26日，俾斯麦在下院首次演讲中坚定地说道："当代的重大问题并非通过演说和多数派决议就能解决的，而是要用铁和血来解决。"从此俾斯麦就被冠上了"铁血宰相"的绰号。俾斯麦代表容克地主贵族和大资产阶级利益，竭力主张以强权和武力统一德国，先后策划发动普丹、普奥、普法战争，消灭了阻碍德国统一的势力，完成了德国统一（德意志第二帝国），并从法国获得阿尔萨斯和洛林两地及50亿法郎的战争赔款。俾斯麦针对阻碍德国统一的国内外势力而采取的武力统一德国的"铁血政策",是实现德国统一的强有力的手段。

可见,历史上的德国并无所谓"民族国家"传统,德国的统一本就是在民族国家世界文明体系的运作下,尤其是在英法争霸的背景下,依靠强权和武力凝聚起来的国家,其民族和国家认同都起源较晚。

二、德国在民族国家世界文明体系中寻找自身定位与两次世界大战的爆发

作为一个晚起的民族国家,德国需要在民族国家世界文明体系中找到自身的立足之地。俾斯麦出于现实政治的考虑,认为德国的利益重心在欧洲大陆而不在海外殖民,其策略是拉拢英国,联合奥匈帝国,以孤立和削弱法国并抑制俄国。但是,在民族国家世界文明体系之中,英国代表海洋法理道路,法国(俄国)代表大陆法理道路,俾斯麦的这种大陆政策事实上很难找到突破口,也很难帮助德国成为大陆强国。因此,1890年,俾斯麦被迫向新即位的德皇威廉二世辞职,"大陆政策"让位于威廉二世的"世界政策"。所谓"世界政策",就是认为德国殖民地太少,原料产地及商品市场不足,要求重新划分全球的势力范围,建立新的世界体系秩序。这不可避免地触犯了老牌殖民大国——英国和法国双方的各自利益,也正是在这个背景下,德国主导发动了第一次世界大战。

第一次世界大战主要是同盟国和协约国之间的战斗。德意志帝国、奥匈帝国、奥斯曼帝国、保加利亚王国属于同盟国阵营;大英帝国、法兰西第三共和国、俄罗斯帝国、意大利王国、美利坚合众国、塞尔维亚王国、比利时王国、罗马尼亚王国和希腊王国等则属于协约国阵营。这场战争是欧洲历史上破坏性最强的战争之一,大约有6500万人参战,1000多万人丧生,2000多万人受伤,造成了严重的经济损失。

协约国和同盟国于1918年11月11日宣布停火,经过巴黎和会长达6个月的谈判后,于1919年6月28日在巴黎的凡尔赛宫签署条约,这标志着第一次世界大战正式结束。

《凡尔赛条约》将发动战争的责任悉数推给德国,从而对德国实行条件极为严苛的经济与军事制裁,德国失去了13%的国土和12%的人口,

还被解除武装，德国陆军被控制在10万人以下，且不许拥有空军。德国虽然在一战中战败，但元气并未受到过大的伤害，工业体系依然保存完整，本土也未受到战火的波及。《凡尔赛条约》过多考虑战胜国的利益分配，完全没有考虑战败国自身的利益，加上条约的空前苛刻和掠夺本质，造成德国货币疯狂贬值，使得德国国民对强加给他们的条约有极强的抵触和反感情绪，因而引发了德国民众强烈的民族复仇主义情绪。德国人为摆脱《凡尔赛条约》的桎梏，各派政治势力、各种政治思想在德国你争我夺，十分激烈。在种种因素的配合下，希特勒最终取得了德国的领导权，德国随后走上了法西斯道路。

第二次世界大战亦称世界反法西斯战争，对立的双方主要是以德意志第三帝国、意大利王国、日本帝国三个法西斯轴心国及仆从国与反法西斯同盟。

事实上，德国能够在一战结束后30年左右再次策动世界大战，一个重要原因是英法早期实行"绥靖政策"，希望祸水东引，借助德国对抗一战后迅速壮大的苏联阵营。但事与愿违，德军于1939年9月1日向波兰发动进攻。随后英、法对德宣战，世界大战全面爆发。苏联建立"东方战线"，英法开展"静坐战"。德国进攻法国后，英法联军被迫从敦刻尔克撤退。法国沦陷后，戴高乐继续开展对德斗争。德国按照"海狮计划"进攻英国，展开不列颠之战。后期，德国才按照巴巴罗萨计划发动侵苏战争。日本偷袭珍珠港后，美对日宣战。1942年，反法西斯国家通过《联合国家宣言》以加强团结。1943年，斯大林格勒战役中德国战败，成为重要转折点。同年9月8日，意大利投降。1945年5月8日，德国投降；8月15日，日本投降。战争最后以世界反法西斯同盟战胜法西斯告终——以德国为首的法西斯同盟被资本主义和社会主义文明体系联手击败。

综合分析德国作为一个民族国家的成长史，可以发现其受到世界文明体系化的巨大影响。神圣罗马帝国时期的德意志地区四分五裂，从属于哈布斯堡王朝，在民族国家西欧体系建立之后，被裹挟进英法民族国家的世界争霸中。随后普鲁士和奥地利等邦国逐渐发展起来，成为德国作为民族国家兴起的基础。在英法世界争霸的影响和压力下，德国只能以强权与武力实现统一，并在扩张过程中不断与其他国家展开竞争。从俾斯麦的"大陆政策"到威廉二世的"世界政策"，从一战主要与英法展开竞争到二战走上法西斯道路，无不体现着民族国家世界文明体系化的影响。

对以德国为主导的法西斯道路的分析，也只有以此为背景才能相对明晰。

第二节　法西斯主义的起源和发展

一、法西斯主义的起源：西欧后起民族国家的选择

事实上，法西斯主义最早的起源地是意大利。

法西斯原指中间插着一把斧头的"束棒"，为古罗马执政官的权力标志，后来象征强权、暴力、恐怖统治，是资本主义国家的极端独裁形式。奉行独裁统治的意大利法西斯党便用"束棒"图案作为该党的标志。法西斯在一战和二战期间成为一种迅速发展的极端专制主义政治运动，在二战期间蔓延大半个欧洲。1922—1943年墨索里尼统治下的意大利，1933—1945年希特勒统治下的德国等，其专制统治都是法西斯。[①]

古罗马时期，意大利通过对外扩张成为横跨欧亚非的庞大帝国，这对意大利产生了极其深远的影响。它激发了意大利人的"爱国主义精神"，致力于团结奋斗实现国家统一，同时也煽动起他们的"好战情绪"。有着恺撒情结的墨索里尼利用意大利民族主义这种积极效应与消极效应并存的因素，在20世纪20年代选择用"法西斯"这个古罗马的名字命名自己的党派，其习俗礼仪全部沿袭古罗马遗风，他们以黑衫做制服，以古罗马的"束棒"图案作为党徽，并提出以"恢复古罗马的光辉业绩"

---

① 西班牙的佛朗哥政权在1939年4月1日彻底地成立了法西斯政府，但是没有加入轴心国集团。日本加入了轴心国集团，但主要活动区域在东亚，后文将深入分析日本法西斯集团。

为口号的政治纲领，为法西斯主义赢得民众的广泛支持奠定了基础。墨索里尼还规定以罗马式的敬礼代替当时西方传统的握手礼。他写道："古罗马传统是一种力量的概念，在法西斯主义学说中帝国不但是领土的或军事的、贸易的表现，而且是精神或道德的表现。"1919 年 3 月 23 日，意大利建立起"战斗的意大利法西斯"，这是以一批具有强烈民族主义情绪的退伍军人为主的组织。墨索里尼在组织成立大会上说，帝国主义是所有经济和精神扩张的民族的生存基础，"我们有权要求我们在世界上的位置"。

二、法西斯主义的发展：西欧后起民族国家的扩张

某种程度上，德国与意大利具有相似的"世界扩张"情结，其来源于相似的民族国家成长历史。

如前所述，意大利的前身是查理曼帝国分裂之后的中法兰克王国，与法兰西、德意志等西欧大陆主要国家具有历史同源性。查理大帝死后（814 年），查理曼帝国逐渐瓦解，中法兰克王国（意大利）面临权力的真空，而此时伊斯兰国家正在阿拉伯半岛、北非和中东地区兴起。在南部，意大利受到倭马亚王朝和阿拔斯王朝的攻击。在北部，中世纪公社力量开始兴起。852 年，撒拉森人控制巴里并建立酋长国。撒拉森人和日耳曼人等都曾侵入过意大利境内。在 11 世纪，意大利结束中世纪最黑暗的时期。贸易逐渐发展起来，特别是在沿海出现了四个城邦国家——阿马尔菲、比萨、热那亚、威尼斯。①

1130 年，在南意大利西西里伯爵罗杰二世登基为西西里国王，建立起西西里的诺曼王朝。1155 年，拜占庭皇帝曼努埃尔一世派军队在普利

---

① 意大利能够开启文艺复兴运动，很大程度上是因为这些城邦国家和"东方世界"的关联比较紧密，并从伊斯兰世界输入了古希腊罗马的古典思想著作。

意大利文艺复兴（Italian Renaissance）开创早期的文艺复兴时代，即从 14 世纪末期到大约 1600 年之间，是一个具有文化上重大改变与成就的时代。虽然它的起源可以追溯到 14 世纪早期，意大利文化里的许多面向大致都是中世纪的，而且文艺复兴一直要到这个世纪结束时才整个呈现出来。Renaissance 这个词（意大利文：rinascimento）的字面意思是"重生"（英文：rebirth），而这个时代最为人熟知的是，在被文艺复兴人文学者称为黑暗时代之后，重新对古典的古代的文化产生兴趣。这些改变虽然很有意义，却集中在精英阶层，绝大多数的人民生活跟中世纪比较起来，几乎没有什么改变。

亚登陆，企图入侵意大利南部，但是遭到抵抗。1158年，拜占庭军队撤出意大利。1189年，西西里国王古列尔莫二世去世，但因其指定的继承人姑母康斯坦丝已嫁给神圣罗马帝国皇子海恩里希，不愿被德国人统治的西西里上层贵族没有拥立她，而是拥立古列尔莫的私生堂兄坦克雷德为王。海恩里希于1191年加冕为皇帝亨利六世后，以康斯坦丝的名义要求归还西西里王位，并多次入侵西西里。1194年坦克雷德去世，亨利六世夺取西西里王位，废黜古列尔莫三世，诺曼王朝结束。

1494年，法国入侵意大利，对意大利北部造成大范围的破坏，并且结束了许多城邦国家的独立。战争最初起源于米兰公国和那不勒斯王国的王朝争斗，随后迅速成为各种参与者之间的力量和领土争斗。

之后一段时期的意大利主要承受着外国的统治和经济的衰弱。此时，意大利落入西班牙哈布斯堡王朝的控制中。在随后的近三百年间，意大利始终处在被列强争夺的状态，直到1796年拿破仑入侵意大利，并且建立意大利王国，才出现意大利近代史上第一个统一的国家。但在拿破仑战败、1815年维也纳会议召开后，意大利再次陷入分裂。

自从维也纳会议将意大利再次置入分裂状态后，意大利人就不断为国家的统一而努力。1860年，加里波第率领千名红衫军从热那亚出发前往西西里岛，随后又顺利地进入帕勒莫。1861年，意大利王国成立。1870年，罗马城被并入意大利，意大利至此实现完全统一。

意大利独立建国后，其经济状况较其他西欧国家相对落后，政局也较为动荡。南北意大利之间巨大的经济差距，吸引南方的意大利人不断搬迁到北部或前往新大陆。意大利本来与德意志帝国和奥匈帝国之间签订有三国同盟，但在第一次世界大战中，意大利加入了协约国一方，在战后却未完全得到英法应允的土地。由于谈判桌上的失败，加上战争对意大利经济和社会带来的巨大冲击，意大利国内形势动荡不安，法西斯党遂利用这一时期崛起掌权。在二战中，意大利站在了轴心国的一方，与德国、日本等一同组成世界法西斯集团。

可见，由意大利发源的法西斯极权统治，虽然命名和形式都来源于古罗马，但实质上是民族国家发展到世界文明体系阶段、海洋法理和大陆法理道路合法性建构完成之后，西欧后起民族国家希望以异化的世界霸权方式推翻既有世界文明体系的尝试。考虑到意大利、德国和法国一样源于查理曼帝国的历史渊源，可以认为意大利文艺复兴和德意志宗教改革是近现代西方社会变革的重要起点。我们需要进一步厘清意大利和德国借由法西斯主义所走上的世界道路与民族国家世界文明体系道路的差异：同样是通过建立和增强民族与国家认同走向世界，法西斯主义道路与世界文明体系道路有何区别呢？

第三节　法西斯主义的本质：民族国家道路的异化

如前所述，民族国家世界文明体系的建立，发端于通过"殖民与掠夺"获取资源的西欧边缘地带（主要形式有意大利文艺复兴，德国宗教改革，以及西班牙、葡萄牙的地理大发现）。从新教伦理的"上帝面前，人人平等"发展出的"天赋人权，人人平等"的资本主义文明原则，通过英美革命、法国大革命、俄国革命的观念革新，创造出了"消灭阶级和解放全人类"的社会主义文明基石。其体系内含的康德和马克思"世界主义"道路，成为其克服文明异化和野蛮化的保障。

当民族国家世界文明体系基本确立，资本主义文明道路和社会主义文明道路基本成型时，西欧后起的民族国家（德意志、意大利）则继续沿袭民族国家的基本思路，将其推演到文明异化和野蛮化的路径上，希望以此树立新的世界霸权，此所谓过犹不及。民族国家世界文明体系也只有最终战胜了此种异化和野蛮化，才能彻底确立。下面我们主要分析一下此种民族国家道路的文明异化和野蛮化。

民族国家的主要认同单位——民族和国家，都在法西斯道路中被异化。民族认同异化为种族优越，民主共和国异化为大国沙文主义，在此基础上的权力体制成为神话领袖个体的极权化制度。

一、民族认同异化为种族优越和种族清洗

民族，指在文化、语言、历史等方面与其他人群在客观上有所区分的群体，是近代以来人类学研究所形成的概念。构成一个民族应具备共

同语言、地域、经济生活方式、心理素质这四个基本特征，每个基本特征都具有特定的内容，它们之间是相互联系、相互依赖、相互制约的。由于民族形成过程中历史的、现实的原因，各种特征在每个民族中的具体表现是不同的。当民族共同体在人类历史上形成并与其他类型的共同体区别开来后，文化总是表现为各不相同的乃至千差万别的民族文化。任何文化与文化创造都是以民族与民族社会为根基的，没有民族社会生活的沃土，文化便无由生根。

如前所述，从民族国家世界文明体系的发展过程而言，民族（国家）认同在西欧起源于英法百年战争，是亚欧大陆世界文明体系背景下大陆法理和海洋法理体系化分野的历史表现之一。在这个意义上，英国和法国的代表性民族认同，就具有世界文明体系的内涵，只是在1500年代之后逐渐演化为更具有时代意义的民族国家认同这一部分。在民族国家世界文明体系的发展进程中，其又逐渐演化出国族甚至"世界公民"的内涵，成为文明体系重要的组成部分。

德国宗教改革中，马丁·路德倡导以德语来印刷和传播《圣经》，这可看作德意志民族（语言）认同的开始。但是需要指出的是，德国宗教改革及后续发展出来的新教伦理，主要目的是反抗宗教集团的统治，缺乏英法百年战争那种长期的民族认同培养机制。在这个意义上，以德语印刷《圣经》主要是培养新教伦理，而没有太多地指向民族认同，德语地区仍然是一盘散沙。由此也可以理解，德国为何一直到俾斯麦时代才最终捏合成一个民族国家。与之相类似的还有意大利，其文艺复兴提供的"人本"主义思想，主要培育出的是"天赋人权"的观念，并没有太多民族和国家认同的内涵，意大利地区在文艺复兴时代之后也仍然是一盘散沙。

因此，当德国和意大利的民族认同观念落后于英国和法国，而又希望借由民族和国家认同制造强大的集权国家以在世界文明体系中谋得强势地位时，则民族认同必须被发展到一个新的状态——很不幸，德国选择了种族优越论。

种族又称作人种，是在体质形态上具有某些共同遗传特征的人群。"种族"这一概念以及种族的具体划分都是相当具有争议性的课题，其在不同的时代和不同的文化中都有所差异，并牵涉到诸如社会认同感以及民族主义等其他范畴。①

近现代对于种族的理解是欧洲地理大发现时代的产物。欧洲人在探索世界的过程中，接触到了世界各地的许多民族，对这些民族之间外表上的、行为上的和文化上的差异产生了许多猜想。同时由于非洲奴隶贸易使欧洲人的奴隶来源地渐渐地由欧洲、中东转变成非洲，欧洲因此产生了将人类分类的动力，以作为奴役并虐待非洲人的理由。通过借鉴古希腊罗马的文献以及当时欧洲内部的关系（如英格兰人与爱尔兰人之间的不和），欧洲人开始将自己以及其他民族划分为外表、行为、能力皆有分别的群体，并把可以遗传的外表特征和内在的智力、行为、甚至道德水平互相联系。虽然其他文化中也有相似的观点，但是这种观点深刻影响社会的构造，主要是在欧洲及其殖民地开始的。欧洲人把人类分为四大人种：东亚人种（黄种人）、高加索人种（白种人）、尼格罗人种（黑种人）、澳洲人种（棕种人）。他们默认白种人比较优越，这成为种族优越论的早期起源，但在后期世界文明体系的发展进程中为"人人平等"的趋势替代。

德国为了在 20 世纪早期重新建构新的民族主义认同，重拾这种"种族优越论"并将其发展到极致，成为纳粹德国"民族主义"的重要组成部分。德国的日耳曼种族优越论强调日耳曼民族是最优秀的民族，是神的后代。为了证明这一点，希特勒派人根据神话传说中的故事，四处寻找证据。在二战即将爆发之际，这种理论使整个德国狂热、沸腾，成功地动员了大部分德国人，在群众中制造了十分强烈的种族认同。以此为

---

① 20 世纪以前，人们普遍认为，人类可分为若干以本质主义方式划分的（即以不可缺的特征来划分的）种族，如尼格罗人种（黑种人）、东亚人种（黄种人）、高加索人种（白种人）等。但从 20 世纪 40 年代起，进化论领域的科学家开始淘汰这种理论。此外，种族长期以来是从科学分类的角度被理解的，即将种族视为一个分类的层次，如将种族等同于亚种；但从 20 世纪 60 年代起，群体遗传学研究中新出现的数据以及模型使一些科学家开始质疑这种理解，转而以群体、特征线等其他概念来研究人类内部的差别。20 世纪 90 年代以来，基因体学以及分支系统学研究中新出现的数据和模型也使科学界对人类起源有了新的认识，这使一些科学家转而用世系而非特征来对种族进行划分，并且认为种族应该理解为一种模糊集合、统计群体或广义的家族。有许多进化学以及社会学家认为，基于生物学研究结果，任何对于人类种族的定义，都缺乏科学分类的严谨性和正确性；"种族"的定义是不准确的、随意的、约定俗成的，随文化视角的差异而变化，种族应该视为一种社会建构。

基础，希特勒将犹太人视为"劣等民族"，在二战期间对犹太人进行了灭绝人性的种族大清洗，屠杀了将近600万犹太人。

此所谓将民族认同异化为种族优越和种族清洗。

二、国家认同异化为大国沙文主义和军国主义

国家认同，则被异化为大国沙文主义和军国主义，即为了所谓"生存空间"可以不择手段，奴役世界上其他民族和国家。事实上，民族国家一词，其中就包含民族认同与国家认同的某种同质化。如英法自百年战争开始，逐渐实现民族分化与认同，实质上也包含对彼此国家的认同，这是经典意义上民族国家的历史缘起。但是随着历史的发展，尤其是威斯特伐利亚体系建立之后，民族一词更多地强调语言、文化、习俗和历史渊源，国家一词则更多地强调政治学意义上的人民、领土、政府和主权四个要素。在此基础上，随着世界文明体系的逐步演进，也发展出"国族"的概念。国族指有自己统一国家的人民，强调的是政治统一性与地域一体性。进一步而言，国族也强调每个人都应该是一个国家的公民，承担着自由和民主的相应权利和责任。更重要的是，国族同样指向"世界主义"——每个国家公民都在某种程度上具有"世界公民"的内涵，需要在国家事务中行使理性，推动国家公共事务的健康发展。

法西斯意义上的国家认同，大多缺乏深厚的历史文化渊源，其对国家及生存空间的强调，大多建立在对世界秩序的霸权主义的理解基础之上，其核心就是极端民族主义与大国沙文主义、军国主义的结合，崇尚无条件服从于一个国家、一个民族，以团结铸造力量作为信条，其主旨是不择手段地开展世界争霸。法西斯主义视国家为一种拥有积极权利的组织实体，而非一种设计用以保护群体和个人权利的制度。法西斯主义不认为国家权力应该受到监督，倾向于否定马克思主义关于社会等级的概念，并且普遍反对阶级斗争的理论，而强调种族间的斗争、青壮族群推翻年迈族群的斗争。在统治形式上，法西斯国家由国家以军事或准军事的方式全面控制社会，整个社会被囚禁在国家机器之中，政治统治对人的非政治生活无孔不入，社会彻底政治化了。国家成了非理性情绪和极端化认同的表现。

此所谓将国家认同异化为大国沙文主义和军国主义。

三、民主化制度异化为野蛮化体制:"理性化认知"异化为非理性情绪

法西斯主义为强化上述缺少历史文化渊源的野蛮化认同,采取了强化个人领袖权威,激发人们的非理性情绪的方式,来反对推行人类民主制度的"世界公民"理性化道路。在这个意义上,法西斯是既反对资本主义民主也反对社会主义民主的极权主义非理性道路。法西斯主义呼唤英雄式的非理性的个体及其集结的非理性群众,要求效忠于单一的领袖,这经常到达个人崇拜的程度。① 法西斯主义最为人所知的做法是以诉诸利他主义的宣传方式来正当化对个体的压迫。举例而言,阿道夫·希特勒便曾说,由于个人已经完全将他的自我屈服于共同体的生命上,个人自我保存的本能于是便能发挥至极限,并且能在必要时替共同体牺牲他的生命。在某种程度上,这种类似"集体欢腾"式的群众性认同②,建立在非理性的个体情绪基础之上,本质上具有反文明的野蛮化特色。

由此,法西斯主义也将世界文明体系中的民主化制度异化为野蛮化体制。

总之,法西斯主义是在世界文明体系内部资本主义文明化道路和社会主义文明化道路基本定型之后,在西欧边缘地带缺乏民族国家历史文化认同渊源的地带,以将"民族国家"异化为"种族沙文主义军国体制"的方式,对既有世界文明体系的野蛮化改造。其既反对资本主义文明,又反对社会主义文明的特质,最终招致世界"反法西斯同盟"的同仇敌忾,并被后者击垮。但其教训也是深刻的,为如何保持民族国家世界文明体系的文明特质提供了典型的反面教材。

---

① 其思想根源是尼采的非理性"超人哲学"。
② "集体欢腾"是涂尔干用来描述原始宗教形成集体意识的名词。在每一种文明体中,需要"集体意识"或者"认同意识"的背景下,都可能利用各种"集体欢腾"仪式来凝聚人心。在某种程度上,这是大陆法理传统习惯开展"运动式治理"和海洋法理倾向"娱乐至死"的深层次文明动因。

📖 本章小结

如果说三十年战争意味着民族国家欧洲体系的确立，则后续的诸多战争直至一战和二战，都是诸多民族国家在世界范围内寻找新的体系平衡的反映。一战之后，苏俄实现了社会主义道路的突破，但最终的平衡并没有达成。

德国作为民族国家欧洲体系的重要组成部分和后起之秀则仍然希望在英法俄道路之外，找到新的"世界主义"道路，并走向了既非资本主义亦非社会主义的法西斯霸权道路，最终被世界反法西斯同盟击败，而民族国家世界文明体系也于二战之后确立。

法西斯主义的核心就是极端民族主义与大国沙文主义、军国主义的结合，崇尚无条件服从于一个国家、一个民族，以团结铸造力量作为信条。从世界文明体系的视角出发，这是后起民族国家背离"世界主义"中自由平等民主等文明化特质，走向种族国家认同，试图以霸权"统治世界"的结果。

法西斯主义是民族国家世界文明体系的野蛮化改造尝试。其理论基础是"种族论""国家至上论""领袖权威论""生存空间论"。

其中，"种族论""国家至上论""生存空间论"，是将民族国家诞生早期通过"殖民与掠夺"的"世界霸权"路线发展到极致的表现。"种族论"将民族与人种关联起来，并固化为种族优越论，包括各种白人优越论和雅利安人种优越论等。"国家至上论"将国家固化为极端民族主义和大国沙文主义的至上象征，妄图消灭所有异己元素。"生存空间论"则将"世界主义"的文明路线异化为"世界霸权"路线。

"领袖权威论"则寄希望于魅力人格型权威统治战胜"理性权威"，其思想根源是尼采的非理性"超人哲学"。当整个民族都陷入"超人"的非理性狂想，则从文艺复兴宗教改革和启蒙时代发展出来的"理性个体主义基础上的自由人联盟"的思想，已经开始走向其反面。

在这个意义上，借助于法西斯主义这个极端的反面教材，我们需要进一步思考民族国家世界文明体系的内涵和实质，时刻警惕其异化和野蛮化可能。

第十二章
民族国家世界文明体系的建立过程：民族国家道路的理论总结

第一节　对民族国家概念的深化解读

在政治学的概念里，民族国家是指欧洲近代以来，通过革命或民族独立运动建立起来的，以一个或几个民族为国民主体的国家。

民族国家被认为是一个独立自主的政治实体，民族国家成员效忠的对象为有共同认同感的"同胞"及其共同形成的体制。认同感的来源可以是传统的历史、文化、语言或新创的政治体制。由单一民族构成新的政府体制，或者由数个民族通过共享同一政府体制构成国族，都是民族国家的可能结合形式。本尼迪克特·安德森有一个著名的论断：现代的民族主义是一个"想象共同体"。这基本上是当下对民族主义和民族国家认同的一种共识。

单词 nation 到底是民族国家，还是民族与国族？在某种程度上，民族国家这个概念的广泛使用，也制造出了若干概念混乱。因此，我们需要尽可能清晰地考察这种"想象共同体"理论的诞生过程和实质内涵。从全球史和世界文明体系视角来分析，可以发现民族国家这个概念里至少应该包括以下几个认同和"想象"维度。

第一，民族国家是政府体制的一种形式，由领土、人民、文化和政府四个要素组成。

第二，民族国家内含着民族概念，民族则是基于共同体的认同而形成，其认同来源可以是共享的历史、文化、语言与人种的多重组合。

第三，民族国家也有国族的内涵，国族并不完全等同于民族，其重点不在历史和文化渊源方面的认同，而是强调对国家及其政权合法性的认同。在此基础上有国家公民这一概念，强调每个人对国家都有直接的政治合法性认同和参与感。

第四，民族国家还意味着世界主义和世界文明秩序，每个国家公民实际上也是"世界公民"。民族国家并不是在一个个单独和封闭的国家时空中产生的，而是在世界文明体系的运作下，基于历史、人种、宗教、语言及其各种文化要素建构出来的想象共同体。它最终替代了原有的以

"大一统帝国"为主体认同单位的世界文明秩序，建立了以"民族国家"为主体认同单位的世界文明体系。

下面，我们从此种综合性的理论视角出发，来深入分析民族国家的四种内涵。

一、"民族国家"是政府体制的一种形式

民族国家首先由领土、人民、文化和政府四个要素组成。

所谓领土，实际上包括领陆、领海、领空三个维度。作为国家的基本要素，领土并不只是供人居住的一片土地，它还构成这个国家、这个民族的历史、文化、宗教记忆的一部分，是这个国家的象征，是联系人民、使他们实现自我认同和互相认同的纽带。最理想的领土边界当然是自然边界，如高山大河。但在更多情况下，现代国家的边界是条约边界。

所谓人民，在现代是指所有服从于一个主权权力的人。它可以是一个民族，也可以包括若干民族；可以是本国人，即通过血缘关系得到公民身份的人，也可以是归化的外国移民。人民不是国家的臣民。在现代国家中，人民是政治中最重要的一个角色，是一个国家政治权力合法性的唯一来源，是一国的主权者。按照自然法理论及现代民主理论，人民在国家权力出现之前便已存在，或者说国家是他们的创造物。在国内政治领域，人民更多地被定义为公民，即有权参加政治事务的人。"公民"超越了人们在经济地位、文化、职业上的差异，使人们有了一个新的共同身份。

所谓文化，是指经由历史或者共同的社会生活经历而产生的超越简单共同体想象的认同基础。

所谓合法的政治权力（政府），是一国政治生活中的重要角色。国家意志与统治者的个人意志不同。在国内事务中，它合法地管理着人民，公正地处理人民之间的冲突，以及作为中央权力处理与其他国内法人的关系。它垄断着合法的强制权，单方面制定法律规范，是一个权力机构。当然在现代法治国家中，公共权力也必须在它制定的法律规范的范围内活动。

从政治学的角度而言，国家的诞生并不是一个近现代史事件。关于国家的起源，历史上众说纷纭、莫衷一是，其中最具代表性的有自然说、神权论和暴力论等。

据自然说之倡导者亚里士多德所言："人生来就是政治的动物。"其所述国家之起源，即由人类繁殖所需的男女欲求以及生来就为主人或奴隶的相互保全欲求，自然而然地构成家庭，依此逐步形成一个自然村。人类天性向往美好生活，为了满足这种本性欲望，继而在自然村的基础上自发地建立一个共同体。这一顺其自然形成的共同体，就是国家。

神权论认为，国家是根据神的意志建立的，国家权力来源于神（天、上帝）。这种理论在东西方奴隶社会和封建社会都占有重要地位。中国古代社会普遍信奉"天道"，认为国家的权力来自"天命"，把帝王称为天子。在欧洲中世纪，基督教的势力支配了整个思想界，普遍宣扬"一切权力来自神""除上帝外，别无权力"的观点。集神权思想大成的欧洲中世纪经院哲学家托马斯·阿奎那是其代表。神权论从16世纪开始衰落，但至今仍在一些国家有影响。

暴力论认为，国家起源于掠夺和征服，强调暴力是社会发展的决定性因素，政治上的奴役先于经济发展的过程，国家的产生不是社会内部发展的结果。马克思主义就强调国家是阶级暴力统治的工具。

从民族国家产生的历史角度而言，一般认为近现代民族国家认同和国家运行方式，源于威斯特伐利亚体系。威斯特伐利亚体系由三十年战争结束前后一系列和谈达成的条约缔结而成，代表了现代国际法的基本规则，包括对民族国家主体的认同和界定等。

这种对国际法主体认同的理解本质上属于契约论，其中贡献最大的是格劳秀斯。格劳秀斯是近代西方启蒙思想家中第一个比较系统地论述理性自然法理论的人。他汲取了古希腊和古罗马思想家自然主义自然法理论的精华，扬弃和摆脱了中世纪神学主义自然法的桎梏，开创了近代理性自然法（古典自然法）的先河。他认为，自然法来源于"自然"和人的"理性"，人们在理性的支配下按照自然的规定来指导自己的行为。人性是自然法的源泉，神是法的第二源泉。作为一种正当理性的命令，自然法是一切法律的基础和依据。根据自然法理论，格劳秀斯提出了天赋的自然权利和社会契约等观点，认为国家是人们为了享受法律利益和谋求共同福利而组成的最完善的联盟。国际法理论在格劳秀斯的法律思想当中占有重要地位。其实，关于国际法理论当中一些问题的研究并非自格劳秀斯始，早在古罗马时代，就有人研究和讨论有关战争和条约问题。不过，当时人们并没有严格的国际法概念。中世纪时期，从奥古斯丁、阿奎那到布丹，也都讨论过有关宣战、休战及对敌人维持信义、践行人道主义等问题。但是，真正将国际法作为一门独立学科进行系统的论述，则是从格劳秀斯开始的。关于国际法的定义和内容，格劳秀斯认为，国际法是"支配国与国相互交际的法律"，是维护各个国家的共同利益的法律，它的目的在于保障国际社会的集体安全，正如"一国的法律，目的在于谋求一国的利益，所以国与国之间，也必然有其法律，其所谋取的非任何国家的利益，而是各国共同的利益。这种法，我们称之为国际法"。

格劳秀斯认为，国际法存在的前提是国家主权。其主权学说的重点在于，认为主权原则主要用于调整国家间的关系（而不关心国内谁的权力比较大）。国家主权是国家的最高统治权，即主权者行为不受他人意志或法律支配的权力就是主权。他认为，必须遵循的国际法原则包括：坚持宣战的原则，反对不宣而战的狡猾行为；坚持战争中的人道主义原则，反对杀害妇女、儿童等非参战人员，反对杀害放下武器的战斗人员；坚持公海自由通行的原则，任何国家和个人阻止非武装船只在公海上自由通过都是国际法准则所不允许的。此外，还要坚持遵循保护交战双方外交代表安全的原则。

由此可见，格劳秀斯在国际法领域中提出了一系列较为完整的原则，这些原则对国家关系的调整起到了积极的作用，尤其是对后来国际法理论的发展产生了深刻影响，他因此被称为"国际法之父"。而政治学层面对现代民族国家领土、主权、文化和人民四要素的界定，基本就来源于这种契约论基础上的国际法原则，并充分体现在威斯特伐利亚体系中。

二、"民族国家"内含着"民族"概念

如前所述，民族指在文化、语言、历史等方面与其他人群有所区分

的群体，是近代以来人类学研究所形成的概念。一个民族应具备共同的语言、地域、经济生活方式、心理素质这四个基本特征。每个基本特征都具有特定的内容，它们之间是相互联系、相互依赖、相互制约的。

民族（nation）一词的拉丁文字根是"出生"的意思，因此民族最初指的是出生于其中并与之有血缘关系的群体，较接近族群（ethnic group）这一概念。这两个概念都是从希腊语 ethos（风俗）演变而来，意思是享有共同风俗习惯的一群人，他们是享有共同的历史、文化、宗教、语言和风俗习惯的大部落。早期的民族不一定与国家有关，只是一个自然共同体。用英国历史学家霍布斯鲍姆的话说，叫作"原型民族主义"，主要基于一般民众的信仰、认知与情感来区分"我族"与"他族"。这种民族概念并不足以创造出现代的民族国家。

近现代"民族国家"中的"民族"概念一般认为起源于近现代，主要是一种"想象共同体"。但是，由于民族认同与古代历史文化也有关联，所以关于近现代民族概念的起源并没有一个十分确定的说法。

本尼迪克特·安德森是从民族情感与文化根源出发探讨这一问题的，他分析了全国各地具有不同民族属性的想象共同体，将民族、民族属性与民族主义视为一种"特殊的文化的人造物"，将民族定义为"一种想象的政治共同体"。他认为这些想象共同体的形成主要取决于以下因素：宗教信仰的领土化，古典王朝的衰微，时间观念的改变，资本主义与印刷术之间的交互作用，国家方言的发展等。借助比较史和历史社会学的方法，安德森对民族主义的起源与传播进行了论证。他否定了多数学者所认同的民族主义起源于欧洲的观点，认为18世纪末和19世纪初的南北美洲殖民地独立运动才是"第一波"民族主义，民族主义是经由美洲而散播至欧洲，再到亚洲和非洲的。安德森百科全书式的欧洲史素养与当代东南亚研究权威的背景，以及他对东西方多种语言的掌握能力，使得他的论证具有很强的说服力。

在某种程度上，笔者非常赞同安德森的研究方法，其将民族国家时代的民族主义放在美洲、东南亚和欧洲的历史视域中展开，具有全球史的视角。但是，这种比较分析对欧洲史内部的全球史体系的演进还不够深入，显得有些脱离民族国家和民族主义内在的发生史，而过于关注外部比较的视野。

笔者以为，借助从传统的亚欧大陆世界文明体系向全球民族国家世界文明体系转变的全球史视域，深入欧洲历史和民族国家诞生过程本身，是能够更加深入地揭示民族主义作为"想象共同体"的全球史发生学的。

如前所述，西罗马帝国灭亡以后，蛮族入侵欧洲。那时候所谓的民族，主要是一些拥有共同语言和生活习惯的部落组织，在西欧历史上他们建有法兰克王国，后分裂为东、中、西法兰克王国，这是近现代德国、意大利和法国的前身。事实上，此阶段及之后的神圣罗马帝国时期，并无明确的民族和国家认同，主要奉行封建领主制，教皇是名义上的最高权威。从世界文明体系的视角而言，民族和国家认同在西欧的最初产生，来源于英法百年战争。而英法百年战争的潜在历史文化背景，则是亚欧大陆文明体系中大陆传统和海洋传统的分野。在这个意义上，民族主义和民族国家认同具有全球史意义上的时空连续性，并不是"独特"的历史突发事件。

从族群认同到民族认同的转变，在西方文明的历史上与宗教文化密切相关。犹太教是第一支只对本民族传教的宗教，虽然当时并没有完全区分族群和民族，但是这种民族认同与宗教文化的历史渊源，成为后来宗教改革提倡以本民族语言撰写《圣经》的思想来源。基于同样的理由，作为民族国家诞生标识的威斯特伐利亚体系，实际上是三十年战争的综合产物，进一步确证了宗教及其族群认同在近现代民族国家诞生进程中的重要意义。事实上，从世界文明体系的视角而言，从犹太教只对本民族传教，到基督教对世界上所有人平等开放，构成了一个从族群认同到世界认同的精神序列。这个序列本就是世界文明体系的思想内核，而在民族国家诞生过程中，从普遍的教权退回到特殊的民族和国家内部，然后再次出发去想象世界，则是某种历史思想轨迹的复兴和再现，而不是历史文化的简单突变。也只有在这个意义上，才能理解威斯特伐利亚体系为何最终会走向世界。民族作为一个世俗化的想象共同体，需要在思想上澄清民族与世界的关系，宗教的世界想象与民族的世界想象具有同构性，由此可以理解民族想象诞生的历史过程。

总之，从世界文明体系的视角出发理解民族这一概念的诞生过程，可以发现其真实的全球史发展脉络。民族"想象"来源于亚欧大陆世界文明体系的传统构造（英法分野和宗教同构），但在新的世界文明体系中需要加以重新理解和界定。①

三、"民族国家"内含着"国族"概念

国族并不完全等同于民族，前者侧重的不是对历史和文化的认同，而是对国家及其政权合法性的认同。在此基础上，有"公民"和"人民"等概念，强调每个人对国家都有直接的政治合法性认同和参与感，这构成了国家统治权力的合法性来源。

国族这一概念强调两种认同维度：其一，国族指从属于同一国家的人群，强调的是政治统一性与地域一体性；其二，国族也强调每个人都应该是一个国家的公民，承担着自由和民主的权利和相应的责任。

显然，民族国家内部的国族认同，在政治统一性和地域一体性方面，既不同于"普天之下莫非王土，率土之滨莫非王臣"的大一统帝国认同，也不同于"我的附庸的附庸不是我的附庸"的西欧封建领主制认同。如上文所言，此种国族认同的历史渊源，内嵌于亚欧大陆世界文明体系向民族国家世界文明体系过渡的过程中。从英法百年战争中衍生出来民族与国家的区分，经过宗教改革和三十年战争，人们逐渐脱离了统一教权的束缚和神圣罗马帝国的统治，意识到自己是某个具有合法统治权的国家的子民。

在对世界文明体系化差异有所知觉的情况下，宗教认同中的"上帝子民"向"国家子民"转变，近现代民族国家被理解为一种契约构造，这是国族意识诞生和演化的背景。由此产生了社会契约论意义上的国家认同理论，从霍布斯的"利维坦"到洛克的"权利让渡和收回的自由"，一直到卢梭的"人民主权"，都在探讨这种"国家子民"与"国家"的契约状态究竟为何。

在卢梭看来，社会契约的核心是权力的转让。在转让什么、转让给谁等关键问题上，卢梭的回答与他的前辈都不同。霍布斯要求把除生命权以外的全部权力都转让给代理人，洛克要求只把财产代理权转让给代

---

① 也是在这个意义上，纯粹从所谓"人种"角度出发的"种族"分化和优越论，脱离了人类文明的想象力，最终走向了残忍实施种族灭绝和屠杀的法西斯道路。在某种程度上，这是民族主义思想的异化，需要我们持续警惕。

理人，卢梭却认为，社会契约的要旨是一切人把一切权力转让给一切人。由于这种转让的条件对每个人都是同等的，因此每个人并没有把自己奉献给任何一个人，反而从所有订约者那里获得了与自己转让给他们的同样多的权力，所以每个人在订约后仍然只是服从自己本人，并且仍然像以往一样自由。社会契约所产生的结果既不是霍布斯所说的有绝对权力的"利维坦"，也不是洛克所说的只有有限权力的政府，而是集强制的权力和自由的权力于一身的"公意"。所谓公意，指全体订约人的公共人格，是他们的人身和意志的"道义共同体"，它是"每一个成员作为整体的不可分的一部分"。"公意"是一个抽象概念，而不是集合概念；"公意"不同于"众意"："众意"是个别意志的总和，它是不可能完全一致的；"公意"是没有相互矛盾的个人利益，它是在扣除"众意"中相异部分之后所剩下的相同部分。"公意"永远以公共利益为出发点和归宿，永远是公正的，不会犯错误，在具体的政治实践中表现为法律。在"公意"所谓"一切人把一切权力转让给一切人"的基础上，卢梭的"人民主权"概念，暗含着民族国家的契约正义状态的两种可能，即个体主义和集体主义、资本主义和社会主义两条道路均成立的可能，这实际上是从大陆法理和海洋法理两种角度发展出"人民主权"的可能。

总之，从世界文明体系的视角而言，只有理性地认知自身"国家子民"身份状态并以民主自由姿态参与国家政治事务的人，才是人民主权的载体，是人民权利的真正归属。这种国族概念随着资本主义和社会主义文明体系的逐渐建立而慢慢地成为一种政治实践，并成为当代民族国家政治合法性与人民性的来源。

四、"民族国家"概念中的"世界主义"指向

民族国家概念还内含着某种世界主义指向，即每个"国家公民"实际上也是"世界公民"。如前所述，民族国家的形成并不是在一个个单独和封闭的国家时空中发生的，而是在世界文明体系的运作下，以西欧的历史、宗教、语言等各种文化要素为基础建构出来的想象共同体，以"民族国家"为主体认同单位的世界文明体系最终替代了原有的以"大一统帝国"为主体认同单位的世界文明秩序。

如前所述，在卢梭等社会契约论思想家论述"人民主权"的基础上，

康德和马克思分别发展出两条"世界主义"道路，并指导了整个世界近现代的革命进程。

康德于1795年出版了《论永久和平》，书中提出了世界公民、世界联邦、不干涉内政等构想，至今仍有现实意义。康德关于世界主义、世界公民的观点，为个体主义—民族国家—世界文明秩序疏通了道路，是海洋法理在近现代的完美形态表述，为英美资产阶级革命指明了最终的方向。

当康德将启蒙思想中蕴含的个体主义—民族国家—世界文明秩序揭示出来时，马克思则在卢梭"人民主权"的思想基础上，结合唯物辩证法和阶级斗争学说，指出国家本身的必然命运：当无产阶级通过暴力革命，在政治上时（而不是肉体上）消灭了依赖无产阶级而存在的资产阶级时，也就消灭了阶级本身，同时也就消灭了阶级斗争和阶级社会，国家这个阶级统治的工具自然也就消亡了，人类社会进入了没有阶级、自然也就没有国家的社会阶段。马克思希望以此实现彻底的自由文明状态。这种大陆法理传统的"世界主义"思想，显然为后续革命尤其是俄国革命指明了走向世界文明体系的道路与方向。

在这两种"世界主义"思想的指引下，由威斯特伐利亚体系建立的西欧民族国家道路，得以走向资本主义文明和社会主义文明体系，并摧毁民族国家"争夺生存空间"和世界霸权所异化出来的法西斯道路，最终建构了民族国家世界文明体系。

总之，要想从理论上清楚地理解"民族国家"这一近现代概念，就不能仅仅停留在当下的各种理论视域，而应该深入"民族国家"的发生历程，从全球史和世界文明体系的视角出发，发现"民族国家"所兼有的民族、国家、国族、"国家公民"和"世界公民"等多重内涵，只有这样才能真正理解民族国家世界文明体系建立的历史过程。

在某种程度上，也只有站在全球史和世界文明体系的高度，才能对民族国家及其世界体系的本质有相对清晰的认知，避免以割裂的观点来看待"民族国家"在现代的兴起，并获得有关发展与现代化的整体性和全面性认知。

第二节　世界文明体系视角下的发展与现代化：如何避开"西方中心论视角"

一、"发展"和"现代化"的概念

结合世界文明体系和全球史的视角来观察1500年代以来的近现代文明格局的"发展"和"现代化"，可以把所谓"发展"看作亚欧大陆世界文明体系扩展到全球的过程；所谓"现代化"，则是世界文明体系边缘地带逐渐成长为文明中心地带的过程，也是以民族国家为载体的世界文明体系逐渐成型和扩展到全球的过程。

让我们先回到发展社会学第一章所讲的发展和现代化定义。

广义的发展，几乎等同于社会变迁或社会进步，指人类社会自诞生以来不断变迁的历程。

狭义的发展，主要是发展中国家从欠发达状态向发达状态，或者从传统社会向现代社会过渡的过程。

同理，"现代化"也有广义和狭义之分。

广义的现代化，是指1500年代以来全球范围内的社会变化具有某种由西方文明首倡的共同趋势，如社会理性化、工业化、城市化等。

狭义的现代化，是指非西方文明向西方文明学习，并从所谓传统社会向现代社会转变的过程。

二、从世界文明体系的视角来认知"发展"与"现代化"概念

可以发现，从世界文明体系的视角出发来分析发展和现代化概念，能够尽量避免这两个关键概念中的"西方中心论"倾向。

首先，世界文明体系的建立先于所谓的1500年代（近现代的某种通认起点）。从轴心时代开始，亚欧大陆就有了不同文明的"世界主义"突破，并形成大一统法理和"权力离散型"法理的对立。这种文明中心和边缘地带的对立，在传统上主要体现为中心农业文明和边缘游牧文明的

对立，而自英法百年争霸开始形成的民族国家体系，本质上与传统的亚欧大陆世界文明体系是同构的，只是逐渐从亚欧大陆扩散到了包括非洲南部和美洲等地区的全球地带，并在原有的历史体系基础上重构了新的民族国家世界文明体系。

其次，从认为现代化具有某种由西方文明首倡的共同趋势如社会理性化、工业化、城市化等的特殊视角，还原到"民族国家"世界文明体系重构前的历史起点，可以认知到现代化是一个以民族国家为载体的世界文明体系逐渐成型和扩展到全球的的过程，也是世界文明体系边缘地带逐渐成长为文明中心地带的过程。这种过程在历史上发生过很多次，如蒙古帝国、阿拉伯帝国的崛起等。在这个意义上，西欧民族国家世界文明体系扩展到全球的过程，只是一种地方文明逐渐成长为优势文明的历史过程，同样有其衰落的必然性，并不代表着历史的终结。狭义的发展和现代化所蕴含的"非西方文明"向"西方文明"学习的过程，也只是历史的一个阶段。

在某种程度上，这种全球史和世界文明体系化更迭的视野，能够将发展和现代化还原到真实的历史状态中。这种认知方式的改变，是避免"西方中心论"的方法论基石。

因此，在深入理解"民族国家"世界文明体系建立的全球史道路之后，我们可以对此种"世界文明体系的全球变革"，提供一个大致的理解框架。

在这个"世界文明体系的全球变革"过程中，我们应该注意到亚欧大陆原有的文明体系，在"轴心突破"时期就已经内含着"世界主义"历史因素，如一神教文明从犹太教只"救赎"本民族扩展到基督教（伊斯兰教）对世界所有人的平等接纳；印度教以"轮回"转世的态度"消解"此世种姓制度的不平等，事实上构建了一个以"轮回"为核心的平等精神世界；儒家"天下观"也包含一个以"修齐治平"为内核的文明追求。只是在亚欧大陆农业文明和游牧文明相互竞争和彼此融合的背景下，原有的世界文明体系逐渐发展出以"大一统帝国"为主流的大陆法理传统，而"罗马帝国"分裂之后的欧洲本就处于原有文明体系的"边缘地带"，并在蛮族入侵的背景下融合亚欧大陆传统，生发出欧洲内部的"英法道路"分野。其中，法国道路更倾向于大一统的大陆法理传统，而英国道路则更倾向于权力离散型的海洋法理传统。

作为亚欧大陆世界文明体系"边缘地带"的欧洲，在"发现"新大陆并输入大量资源之后，开始了从文明边缘地带向中心地带转变的过程。这一过程经历了西班牙和葡萄牙（荷兰）的征服殖民阶段、商业殖民阶段之后，进入了以英法为主的开发殖民阶段，并在新教伦理和个体主义基础上，逐渐生长出"人人平等"（既包括资本主义文明体系的个体平等，也包括社会主义文明体系消灭阶级后的平等）的民族国家世界文明体系。

可见，民族国家世界文明体系的建立和渐次传播是一个全球化的历史过程，在这个意义上，没有所谓的单独的完全隔绝的"民族国家"。宗教改革、民族认同和国家形成构成了一个复合现象，其大体经历了两个阶段。以"三十年战争"和威斯特伐利亚体系建立为标识，"民族国家欧洲体系"形成；以英美革命、法国革命、俄国革命以及七年战争、一战、二战为标识，资本主义和社会主义文明体系形成，民族国家世界文明体系进入冷战平衡格局状态。

在新的民族国家世界文明体系格局之中，我们应该注意资本主义文明和社会主义文明的体系化对立也是一种文明体系化进程。从历史和思想渊源而言，这具体表现为基于亚欧大陆传统的中心农业文明与边缘游牧文明的对立，以此为基础的大一统帝国与权力离散社会的对立，以及英法道路分野中的大陆法理和海洋法理的对立等。但无论如何，资本主义文明所秉持的"天赋人权，人人平等"，社会主义文明所秉持的"消灭阶级差别，人人平等"，是民族国家世界文明体系最终能够联合成为反法西斯同盟，最终战胜"种族主义""大国沙文主义"等源于殖民掠夺历史的野蛮化国家霸权路线的根本原因。

▲ 本章小结

从全球史和世界文明体系的视角出发，我们可以将1500年代以来的发展和现代化理解为亚欧大陆世界文明体系演进为民族国家世界文明体系的过程。在这个过程中，原来处在亚欧大陆文明体系"边缘"地带的西欧发展出以"民族国家"为主体的世界文明体系，并逐渐替代了原来以大一统帝国为主体的世界文明体系，最终达成资本主义文明和社会主义文明的冷战平衡格局。

同时，原来处在亚欧大陆世界文明体系中心地带的印度教文明和儒家文明，以及处在相对野蛮状态的非洲和南美洲文明，并没有完全消失，而是在顺应历史格局的变革，逐渐演变为以"民族国家"为认同单位的文明形态，融入了新的世界文明体系之中，并为民族国家世界文明体系的继续变迁提供着源源不断的新动力。

第十三章
亚欧大陆旧有文明体系融入民族国家世界文明体系的过程：东亚儒家文明区的转变过程

东亚儒家文明区"以阳儒阴法来实现人伦秩序和天下治理",是亚欧大陆世界文明体系中重要的组成部分。儒家文明所提出的天下体系具有世界性内涵:一方面包含对儒家中心农业文明秩序的差序格局的尊重,另一方面包含对周边以及游牧文明的包容与吸纳。

事实上,这种天下体系围绕着亚欧大陆大一统帝国传统,在中心农业文明与边缘游牧文明的互动中不断转变。秦汉帝国确立了"阳儒阴法"的秩序原则,唐宋时期对南方农业社会包括海洋有了进一步开发,而元朝进一步发展北方游牧社会,元帝国甚至几乎统一了亚欧大陆,陆上丝绸之路的开发和《马可·波罗游记》的描述对西方影响极大,而中国南方的泉州等地也成为海上丝绸之路与阿拉伯诸帝国交流的重要节点。

事实上,自宋元以来的南方开发,至少形成了两大比较明显的历史趋势。其一,中原汉人由于躲避战乱等因素开始向南方迁移,逐渐形成所谓"客家人",这实际上是中原文化向南方不断扩展的过程。宋元时期,中国南方得到持续开发并面临人多地少的矛盾,同时造船技术和航海技术大幅提升,指南针在航海中得到普遍运用,商业航运能力大幅提升。在此背景下,中国同世界上60多个国家通过"海上丝路"建立了直接的商贸往来关系。人多地少和海洋贸易的两相叠加,使原来以农业文明和游牧文明为主体的中华文明逐渐开始向海洋发展,之后国家主导的"下西洋"和民间自发的"下南洋"运动即此种扩展的表现。值得注意的是,此种对海洋的探索和开发是早于近现代西方文明经海洋抵达东南亚的时间的,只是在西方人到达之后才掀起了新的高潮。其二,随着中华文明向海洋的逐步拓展,原来以中心农业文明和边缘游牧文明为主体的文明冲突和融合,渐次涵括了农业文明、游牧文明和海洋文明,从二元对立进展到三元互动，这对明清之后的东亚历史格局产生了重大影响。①

明清时期，西方已经发现新航路，并通过大洋与印度、东亚接触。明清帝国同样有一个主动向外探索的过程，在南北两个方向、大陆与海洋两个区域向外拓展。而农业文明如何处理与游牧文明以及海洋文明的互动关系，成为其在新的"大航海"时代需要面对的问题。明朝郑和下西洋，将不同于西方殖民和掠夺的"朝贡贸易"体系发展到了新的高度，并引领了"下南洋"的大型移民活动，为后世中国海洋文明的发展奠定了基础。清朝则主要致力于对北方陆地的探索，秉承了唐帝国和元帝国的游牧文明特征，与俄国在东亚大陆大致达成了平衡态势，获得了大量疆域和人口，为后来中国向民族国家转型奠定了基础。总体而言，明清所内含的农业文明、游牧文明与海洋文明的三元互动关系及其开拓的朝贡体系，与来自西方的民族国家体系碰撞融合，是明清以来东亚文明区的主要发展线索。

---

① 海洋文明的代表之一就是妈祖崇拜。主要是中国东南沿海地区的一种海神信仰。妈祖又称天妃、天后、天上圣母、娘妈等，是历代船工、海员、旅客、商人和渔民共同信奉的神祇。据说，妈祖的原型是林默娘，宋建隆元年（960年）农历三月二十三日诞生于莆田湄洲岛，因救助海难于宋雍熙四年（987年）九月初九逝世。林默娘的"里中巫"身份，是妈祖信仰的原始形态。妈祖信仰产生在特殊的生态环境之下，与海洋渔业生产和海事活动密切相关。渔民因海难丧生者不可计数，所以希望有海上守护神庇佑安全。而妈祖的巫女身份，正好适应了人们的诉求。因她能预言人间祸福、济困扶危、治病消灾，所以人们在她死后立庙祭祀。此后，她的神迹接踵而至，她被塑造成了一位完美的女神。可见，民间对巫术的信仰是妈祖文化得以形成的思想基础。康熙十九年（1680年），妈祖被赐封"护国庇民妙灵昭应弘仁普济天上圣母"，康熙二十三年（1684年）又被赐封为"护国庇民妙灵昭应仁慈天后"，"天上圣母"和"天后"从此便成了妈祖的圣称。海外华人祭祀妈祖，根本的目的是不忘记祖先，不忘记根本。妈祖本来是海上保护神，后来她的职能逐渐扩大，人们认为妈祖能帮助他们排难解困。人们总希望通过妈祖祭祀，将妈祖的博爱、扶弱、勇敢、不屈的精神和尽孝的观念发扬光大，并把妈祖文化的精髓融入日常生活中，代代相传。

妈祖崇拜自宋代萌发，逐渐为官方所吸纳，并成为海内外华人普遍信仰的过程，能够比较真实地反映海洋文明在东亚儒家文明区中的生长和发育进程。

第一节　明清帝国时期儒家文明区的拓展——朝贡体系的变化[①]

一、从世界文明体系视角对"闭关锁国"的重新解读

不同于一般人认为的明清帝国实行所谓"闭关锁国",从世界文明体系的视角出发,我们可以发现,在19世纪40年代与欧洲列强签订不平等条约之前,明清时期的中国,已经将儒家文明区(天下体系)的内涵与外延,发展到了一个新的历史阶段。其中,明朝主要是开拓了南方海域,而清朝奠定了后期国家发展的疆域与人口基础,并将东亚范围内的朝贡体系发展到一种新的高度,直至其与民族国家世界体系发生新的冲突与融合。

事实上,"闭关锁国"更多地是被创造出来的历史话语,且表达着对"近现代"以来强势西方文明的向往,以及对东亚儒家文明渐次落后的不甘和激愤。在此种意义上,"闭关锁国"话语在过去的所谓"追赶现代化"的阶段有某种积极效应,但是随着中国的逐渐强大以及东亚文明区的不断调适,从东亚出发重构世界秩序和"人类命运共同体"的理解模式成为某种必然需求。以此为背景,过于强调"闭关锁国",认为东亚儒家文明区只是在"鸦片战争"之后才被迫打开国门和被动求变,未免看低了东亚文明区的主动融合能力及其与时俱进的内在发展动力。

比如"马嘎尔尼事件"中所谓的礼仪之争,实则都以商谈了结,而"天朝无所不有"和"拒绝通商"等话语,实际上表达的只是在朝贡体系下对与英国人单独通商的拒绝。凡此种种,需要我们站在全球史的视角,重新加以解读:[②]

[①] 在某种程度上,朝贡体系是天下体系的政治具象化表现,天下体系更加强调文明差序,而朝贡体系则更多地是建立在文明差序基础上的政治经济秩序。

[②] 以下内容引自梁文道与葛兆光联合策划的音频节目《从中国出发的全球史》第六季第八讲"传统帝国与现代国家:新世界与新秩序的形成"。

我们最近讨论大航海之后的全球史，一直在探讨全球秩序从传统与现代的转型。那么，如果从中国出发，需要讨论的问题是，这种转变尤其是中国的转变，是从什么时候开始的？

毫无疑问，从15、16世纪大航海时代以来，中国就已经处在早期全球化过程中，面对世界的对策不得不变，问题只是在传统里面小变，还是跳出传统大变。

但是，在我们所熟知的历史叙述里面，为什么好像中国直到鸦片战争之后，才因为西方的船坚炮利而被迫打开国门，然后才有所谓"融入"世界呢？

这样一种看法由来已久，当然它也有历史证据，前面有关鸦片的一讲中，我们也说到了两次鸦片战争对东亚和中国的深刻影响，这一观点，从蒋廷黻到费正清，大概都是这么说的，西方的冲击、东亚的反应，这当然有点儿历史的西方中心论，好像中国只有等西方的船坚炮利到来之后，才被动地被西方帝国主义拉入了一个业已存在的"国际社会"。

但是，反过来想一想，这种历史叙述是不是有点儿好像倒放电影？我们还得另辟蹊径，再进行一番讨论。

历史学家往往喜欢向上追根溯源，只是追溯历史的时候，用什么历史事件作为标志和象征，定义时代的变化，这也是有不同的。

其实，中国和欧洲的交往，也可以追溯到很久以前，比如马可·波罗的时代，或者西班牙、葡萄牙开启的大航海时代，再比如荷兰东印度公司到达东亚的时代……那么，为什么只有当19世纪的英国，带着鸦片、带着坚船利炮来到中国，才被看作是中国转变的起点呢？

回看历史，东西交往并不总是充满冲突和矛盾的，比如早期耶稣会士来到中国，以及荷兰东印度公司来东亚做生意，都没有引起非常激烈的矛盾和冲突，那时候的中国，也就是明清帝国还强，外来者们不得不加入东部亚洲海域以中国为主导的国际体系。

但是，到了19世纪，越来越强势的英国带来了鸦片，这种所谓"贸易"引起了激烈冲突，从此导致中国的全面溃败，产生了所谓"西升东降"的大趋势。因此，很多历史学家认为东、西的交往，是从这一所谓新秩序与旧秩序的冲突、碰撞开始的。

这不是没有道理，只是我们得在历史中更多地思考。

如果我们能够从全球史的视角，将威斯特伐利亚体系和亚洲的朝贡体系都当作亚欧大陆世界文明体系的一种地方性秩序，去理解其相互竞争、相互博弈、此消彼长的过程，在某种程度上，我们将更能理解东亚文明区自明清以来的种种变迁，也更能理解其近现代转变的内在机理和未来趋势。

二、"朝贡体系"在世界文明体系中的存在价值

所谓"朝贡体系"，是自公元前3世纪开始，直到19世纪末期，存在于东亚、东北亚、东南亚和中亚地区的，以中华帝国中原王朝为核心的等级制网状政治秩序体系。孙文等人认为，较之帝国主义的挟武力胁迫屈服、建立殖民地，宗藩关系不诉诸武力即可使对方诚服更显文明。

朝贡体系的雏形是古代中国的畿服制度，即中原王朝的君主是内服（中心地区）和外服（边缘地区）的共主，君主在王国内服进行直接的行政管理，对直属地区之外的外服则册封地方统治者来进行统治。内服和外服相互护卫。由此形成"普天之下，莫非王土"的"天下"概念。在历史发展和文化传播过程中，内服区域不断扩展，许多外服区域在接受内服区域的社会组织制度和思想文化观念后，慢慢变成内服的一部分，同时形成新的外服。这种内、外服的不断转化就产生了所谓的"华夷之辨"。

在汉武帝击败匈奴、开通西域之后，由于在已知世界中不存在可以抗衡的对手，以中国中原王朝为中心的朝贡体系正式确立。在这一时期的朝贡体系中，中原政权和其他诸国以"册封"关系为主，即其他诸国主动承认中原政权的共主地位，并凭借中央政权的册封取得统治的合法性。公元291年，西晋爆发八王之乱，其后中原王朝崩溃，北方游牧民族大量进入华夏民族的中枢地带，原有的册封体系随之崩溃。直至589

年隋朝重新统一之后，朝贡体系得到恢复。但是，随着唐朝的崩溃，宋、元等朝代相继而起之际，整个朝贡体系再次陷入混乱之中。在这一时期，往往同时有多个政权声称自己才是正统的天下之主，要求周边诸国进行朝贡，各小国往往同时向多个大国朝贡，更有一些国家一边接受朝贡，一边又向更强大的政权朝贡。这使得这一时期的朝贡体系呈现出多元的网状特征。即便是在唐朝国力鼎盛之时，日本等国也力图成为次级的朝贡中心，甚至互称对方的使节是"贡使"。同时，这段时间的中原政权往往采取"羁縻"政策取代原有的册封制度，其最主要的特点是，封赐的不再仅仅是王号，而是和直属官员相同的官职，比如南朝宋顺帝就曾封百济国王为"镇东大将军"，封日本为"安东大将军"。值得注意的是，唐朝羁縻制度有三种。第一种是在唐朝军事力量笼罩地区设立羁縻州、县，其长官由部族首领世袭，内部事务自治，进行象征性的进贡，但是负有一些义务，如忠于中原政府，不吞并其他羁縻单位和内地州县，以及按照要求提供军队等，实际上中原政权将其视为领土的一部分，文书用"敕"；第二种是设立所谓的内属国，如渤海、疏勒、南诏、契丹等，其统治者一般被封为都督或郡王，有自己的领土范围，但是其首领的政治合法性来自中原政府的册封，不能自主，中原政权将其视为臣下，文书用"皇帝问"；第三种是针对所谓的"敌国"和"绝域之国"，如吐蕃、回纥、日本等，虽然可能亦有册封，然多为对现实情况的追认，其首领的政治合法性并不依赖中原政权的册封，中原政权的文书多用"皇帝敬问"。宋朝之后，中原政权进一步加强了对第一种情况的羁縻州、县的控制，在部族首领之外，加派中原政权任命的监管官员。这一政策到元代逐渐演化成土司制度。

1371年，明太祖朱元璋明确规定把朝鲜、日本、安南、真腊、暹罗、占城、苏门答剌、爪哇等15个东亚、东南亚邻国列为"不征之国"，并写入《皇明祖训》，告诫子孙：这些蛮夷国家如果不主动挑衅，不许征伐。他还确定了"厚往薄来"的朝贡原则，由此最终确立了朝贡体系作为东方世界的通行国际关系的体制。在这个体制中，中原政权成为一元中心，各朝贡国承认这一中心地位，构成中央政权的外藩。

明朝中叶以来，全球历史开始发生重大转变。美洲"新大陆"于1492年被发现，西欧逐渐发展起来。在三十年战争确立西欧民族国家体系之前，由于缺少与东方平等贸易的产品，西班牙帝国和葡萄牙帝国将美洲发现的大量白银输入中国，为明朝后期以白银替代实物税收的一系列"税制改革"奠定了基础，此即所谓"白银资本"的全球流动①。事实上，在"白银资本"流动之前，明朝就已经通过"郑和下西洋"开始探索南方海域。

郑和下西洋是明代永乐、宣德年间的一场海上远航活动，首次航行始于永乐三年（1405年），末次航行结束于宣德八年（1433年），共计七次。使团正使由郑和担任，船队远航西太平洋和印度洋，拜访了30多个国家和地区，已知最远到达东非、红海地区。

郑和下西洋，是儒家文明区将"天下体系"拓展到海洋世界的努力和实践。明太祖确立的以"朝贡贸易"为主的和平外交和商业模式，不仅影响有明近三百年，也奠定了儒家文明向海洋拓展的国家开发模式。

另外，郑和下西洋的成功，也为华人"下南洋"并持续开拓海洋提供了条件，并将各种更加开放的社会元素引入南方社会，奠定了儒家文明向海洋拓展的民间社会开发模式。②

如上文所言，从朝贡体系建立至郑和下西洋，事实上面临着某种结构性的机制变化——传统的中心农业文明与边缘游牧文明的二元互动，发展成农业文明、游牧文明和海洋文明的三元互动。而明清以降不断地改写北方边界，以及调整"海禁"政策，实际上就是此种机制变迁的表现。

事实上，有学者指出，朝贡和海禁，并不是真的闭关锁国，而是废除民间的海外贸易，把经济纳入朝贡体系之内，由国家垄断贸易的利润，并以此保障朝贡贸易中心国的基础地位。郑和七次下西洋清理了海盗，整合了亚洲的政治经济网络，建立了理想的经商环境。民间力量也开始进入海洋贸易体系，并违反所谓"禁海令"，以走私的方式开展海上贸易。这构成了儒家文明区自明清以来拓展海洋文明方面的模式之争——由国家主导还是由民间社会主导。而儒家文明边缘地带，如日本的某些

---

① 也有历史学家指出，正是明朝后期西班牙、葡萄牙白银产量下降，流入中国的白银大幅减少，最终引发了明末的税制改革崩溃和一系列历史事件。

② 国家与社会严格而言是近现代社会科学概念，这里的国家强调的是以中央集权政府为主导，社会则强调以民间自发非政府行为为主导。

因素，使得情况更加复杂，如倭寇。所谓"倭寇"是指14—16世纪侵扰劫掠中国和朝鲜沿海地区的海盗，他们除沿海劫掠以外，还从事走私贸易。说白了，当时的倭寇就是一群海盗，而这群海盗里面有日本的武士、浪人，但还是以中国人为主。实际上，这是大陆帝国面对新的海洋商业模式，尤其是南方社会的各种商业性走私的治理困境。

在这个层面上，传统意义的所谓明清"闭关锁国"，主要是指大陆帝国传统难以应对海洋商业性开发而采取的暂时性封锁。实际上，在从1500年代以来的西欧与儒家文明区的接触过程中，民间社会向海洋世界的拓展、白银的输入和南方海洋文明对社会的改造，从来都是国家和社会发展的主流。只是其中由海洋文明带来的国家与社会矛盾——是国家主导还是民间社会主导——成为儒家文明区内部农业文明、游牧文明、海洋文明三元体系中最为重要的矛盾之一。

在某种程度上，正是明末皇权对以南方民间士绅为主的社会势力失去控制，才导致了清兵入关，并最终建立起更强大的大一统帝国。当然，在皇权取得稳固的控制之后，南方官办的商行重新垄断了海洋贸易，收复了民间贸易，击败了海盗集团，而民间社会则开始了大规模的"下南洋"运动，"朝贡体系"达成了新的平衡。①

以此种平衡为基础，清朝保留了明朝的朝贡体系，只是要求各国缴还明朝的封诰，重新领取清朝的封诰。清朝明确将和周围部族的往来交由理藩院和礼部分别管辖。蒙古、西藏等地与中原的往来被视为国家内务，由理藩院管辖；朝鲜、日本、俄国等国被视为独立的外国，其与清朝的交往由礼部管辖。②

1648年，随着《威斯特伐利亚和约》的签订，威斯特伐利亚体系逐渐成为欧洲国家之间主要的国际交流体系。同时，殖民和入侵成为欧洲国家在与其他弱小部族交往时的主导模式。随着欧洲国家逐渐同东方世界直接接触，这几种国际关系体系和模式之间的冲突便开始产生。1653年，俄国沙皇派遣使节，要求顺治皇帝向其称臣，成为俄国的殖民地。

---

① 从明末至民国时期，中国人去东南亚经商、打工乃至迁徙定居（起初的主要动因是统治印尼的荷兰当局来华南招工）的规模巨大，纳土纳群岛就是由华人开发的。

② 在朝贡体系的影响下，东亚地区逐渐形成一个以汉字、儒学为核心的东亚文化圈。其强调文化上的华夷之辨。李氏朝鲜甚至曾以"中华"自居，视清朝为蛮夷。但最终以清朝为主的朝贡体系成为东亚文明区的主流体系。

这种要求理所当然地被拒绝。经过长期的武力冲突和外交斗争，双方都开始认识到对方的实力，最后于1689年按照欧洲国际公法的惯例，签订了《尼布楚条约》，之后又在1727年和1728年相继签订了《布连斯奇条约》和《恰克图条约》，这些条约实际上确立了两国的平等地位。

此外，欧洲势力逐渐经由海洋进入东亚，并蚕食中国周边的小国，使得朝贡体系的成员大幅减少。清朝中期，朝贡国减少到七个，但是这并没有动摇朝贡体系的基础。

英国在印度大规模种植鸦片后，开始以鸦片为主要商品与中国展开贸易。在鸦片贸易上，两种不同体制之间的摩擦终于达到了不可调和的程度，最终爆发了鸦片战争。1842年，中国政府在战争中落败，被迫与英国签订了《南京条约》，朝贡体系的基础遭到了不可挽回的破坏。

在接下来的数十年中，朝贡体系被一个又一个条约削弱。1871年，清朝政府虽然一再以"大信不约"为借口拒绝同日本签订不平等条约，但是最后仍然被迫签订了《中日修好条规》，朝贡体系趋于破裂。随后，清政府被迫分别与法国和日本签订《中法新约》和《马关条约》，朝贡体系内最后的成员越南和朝鲜也脱离了这一体系，朝贡体系彻底崩溃。

总之，从全球史的角度出发，将朝贡体系与威斯特伐利亚体系放在同等的历史视域和历史地位考察，则可以发现这两种体系的交错复杂关系。在西方发现美洲和获得白银、开启海洋贸易阶段，朝贡体系出现了"下西洋"的海洋开拓活动。两大体系最初相遇之时，中国是白银输入国，并由此获得了长足的发展，只是在由国家主导还是由民间社会主导海洋贸易方面产生了冲突，最终引致明朝崩盘和清朝入关，并重建了朝贡体系，同时拓展了北方内陆和南方海洋疆域。清朝早期，朝贡体系和威斯特伐利亚体系仍然能够平等互动，如1689年《尼布楚条约》的签订。只是随着鸦片战争的到来，清朝主导的朝贡体系才最终崩解，并被逐步纳入民族国家世界体系，陷入半殖民地半封建状态，艰难地向着独立自主的民族国家状态转变。

第二节　儒家文明区的近现代转变：中国作为民族国家的建构过程

如上所述，从世界文明体系的视角而言，儒家文明区及其天下体系（朝贡体系），自明清以来，与威斯特伐利亚体系（包括体系建立之前的白银资本体系）不断交流与互动，促使其结构从农业文明与游牧文明的二元互动为主，转变为农业文明、游牧文明与海洋文明的三元互动。这种互动机制从1840年以来渐趋明显，但追根溯源，仍然需要从这种三元互动关系中去寻找规律，尤其要关注儒家文明区主动吸纳和融合发展的内在动力。

因此，要理解中国进入民族国家世界文明体系的过程，就必须回到自明清以来的农业文明、游牧文明与海洋文明的三元互动机制中。通过梳理历史脉络，来理解威斯特伐利亚体系建立以来的各种基本矛盾——如民族和国家、资本主义和社会主义的纠葛，并由此获得贯穿中华文明历史脉络的当代解读。

具体而言，我们可以通过历史上三种不同的文明矛盾来观察1840年以来中国的民族国家建构过程，从而获得从亚欧大陆世界文明体系向民族国家世界文明体系转变中儒家文明区的历史变迁真相。在某种程度上，以上变迁至少应该包含以下横贯全球史的几条线索：其一是农业文明与游牧文明二元互动转变为农业、游牧与海洋文明三元互动历史脉络下的满汉矛盾，以及如何在此基础上建立民族国家意义上的中华民族的困境；其二是农业文明与海洋文明历史脉络下的国家与社会的矛盾，以及如何在此基础上建立民族国家意义上的国家的困境；其三是民族国家世界文明体系化之后内在的资本主义文明与社会主义文明的矛盾，以及两种新型文明与儒家文明区历史的连接与互动，也即儒家文明区如何包容和重建新的世界文明体系中拥有全新内涵的世界的困境；其四是朝贡体系崩解前后中国加入民族国家体系的过程中与周边国家（如日本等国）的关系重建和互动，也即儒家文明区面对新的民族国家世界文明体系时如何调试天下体系的困境。

在某种程度上，儒家文明区所面对的新的民族国家世界文明体系下的"民族""国家""世界""天下体系"困境，实质是如何既深入儒家文明区的历史，又包容新的世界文明，建构新的文明体系的思想探索和创新。其中，前三个困境具有更强的内在关联性，但无论是何种困境，都有其历史路径依赖，只是在新形势下会发展出新的矛盾之可能。

一、儒家文明区面对新的"民族国家"世界文明体系的"民族""国家""世界"困境及其历史线索

如前所述，作为亚欧大陆世界文明体系一部分的儒家文明区，具有深远的帝国治理和文字记录传统，其历史脉络相对清晰，从秦汉到唐宋到元到明清的大一统传统，成为亚欧大陆世界文明体系的重要组成部分。

在汉武帝时期，儒家和法家合流为所谓"阳儒阴法"的大一统思想制度，实质上也是农业文明和游牧文明既相互冲突又相互融合相互学习的结果。

在中华文明的历史上，这种"阳儒阴法"的大一统模式影响深远，其具体内涵，也跟随着游牧文明和农业文明的不断互动发生变化。

从汉帝国到唐帝国，中华文明兼收并蓄，兼具农业文明和游牧文明所长。比如，盛唐皇帝既是农业文明的"帝王"，也是游牧文明的"天可汗"。受此刺激和影响，游牧文明也在不断累积新的能量，唐帝国衰落之后，中原地区面对的来自游牧文明的压力大增，迫使宋代集中于南方的开发，发展平民社会与经济。同期的契丹、辽、金也在学习农业文明，建立新的大一统统治。元帝国的出现，就是这种综合的大一统趋势的体现。而所谓唐宋变革，实质是宋元对峙，即亚欧大陆中心农业文明和边缘游牧文明发展到新阶段的表现。宋更多地经营南方农业文明形态，并逐渐开始向海洋探索；元更多地开发北方游牧文明形态，并最终将亚欧大陆大一统模式发展到元帝国新形态。

有明一代，事实上也是这种中心农业文明与边缘游牧文明二元互动结构的复现。

但是，与"唐宋变革"之前的农业文明和游牧文明二元结构有所不同，宋之前的中心农业文明在西安—洛阳一带，依靠大运河将南方的粮食运往北方。宋之后直至有明一代，南方已经得到了长足的开发。但是

北京仍然是防御游牧民族入侵的大门，在某种程度上，这种北方和南方的重要性的不同，正是后来燕王朱棣发动"靖难之役"并最终定都北京的深层原因。换句话说，宋之前，防御北方游牧民族一直是中华帝国的重中之重，南方的经济发展服从此种大局；但是自宋之后，南方深度开发，接通海洋贸易，南方经济的重要性与北方防御的重要性成为中华帝国权力布局难以平衡的新矛盾，南方对北方的天然服从性开始降低，而如何处理好这种南方深度开发和海洋贸易发展带来的社会经济矛盾，成为中华帝国权力布局需要面对的首要问题。此即农业文明与游牧文明的二元结构，转变为农业、游牧与海洋文明的三元结构，三者需要达成一种新的平衡。

如前所述，此种结构的深度转变，造成了有明以来深层次的治理矛盾：一方面仍然需要对抗北方游牧民族的冲击；另一方面，究竟是由国家主导海洋开发还是由民间社会主导海洋贸易，成为新的难题。所谓"海禁"和"开关"，以及"郑和下西洋"和"倭寇侵袭"，均只能在此种结构性困境下才能得到相对清晰的解读。

明朝初期，主要由国家主导海洋贸易，并将抵抗北方游牧民族的冲击作为政权的重心。但是明朝末年，南方民间社会逐渐主导了海洋贸易，皇帝和南方士族集团之间的权力之争到达了顶峰。所谓"党争"的实质，是南方士族集团代表"东林党"与皇权代表"太监阉党"的权力之争。皇权对士族集团缺乏足够的控制和信任，崇祯皇帝当政17年，换内阁首辅50余人。以此为背景，才有边关变故。吴三桂引清兵入关，大一统集权式皇权体制重新建立。

从亚欧大陆世界文明体系的视角而言，清兵入关其实并不是一个简单的武力征服过程，而是在儒家文明区从二元结构发展到三元互动状态时出现结构失衡，从而引入游牧文明因素（满族属于东北渔猎民族，如前所述，统一划分为游牧文明），达到新的平衡的结果。在这个意义上可以说，满族代表着北方游牧文明的某种传统，承袭元帝国的治理模式，在西方民族国家文明体系日益扩张的背景下，进入中原腹地重建儒家文明区的平衡。

事实上，正是因为承继儒家文明区中的游牧文明传统，并顺应时势的发展，清朝才能统一蒙古诸部，将新疆和西藏完整地纳入版图，基本奠定了中国作为统一的多民族世界大国的格局。[①] 而作为从游牧文明地区入关的统治者，清朝与明朝一样面临着如何面对海洋文明的挑战的问题，从打败江南各路明朝抵抗军，到最终收复郑成功治下的台湾，清朝同样面临着"海禁"与"开关"的困境，最终仍然以"广州"作为开放口岸，确保了国家对海洋贸易的主导权。

当然，作为世界文明体系中东亚儒家文明区的核心政权，清朝重建儒家文明区结构，面临的更大挑战是西方民族国家世界文明体系的兴起——北方以俄罗斯帝国的陆地扩张为主，南方以英法等帝国的海洋贸易侵夺为主。事实上，清朝基本抵挡住了陆地层面的入侵，康熙年间签署的《尼布楚条约》是中国历史上第一次以"中国"作为主权国家的平等国际条约。此外，清朝早期基本垄断海洋贸易，并且引入美洲粮食作物（如土豆、玉米等），加上"永不加赋"等治理策略的调整，将儒家文明区的国家版图和人口数量推向了专制时代的最高峰。清朝前期农业和商业发达，江南出现了密集的商业城市，并在全国出现了大商帮。在此基础上，清朝人口突破四亿大关，占当时世界总人口的近一半，奠定了后期民族国家的地理版图和人口概貌。

但是，受限于其先天的游牧文明基因以及儒家文明区大一统的结构稳固性诉求，清朝后期对西方民族国家体系的强势崛起准备不足，应对失据，尤其是鸦片战争之后，逐渐沦为半殖民地半封建社会，失去主权国家尊严，这确实也是历史事实的另一面。在某种程度上，面对民族国家世界文明体系的转型，清朝不足以担当起新的民族国家建构重任，需要再一次重建。但需要指出的是，这种重建并不是简单地推翻清朝政权，而是在儒家文明区三元互动的背景下，应对西方民族国家体系崛起，实现文明整体性转变的过程。对此的认知需要回到儒家文明区自身的历史脉络中去梳理，只有这样才能得到相对清晰的结论。

综上，从世界文明体系的视角出发，我们能够相对清晰地看到清末各种矛盾的历史结构性脉络，大致上可以区分出三种依次递进的矛盾。

[①] 在学术讨论中，有历史学家将清朝的游牧文明特色作为"内亚"传统来进行研究，将其定位在"中华文明"尤其是"中国"之外，在某种程度上是低估了儒家文明区的包容和扩展度。

第一，从传统文明体系内蕴的中心农业文明与边缘游牧文明的矛盾转化而来的满汉矛盾。当清政府无法担当"民族国家"中的"民族"建构任务时，满汉冲突随之产生，却又不能停留于此。此即所谓"民族"矛盾。

第二，从传统文明体系内蕴和生发的农业文明与海洋文明的矛盾，并由此而引发所谓"国家政府主导"与"民间社会主导"的国家与社会之争，使得新的国家构建不仅要面对多民族的统一难题，还要面对建构模式的抉择。按照现代学术话语，即大政府小社会还是小政府大社会的道路发展之争，这与中国历史上的所谓"以北统南还是以南统北"又有所关联。基于以上各种关联，可以简单将这些矛盾命名为"国家与社会矛盾"，也即所谓"国家"矛盾。

第三，与上述矛盾有所关联但又不完全相同的"资本主义道路"与"社会主义道路"的选择之争，其冲突的内核就不仅只是"民族"与"国家"在新的历史条件下如何重建的问题，而且意味着儒家文明体系作为传统世界文明体系的一员，在新的"道路"冲突背景下如何与时俱进，重构中华文明的包容性和世界性的问题。基于以上历史脉络，可以将这一矛盾简单命名为"中华文明的世界道路包容性矛盾"，也即所谓"世界"矛盾。

以上分别说明了儒家文明区在面对民族国家世界文明体系转型时所内蕴的"民族矛盾""国家矛盾"和"世界矛盾"的历史脉络及其在新形势下的困境。事实上，到了清末，传统的历史线索已经逐渐演变出新的发展方向，并努力尝试包容和改造世界文明体系的新内涵，以创造出儒家文明区的新形态。其主动求变和创新的精神，以及自秦以来厚重的历史储备，是儒家文明区能够完成此种转变，不断适应历史形势变迁的内在动力。

二、儒家文明区中"民族""国家""世界"认同矛盾的新发展

如上文所述，清朝后期，儒家文明区传统的文明互动结构已经有了深刻改变，不仅由农业文明与游牧文明的二元结构发展为农业、游牧与海洋文明的三元结构，而且逐渐与民族国家文明体系的新文明内涵

相互融合，由此从传统的历史路径中开拓出了新的内容。具体而言，即要在传统"中国"认同理念的基础上，融入"民族""国家""世界"的内涵。

1. "民族"认同的矛盾

如前所述，"民族国家"中的"民族想象"既有"民族"内涵，也有"国族"意义，前者侧重历史文化渊源，后者强调来自世界体系结构性分野的影响。在西方，前者主要来源于宗教和语言，后者主要来自英法百年战争中所内含的结构性分化，并在三十年战争中渐次分离，形成新的"威斯特伐利亚体系"。"中华民族"的建构过程同样如此，既有历史文化的渊源，又有结构性的影响，前者主要有"华夷之辨"，后者主要受制于"农业、游牧与海洋文明"的三元结构状态。

根据郝时远、黄兴涛和方唯规的研究，"民族"在古汉语中主要用于表达宗族认同和夷夏之辨，所谓"非我族类，其心必异"，强调的是文化的认同和归依。在这个意义上，农业文明与游牧文明不断地冲突和融合，一直是儒家文明区的内在互动模式。

事实上，清朝入主中原带来的文明冲突也并没有超越儒家文明区的内在结构和互动模式。清朝为了顺利建立新的中央集权统治，曾经实行残酷的民族压迫政策，以"剃发易服"来强迫中原居民迅速屈服于集权统治。在此基础上，虽然清朝统治者的后续治理仍然遵从"阳儒阴法"的儒家文明传统，但在满汉民族区隔上始终戒备森严，尤其是在上层权力机构中对汉人严加防备，这是其集权统治的特色之一。

但正如上文所言，清朝需要面对明清以来儒家文明区从二元结构到三元互动的格局转变。作为来自大一统法理传统的游牧民族，其与农业文明的冲突与融合相对容易处理，但面对新的海洋文明的冲击，尤其是西方民族国家法理背景下的新型文明冲突时，其应对失据在所难免，而这终将激化内部的民族对立。①

其中最具代表性的历史事件就是清末的农民运动之一——太平天国运动。农民起义一直是儒家文明区，尤其是农业文明治理区域内部各种

---

① 但需要注意的是，这种民族对立并不是简单的"反清复明"，而是要在新的文明形势下完成建立新型"民族国家"的重任。

治理困境，典型的如土地兼并、税收困难、农民破产等的后果，也是改朝换代的主要推动力之一。

太平天国运动与传统的农民起义具有相同的阶级压迫基础，但更重要的是，其起义的指导思想不再仅是"均贫富"的传统理念，而是融合了西方基督教文明的变种——"拜上帝教"。

在某种程度上，此种基督教变种的传入，也是明清以来儒家文明区向海洋扩展以及华人"下南洋"的某种必然结果。其更进一步的源头，自然是儒家文明区所具有的由"核心"区域向周边扩散的"客家人"文化。事实上，洪秀全就是客家人。作为屡试不第的落选"秀才"，其"拜上帝教"的思想来自基督教第一位华人牧师，也是基督新教的第一位中国传教士梁发所撰的《劝世良言》。梁发出身于广东省肇庆府高明县（现佛山市高明区）西梁村的一个农民家庭，早年在广州当制笔和印刷工人期间结识了英国传教士马礼逊及其助手米怜，清嘉庆二十年（1815年）随米怜前往马六甲参与海外对华传教中心的工作，翌年由米怜主持受洗礼入基督教。在某种程度上，正是其"南洋"经历而与基督教有了深度的关联，并影响到儒家文明区内部的读书人。

1843年，洪秀全受到梁发的影响，写作《原道醒世训》，为未来的理想社会描绘了一幅蓝图："天下一家，共享太平，几何乖离浇薄之世，其不一旦变而为公平正直之世也！"篇末附七律一首，末句云"各自相安享太平"，此即"太平天国"最初的思想来源。

1850年末至1851年初，由洪秀全、杨秀清、萧朝贵、冯云山、韦昌辉、石达开组成的领导集团在广西金田村发动反抗清朝的武装起义，后建立"太平天国"，在1853年3月攻下江宁（今南京）后定都于此，并将首都改称天京。1864年8月，太平天国首都天京被湘军攻陷，洪秀全之子、幼天王洪天贵福被俘。1872年，最后一支太平军部队——翼王石达开余部李文彩在贵州败亡。太平天国历时14年，达到了封建王朝时期农民战争的最高峰。

太平天国运动给当时内忧外患的清政府造成了沉重的打击，但也促使清政府不得不改变统治策略。由于"八旗"子弟及其军队体制腐朽堕落，清政府被迫允许南方士绅自办"团练"以抵抗太平天国，由此引发了以曾国藩为首的"汉族"地主的崛起。曾国藩，道光年间进士，曾任内阁学士，对程朱理学推崇备至。太平天国进军湖南时，曾国藩被任命为帮办团练大臣，在湖南举办团练，后来组建起一支具有正规军规模的地主武装团练——湘军。咸丰四年（1854年），曾国藩发布《讨粤匪檄》，率湘军出省作战。为了增强作战力量，他主张引进西方先进技术，设立安庆内军械所，制造新式枪炮。咸丰十年（1860年），曾国藩被任命为两江总督、钦差大臣，督办江南军务。次年攻占安庆，奉命统辖苏、皖、赣、浙四省军务。同治三年（1864年）攻陷天京，次年奉命赴北方镇压捻军起义。同治七年（1868年）调任直隶总督。

曾国藩的崛起，对清王朝的政治、军事、文化、经济等方面都产生了深远的影响。以曾国藩为首的汉族地主经世派的崛起，使清朝封疆大吏由满族权贵变为经世派官员。清朝地方官员中满汉比例发生变化，地方督抚力量得到强化，其离心倾向也有所增强。

从"满汉矛盾"出发来理解晚清的变革，可以发现，晚清变革虽然在手段上引入了一些西方文明的元素，但主要线索仍然是儒家文明区的主动扩张和吸纳，展现出的是一种积极求变的过程。这种认识不同于简单地将晚清变革解读为闭关锁国背景下被迫打开国门的过程。

以此为线索，我们也能够重新认知后续的一系列由所谓"满汉矛盾"牵引的历史变局，并由此得以从儒家文明区内部来理解中华民族的建构过程。

事实上，晚清中兴只是初步协调了代表着农业文明与游牧文明冲突的"满汉矛盾"，但是面对海洋文明带来的新冲击，尤其是面对重建与西方对等的强大民族国家的重任，清朝政权显示出巨大的不适应性。以此为背景，孙中山在1905年（清光绪三十一年）中国同盟会创立时提出了"驱除鞑虏，恢复中华，创立民国，平均地权"的十六字政治纲领，其中前两句"驱除鞑虏，恢复中华"改编自明太祖朱元璋《谕中原檄》里的"驱逐胡虏，恢复中华，立纲陈纪，救济斯民"，后两句"创立民国，平均地权"则更多地来自对资产阶级共和制的学习和改造。在这个意义上，所谓"民族、民权、民生"即"三民主义"，是历史脉络与新思想的融合与发扬。

自1906年起，在孙中山和中国同盟会的领导下，革命志士先后发动了萍浏醴起义、黄冈起义、七女湖起义、钦廉防城起义、镇南关起义、钦廉上思起义、云南河口起义、广州新军起义和黄花岗起义等。在革命思想的引导下，1911年10月，武昌起义爆发，全国各省纷纷响应。随后，孙中山被南方17省代表选举为中华民国临时大总统，组成中华民国临时政府。1912年2月，清宣统帝退位，从此结束了清王朝自1644年起对中国长达两百多年的封建统治，使中国"起共和而终二千年帝制"。

虽然辛亥革命的最终成果为袁世凯所窃取，但在共和基础上建立强大"民族国家"的理念深入人心，并成为之后革命的主流方向。进一步而言，简单沿袭"满汉矛盾"而建立的"民族"认同显然不符合新的"共和"时代诉求。1912年1月1日，孙中山发表《中华民国临时大总统宣言书》，第一次提出了"五族共和"论。"国家之本，在于人民。合汉、满、蒙、回、藏诸地方为一国，即合汉、满、蒙、回、藏诸族为一人。是曰民族之统一。"这一原则强调了在中国的五大族群——汉满蒙回藏和谐相处，共建共和国，并以五色旗作为国旗，分别代表汉族（红）、满族（黄）、蒙古族（蓝）、回族（白）、藏族（黑）。五族共和源自清末立宪运动的"五族大同"，但直至中华民国才成为建立共和国的基本方针。五族共和的内涵，实质上来自中华文明兼收农业文明与游牧文明的事实，希望能够在尊重历史事实的基础上实现兼容并包的"民族国家"化改造。

不仅如此，孙中山还在1912年1月中华民国南京临时政府宣布成立后，在《对外宣言》上首次使用了"中华民族"的称谓，使中华民国成为当时中国各民族团结和国家统一的标志，也显示出长期以来传统的"华夷之辨"的文化统一体向自觉的民族统一体和国族统一体转变的趋势。

以此种转变为核心，中华人民共和国成立之后，经过细致的民族识别，确定了除汉族之外的55个少数民族，承认了汉族、藏族、蒙古族、维吾尔族、回族、满族等在历史上有高级的宗教或文化，有自己独特的政治治理传统的原生性民族的存在，并在此基础上发展出具有典范性的中华民族"多元一体"理论，即中华民族包含56个民族，共同构成统一的多民族国家。费孝通在《中华民族的多元一体格局》中说："距今三千年前，在黄河中游出现了一个由若干民族集团汇集和逐步融合的核心，被称为华夏，像滚雪球一般地越滚越大，把周围的异族吸收进入了这个核心。它在拥有黄河和长江中下游的东亚平原之后，被其他民族称为汉族。汉族继续不断吸收其他民族的成分而日益壮大,而且渗入其他民族的聚居区,构成起着凝聚和联系作用的网络,奠定了以这个疆域内许多民族联合成的不可分割的统一体的基础,成为一个自在的民族实体,经过民族自觉而称为中华民族。"

费老的论述,事实上是将文化认同和历史认同引入民族认同,并构成中华民族的历史文化根基,在此基础上发展出当代中华民族多元一体的国族认同,这成为当下中华民族认同的主流观点。其中,自觉的民族统一体认同主要来自历史文化认同(以儒家文化为主体而包容其他文明形态),而自觉的国族统一体认同主要来自"中华民族多元一体格局"的体系化认同(事实上是对儒家文明区农业、游牧和海洋文明三元结构的"国族"化想象和重构)。

综上所述,儒家文明区的"民族认同",从传统的"华夷之辨",至清朝的"满汉矛盾",将历史脉络上的儒家文明区"天下体系"发展到"民族国家"认同阶段,并吸纳和创造出新的"中华民族多元一体"概念。其既有历史的渊源,又紧跟现实与未来的演化趋势,展现出儒家文明区深厚的历史底蕴与强大的包容能力。

如果将中国的民族国家建构历史与西欧的民族国家建构历史相比较,我们就可以发现其共同的亚欧大陆世界文明体系化背景。只是西欧的民族历史文化认同主要来自宗教和语言,而国族体系化认同主要来自英法分野背景下的差序格局。而中国的民族历史文化认同主要来自传统的"华夷之辨""满汉矛盾"所蕴含的文明差异,国族体系化认同主要来自农业、游牧和海洋文明的三元互动格局。

2. "国家"与"世界"认同的矛盾

除了上文所述"中华民族多元一体格局"的历史来源之外,当下较为流行的"国家"与"社会"对立话语,过于强调所谓"市民社会"的个体自由式发展,在某种程度上缺少了对儒家文明区内在的"国家主导"和"社会主导"历史分野的理论关注。① 进一步而言,这种"国家"与

---

① 历史经验表明,儒家文明区的"社会"更多体现为士绅地主的联结,而不能被简化理解成资产阶级个体自由基础上自由联结而成的社会。因此,简单实用的国家与社会理论,在某种程度上缺少对儒家文明区的历史与经验的尊重,有理论误导和误用之嫌。

"社会"的矛盾和儒家文明区对"世界"的体系性包容,具有某种同构性,只是层次稍有不同,因此将这两种矛盾放在一起进行分析比较合适。

如前所言,民族国家合法性的来源是"人民",使每个人都成为"国家公民",而这种"公民"状态又主要是由契约界定的。在这个意义上,国家与社会具有某种同构性,即以契约的方式尊重人民的权利。可见,无论是国家还是社会,在社会契约论的意义上都是为"人民"服务的。

由此才能真正理解社会契约论意义上的国家认同理论的推导逻辑,从霍布斯的"利维坦"到洛克的"权利让渡和收回的自由",一直到卢梭的"人民主权",都在探讨这种"国家子民"与"国家"的契约状态究竟为何。卢梭指出,社会契约所产生的结果既不是霍布斯所说的有绝对权力的"利维坦",也不是洛克所说的只有有限权力的政府,而是集强制的权力和自由的权力于一身的"公意"。所谓公意,指全体订约人的公共人格,是他们的人身和意志的"道义共同体",它是"每一个成员作为整体的不可分的一部分"。在"公意"所谓"一切人把一切权力转让给一切人"基础上,卢梭的"人民主权"概念,暗含着民族国家的契约正义状态的两种可能,即个体主义和集体主义、资本主义和社会主义两条道路均能成立的可能。事实上,康德和马克思也正是在卢梭的基础上发展和完善了资本主义和社会主义的"世界道路"。

可见,无论是大政府还是小政府,最重要的都是"为人民服务"。

需要指出的是,大政府与小政府的区别,是理论发展到今天的认知结果,如果回到"中国"作为一个"民族国家"的历史进程中去,则可以发现不同于纯粹理论的历史经验,当下的"国家"与"社会"之争的某些经验事实,需要在此框架下重新加以解读。

正如前文所述,儒家文明区自宋朝开发南方以来,尤其是明朝开始输入西方白银资本之后,农业文明与游牧文明的二元互动便逐渐转变为农业、游牧与海洋文明的三元互动。南方社会被开发以来,在儒家家族认同的背景下,士绅豪强逐渐成为社会力量的主导,由此导致明清两代,国家在朝贡和海禁政策上的反复。

有学者指出,朝贡和海禁并不是真的闭关锁国,而是废除民间的海外贸易,把经济纳入朝贡体系之内,由国家垄断贸易的利润,并以此保障朝贡贸易中心国的基础地位。郑和七次下西洋清理了海盗,整合了亚洲的政经网络，建立了理想的经商环境。民间社会也开始进入海洋贸易，并违背所谓禁海令，以走私贸易的方式开展海上贸易。这构成了儒家文明区自明清以来拓展海洋文明的国家主导模式和民间社会主导模式的模式之争。

如果深入分析此种历史传统中的"国家"与"社会"之争，则可以发现有两个特征。其一，传统国家（政府）在基本垄断海洋贸易利润的情况下政权比较稳固，而民间社会则主要通过不断向海洋的扩展（下南洋）去获取更多的利益。在某种意义上，这构成了更广泛时空意义上的新型"国家"与"社会"的平衡。① 其二，传统的国家与社会之争，主要表现为皇权、士绅权力和"人民"利益三者之间的动态平衡，无论是由国家主导还是由民间社会主导，当利益大都聚集于皇族和士绅阶层时，相伴随的土地兼并和农民破产就会导致政权动荡甚至是改朝换代。

清朝中后期，此种国家与社会之争以近乎相同的逻辑再次展开，只是皇权和士绅权力之争之外，加入了满汉民族矛盾，以及由南洋传入的基督教因素的影响。从"太平天国运动"开始，由清朝皇权主导的局面一去不返，即使是逐渐坐大的以曾国藩为首的"汉族地主士绅"集团，也没有能力面对西方列强的入侵，没有足够的能力完成"民族国家"的重建。

面对这种"国家"与"社会"的双重失败，需要从历史条件中找到解答的线索，并顺应"民族国家"建构的理路来加以重建。根据卢梭的理论，"人民主权"的建立有资本主义和社会主义两条路径，事实上，儒家文明区民族国家重构的历史进程兼容了这两条道路中的某些共通的文明内容。

也是在这个意义上，"国家"和"社会"的矛盾和儒家文明区对"世界"的体系性包容，具有某种同构性，这一点也在历史进程中体现了出来。

如前所述，孙中山所提出的"三民主义"主张，既有"驱除鞑虏，恢复中华"的历史内涵，也吸收了资本主义文明的新内容。客家人出身的孙中山，其最初领导的反清起义，资金大都来自南洋"华侨"。深入"南洋社会"，是反清的内在原动力之一。在其后续实践过程中，孙中山也提出过

---

① 当然，其实质仍然是儒家文明天下体系范畴下的国家与社会的平衡。这种社会开发并不是简单地占有土地和财富，而是深入社会文明的建构和创造过程。华人移民对包括南洋在内的海洋文明的建设和付出，是影响世界文明进程的重要历史事件之一，堪与欧洲对北美的移民与开发相提并论。

"联俄联共扶助农工"的政策。其表面上的继承者蒋介石在最初的国民革命阶段，与中国共产党也有诸多合作。只是后来国民党反动派发动"四·一二"反革命政变，诛杀国民党左派和共产党人，背叛了革命。

中国共产党则坚定选择了社会主义革命道路，在蒋介石背叛孙中山革命道路之后，中国共产党开始独立建立军队和革命根据地。早期在南方建立苏维埃政权，反"围剿"失败后，开始长征，转战陕北，并在"西安事变"之后主导建立国共合作统一阵线，共同对抗日本入侵。抗战胜利之后，面对反动政权的倒行逆施，展开人民解放战争，成功地将国民党反动派赶到台湾岛，并成立社会主义性质的中华人民共和国。

从民族国家建构的理论视角来看，固然可以说中国革命实践中的社会主义道路倾向于"国家"大政府，资本主义道路倾向于"社会"小政府。但事实上，国民党政权失败的原因，就是因为其代表着大地主、大官僚、大买办势力，而共产党代表着人民。是否"为人民服务"才是成败的关键。也是在这个意义上，可以看到国共之争背后儒家文明区"国家"与"社会"历史之争的影子，无论是"大权"一统还是"士绅"党争，无论是"大政府"还是"大社会"，真正的要义在于是否发动群众和"为人民服务"。

另外，儒家文明区对"世界"的体系性包容（包括对资本主义文明和社会主义文明的包容）也仍在继续。实施改革开放，提出"一国两制"等伟大设想，展现了跨越"意识形态对立"的文明包容度。

秉持"为人民服务"的传统，面对"冷战格局"解体之后的新局面，中国提出了构建人类命运共同体的理念，以及共建"一带一路"的倡议。这在某种程度上超越了国家和社会、资本主义和社会主义的旧意识形态之争，体现了儒家文明区内在的历史包容性和时代创新性，以回应当下的"世界"性问题。

可见，儒家文明区内在的国家与社会理路，其对"为人民服务"理念的坚持，对资本主义文明和社会主义文明的包容，以及面对新的世界格局展现出的文明底蕴和创新性，是一以贯之的，只是需要我们重新加以总结与梳理。在这个意义上，抛开纯理论的国家与社会的争论，回到"人民"本身，去反思和贯彻中华文明面对新世界时的包容和创新，是我们应对当下世界各种困局的最好办法。

总之，将儒家文明区看作亚欧大陆世界文明体系的一个组成部分，分析其融入民族国家世界文明体系是新旧体系内部的历史脉络及其世界文明体系化特色，则可以发现其面对"民族"与"国族"建构、"国家"与"社会"之争，以及"世界多元并包困境（早期的农业、游牧与海洋文明互动，后期的资本主义与社会主义之争）"的共同解决之道：来自历史，包容世界。这也是儒家文明区"天下体系"面对文明冲突的化解之道。而"天下体系"中的边缘文明体，如日本，也不断地在这个体系中寻找着变革之路，并对儒家文明区产生了重要的影响。

第三节 儒家文明区"天下体系"中的边缘与中心——以日本为例

如上文所述，儒家文明区面对新的民族国家世界文明体系时，其民族认同、国家认同和世界认同的重构过程中，无处不有"天下体系"的影响，如民族（国族）认同中多元一体格局的建构，国家（社会）认同和世界认同中跨农业、游牧、海洋文明的兼收并蓄和超越资本主义和社会主义争端的包容性。但无论如何，以上分析仍然主要集中在东亚儒家文明区的核心区域，而传统的天下体系中的边缘文明体，如日本，其在天下体系变革中的作用与反作用仍需要进一步分析说明。

众所周知，日本在历史上是儒家文明区的一分子。每每谈及日本的近现代化，总是出现与之前谈论中国的"闭关锁国"时类似的话语，即日本经历了两百多年的封闭，被美国"黑船"打开了国门，才逐步进入现代化历程。

但是，如果我们回到世界文明体系的层面，从儒家文明区整体转变的视角出发，那么日本的所谓"闭关锁国"过程，同样只是朝贡体系之内，由官家（幕府）控制海外贸易，并有限吸收西方的各种优秀思想（兰学）的过程。

可见，只有从长时段的全球史的角度出发，才能真正理解日本在整个儒家文明区的存在意义及其做出的贡献和带来的各种后果。

以下分三个阶段介绍日本作为儒家文明区一分子在世界文明体系中的发展历程。

第一阶段，古代日本向中国的学习；

第二阶段，日本"战国时代"的开启与"闭关锁国"；

第三阶段，"黑船"事件之后的日本与法西斯政权的覆灭。

一、古代日本向中国的学习

日本早前学习中华文明，融入了儒家文明区，近现代之后又学习西方文明。这种说法虽然只是简单的描述，但在一定程度上体现了世界文明体系化的特征。由于海洋的阻隔，日本相对于东亚大陆的地位格局，类似于英国相对于西欧大陆的地位格局。相对于大一统的大陆文明在早期历史中的强势而言，无论是英国还是日本，均处于相对弱势的边缘地带，以"学习"大陆文明为主。但是与英国不同的是，日本一直深受大陆文明的影响，即使是近现代向"西方"学习的过程中，也并没有完全融入英国在大航海时代以来所创生的海洋文明体系，而是在融入大陆和走向海洋的两条道路上徘徊，并从大陆文明的边缘存在转向两种文明的某种中间存在。在这个过程中，日本曾经希望加入"法西斯"集团重组世界体系化格局，但最终失败。

此种世界文明体系意义上的全球史视野，能够帮助我们对所谓日本"学习"中华文明和西方文明的两段历史过程获得相对清晰的解读。

日本在古代"学习"中华文明的历史过程，事实上是典型的边缘地带借助文明中心区的"轴心突破"，迅速进入世界文明体系的过程。同时，日本在这一过程中也形成了某些自身的文明特色，一是模仿中华文明儒家体制而产生的文化体系（假名文字、武士道等），二是产生了神道教。

（1）古代日本学习和借用的基本是儒家文明体制。考古学家认为，早在十万年前，日本还与亚洲大陆相连时，群岛上已有人居住，史称旧石器时代。当时的人以狩猎采集为生。到了大约一万年前的新石器时代，人们开始制造较精细的石器和陶器，开始学用弓箭狩猎和储藏食物。公元前3世纪左右，农业种植和金属冶炼的方法从亚洲大陆传入，使日本农业得到了迅速发展。人们也开始制造武器，并在宗教仪式中使用铜镜和铜剑。由于分工的关系，日本社会分化出了统治者和被统治者，部落和国家也随之产生。公元前3世纪至公元3世纪史称"弥生时代"。到了4世纪，邪马台国势力强盛，统一了日本各国。

4—6世纪，中国文化经由朝鲜传入，儒家和佛家思想也传到日本。日本和朝鲜建立了往来关系，并从朝鲜引进了中国的纺织、金工、鞣革、造船等技术。日本还从中国引入了表意文字，学习中国的医术、天文历法和儒家思想，并模仿中国建立政制。

8世纪初，日本在奈良建立了第一个首都，开始了奈良时代。皇族成员在奈良居住了70多年，势力愈益强大，并逐渐向全国伸展。

平安时代从794年开始。日本皇朝以当时的中国首都为蓝本，在京都建立新都，称为"平安京"。平安京作为首都延续了近一千年。前期日本大量吸收中国文化，这是个吸收和同化的过程，外来的东西渐渐染上了日本的色彩。日本的文字"假名"就是在这一时期形成的。"假名"分"片假名"和"平假名"，是以汉字为基础，取汉字的偏旁部首和部分草书而制成，是一套独特的文字系统。

经过以上努力，日本基本形成了作为儒家文明区一分子的政治和文化体制。镰仓时代（1185—1333年，宋元时期），源赖朝在镰仓（今东京附近）成立幕府。镰仓幕府厉行新政，鼓励幕府中人习武，武士道盛极一时[①]，并开创了架空天皇600余年的幕府统治时期。

（2）日本还糅杂佛教等东亚大陆传来的文化信仰，建立了神道教信仰体系。神道教简称神道，原本是日本的传统民族宗教，最初以自然崇拜为主，源于萨满教，属于泛灵多神信仰（精灵崇拜），视自然界各种动植物为神祇。神道教起初没有正式的名称，一直到5—8世纪，佛教经朝鲜传入日本，渐渐被日本人接受，为了与"佛法"一词分庭抗礼，创造了"神道"一词来区分日本固有的神道与外国传入的佛法。

神道教信仰多神，特别崇拜作为太阳神的皇祖神——天照大神。称日本民族是"天孙民族"，天皇是天照大神的后裔及其在人间的代表，皇统就是神统。祭祀的地方称神社或神宫，神职人员称为祠官、祠掌等。佛教初传入日本时，神道教信徒甚为反对。由大陆渡来的有力氏族，例如苏我氏，则支持佛教。而日本本土的氏族，如物部氏和中臣氏，则拥

---

① 武士道是对儒家"士"文化的武士化调整和适应，如下文所述"神道教"特色一样，符合边缘文明向中心文明的扩张性诉求。

护神道教，反对佛教。佛教僧侣具有大陆先进的知识，天皇因此支持佛教，一时神道教失势。但是到了8世纪末，佛教僧侣炙手可热，天皇欲抑制佛教的势力，因而神道教再度得势，两种宗教遂逐渐互相混合。

至明治时期，为适应强化国家想象的需要，兴"废佛毁释运动"，神道教成为国家的宗教。虽然明治政府承认信教自由，但是崇拜神道教成为日本国民的义务，神道教遂成为统治国民的手段，当时在日语中称为"国家神道"。

传统上，神道教的祭祀人员、神主（神道教的祭司）以及下级神职人员一般都是世袭。明治政府不采传统的制度，废止世袭制，设置内务省中一部局来管辖全国神社，神职人员皆成为内务省职员。明治政府又将古社中多数小社统筹到大社中。1945年，日本于第二次世界大战投降后，在盟军要求下宣布政教分离，裕仁天皇发布诏书，宣布自己是人不是神，废除国家神道，政府不得资助神社，但神社神道已经成为日本神道教信仰的主流。

可见，神道教的发展经历了从原始崇拜，到与佛教并存，直至成为国家神道宗教并再度废止的几个阶段。从世界文明体系的视角来分析，我们可以发现神道教是"因神道而设教"，某种程度上是在原始多神崇拜的基础上直接借用了文明中心区的"世界主义轴心突破"体制及其象征，因此同时具有原始多神崇拜、佛教体制和天皇崇拜的特征。在这个意义上，所谓天皇崇拜，更准确地说并不是由原始崇拜中自然生长出来的主神崇拜，而是对大陆更强大文明体系化崇拜的象征性转化。① 只有从这个角度出发，才能理解日本对大陆（强大文明）的崇拜和渴望，以及从边

---

① 日本天皇这一名称最早见载于7世纪日本政府颁布的《飞鸟净御原令》。而中国开始称日本元首为天皇约是在清末的同治年间。日本天皇制是世界历史上历时较长的君主制度，近代明治维新后宣称天皇"万世一系"并将其写入宪法，即日本从古代起没有改换朝代，始终都是皇室一系。由于年代久远加上大量神话色彩，难以断定古代天皇的真实性。从崇神天皇开始，考古学才能确认其实际存在，自应神天皇开始的历史之可信度才大为提高。日本自1185年镰仓幕府建立至1867奉还大政，天皇权力被架空近700年之久。明治维新之后日本逐渐走上军国主义道路，昭和天皇相继发动日本侵华战争和太平洋战争等侵略战争，给亚洲及世界人民带来深重的灾难，导致数千万无辜人民的死亡。二战结束，日本以无条件投降为"条件"，允许天皇作为象征性国家元首保留下来，但否定其人间"神"的地位。事实上，天皇在历史上多是象征角色，其权力强化是"明治维新"之后对"民族国家"想象的一种适应和调整。

缘地带不断扩张至中心大陆的野心。天皇崇拜及其万世一系想象，是这种文明关联性的象征性体现。

综上，古代日本在自身原始文明基础上，通过直接"学习"东亚大陆儒家文明和其他成熟文明的"世界主义"特点，形成了自身的边缘文明特色，主要有儒家化的政治体制和神道教，并由此而强化了对大陆文明中心的依赖和向往。

二、日本"战国时代"的开启与"闭关锁国"

从世界文明体系的视角来看，日本在近现代"学习"西方的过程，并非始于"黑船事件"，而是整个东亚儒家文明区"天下体系"与"威斯特伐利亚体系"互动的一个组成部分。

如上文所述，从明朝大量输入白银资本开始，儒家文明区就开始逐步面对海洋文明的侵袭，并从农业与游牧文明的二元互动进入农业、游牧与海洋文明的三元互动阶段。而作为儒家文明区边缘地带的日本，同样受此影响。倭寇侵扰明朝边界，更多的是日本与中国的民间力量结合，试图进入和主导新兴海洋贸易的结果。在明王朝的不断调整过程中，日本也开始了面对海洋文明的调整。

日本战国时代，民间社会在面对新的世界力量时做出了一系列调整并不断崛起，这一时期最具"下克上"特质，全力吸收西方文明因素，以期改变日本的代表人物就是织田信长。织田信长原本是尾张国的大名，因在桶狭间之战中击破今川义元大军而名震全国，后通过拥护室町幕府的末代将军足利义昭趁势率军前往京都，并逐渐控制京都，之后正式提出"天下布武"的纲领，将统一全日本作为目标。他先后两次打破"信长包围网"，将各个有力的敌对大名逐个击破，掌握了一大半的日本领土。他施行大量使用火枪的战术，实行兵农分离，鼓励自由贸易，整顿交通路线等革新政策，开拓了日本近代化的道路。他成功控制以近畿地方为主的日本政治文化核心地带，使织田氏成为日本战国时代中晚期最强大的大名，并使从"应仁之乱"起持续百年以上的战国乱世步向终结。元龟四年（1573年），织田信长将室町幕府的末代将军足利义昭从京都放逐，至此室町幕府灭亡。

在这个过程中，织田信长代表着开放的民间社会"下克上"力量，积极吸取海洋文明，大量使用火枪，接受黑人为近身侍卫，在获得大量拥趸的同时，也引起了一部分传统势力的警惕。与明朝面对海洋文明的各种反复争斗类似，作为儒家文明区一部分的日本，在与海洋文明的融合过程中也遵循同样的逻辑，只是表现形式有所不同。

天正十年（1582年），在一统全国前夕，织田信长于京都"本能寺之变"中被心腹家臣明智光秀逼迫自杀。这一事件看上去云谲波诡，至今没有一个历史定论，但是将其放到日本努力融入新海洋秩序并遭传统势力反抗的脉络中去，就不难得到一个相对合理的解读。

织田信长死后，其重臣羽柴秀吉击败明智光秀，确立了自己的继承人地位，并被天皇赐姓"丰臣"，即后世所谓丰臣秀吉。丰臣秀吉继续用兵统一日本，同时振兴商业，在获得日本大权之后两次入侵朝鲜，希望进入大陆中心获得更有利的发展空间，但遭到明朝重创。这表明日本作为儒家文明区边缘地带的国家，虽然吸收了海洋文明的力量，但并不具备逆袭文明中心地带的体量和能力。① 而之后的历史表明，日本仍然会在自觉自身力量强大之时做出类似的失败尝试。

1598年丰臣秀吉去世，德川家康成为全国实际的统治者。1603年，天皇下旨封其为征夷大将军，至此日本进入江户时代。江户时代是日本封建统治的最后一个时代。其与明朝历史的类似之处，在于日本于江户时代经历了岛原之乱并推行锁国政策，只保留少部分地区与荷兰和中国进行海洋贸易。② 事实上，江户幕府的所谓"锁国"，锁的是南方民间贸易，旨在重新回归明朝朝贡体系，以官家身份与明朝一起参与海洋贸易。这一政策得到实施，直至所谓"黑船"来袭。

综上，作为儒家文明区一分子的日本，与儒家文明区中心地带一样，面对西方海洋文明的冲突和融合，产生了有自身特色的历史变迁路径。日本在自觉力量强大之时总想逆袭文明中心地带，但其体量不足以支撑其野心，最终仍归于朝贡体系，保持与中国类似的"官方"姿态，与威斯特伐利亚体系展开互动。

---

① 事实上，日本与中国的诸多文明交流与冲突均牵涉朝鲜，有所谓"东亚三国演义"的特征，只是为了简化叙述，这里才将与朝鲜的关联尽量淡化了。

② 日本与荷兰的商业和文化交流最终产生了"兰学"，这是明治维新之前日本向西方学习的明证之一。

三、"黑船"事件之后的日本与法西斯政权的覆灭

1853年,美国海军准将马休·佩里等率领舰队进入江户(今东京)岸的浦贺,把美国总统米勒德·菲尔莫尔写给日本天皇的信交给了德川幕府,要求同日本建立外交关系和进行贸易,史称"黑船事件"(亦称"黑船开国")。1854年,日本与美国签订了《日美亲善条约》,又名《神奈川条约》,同意向美国开放除长崎外的下田和箱馆(函馆)两个港口,并给予美国最惠国待遇等,之后又先后与欧美各国签订了不平等条约。

受此影响,日本传统阵营出现分化,中下级武士中要求改革的部分形成革新势力,号召尊王攘夷。他们主要集中在长州(今山口县)、萨摩(今鹿儿岛县)、土佐(今高知县)、肥前(今佐贺县和长崎县)等西南部强藩。这些藩国在历史上与幕府矛盾较深,接受海外影响较早,学习近代科学技术和拔擢中下级武士都比较积极。

1863年,幕府被迫宣布攘夷。1867年,孝明天皇去世,太子睦仁亲王(即明治天皇)即位,倒幕势力积极结盟举兵。1868年,天皇发布《王政复古大号令》,废除幕府,令德川庆喜"辞官纳地",之后萨长土肥四强藩合兵,在鸟羽-伏见之战中战胜幕府军,末代将军德川庆喜被迫奉还大政于明治天皇。

明治政府首先采取"奉还版籍""废藩置县"的措施,结束了日本长期以来的封建割据局面,为建立中央集权国家和发展资本主义经济奠定了基础。此后,明治政府实施了富国强兵、殖产兴业和文明开化三大政策。富国强兵,就是改革军警制度,创办军火工业,实行征兵制,建立新式军队和警察制度;殖产兴业,就是引进西方先进技术、设备和管理方法,大力扶植资本主义的发展;文明开化,就是学习西方文明,发展现代教育,提高国民知识水平,培养现代化人才。史称"明治维新"。

明治维新以后,在伊藤博文的主持下,日本颁布了《大日本帝国宪法》,确立了以天皇为中心的君主立宪体制,即近代天皇制。不同于西方典型的资产阶级民主制,日本的天皇制封建残余浓厚,议会、内阁和政党都受制于天皇的特权和军部的强权。与此同时,明治维新使日本迅速崛起,通过学习西方,"脱亚入欧",改革落后的封建制度,日本走上了发展资本主义的道路,并利用日趋强盛的国力,逐步废除了与西方列强

签订的不平等条约,摆脱了沦为殖民地的危机,成为当时亚洲唯一能保持民族独立的国家。而后随着经济实力的快速提升,日本的军事力量也快速强化,分别于中日甲午战争与日俄战争中击败昔日两个强盛的大国——大清帝国与沙皇俄国,并侵占了朝鲜、中国台湾和澎湖列岛,控制了中国辽东半岛。日本成为帝国主义国家,逐步走上了陆地与海洋同步扩张的法西斯道路。

北一辉是日本法西斯的理论创立者,在日本的法西斯主义运动中,他的作用举足轻重,影响深远。第一次世界大战结束后,交战各方于1919年1月18日召开了巴黎和会。在中国人民的要求下,中国代表团向和会提出,收回战前被德国侵占的胶州湾、胶济铁路和山东的一切权利。日本竟然要求和会同意把德国的侵华权益转移给日本。在英、法的支持下,日本以拒绝在和约上签字和退出和会相要挟。为了阻止日本侵占山东半岛的野心得逞,中国爆发了反对日本侵略的五四运动。目睹了这场如火如荼运动的北一辉,感到日本帝国主义的侵略目的难以得逞,便躲进上海一家小旅馆,炮制了一本《日本改造法案大纲》,提出了一套日本法西斯化的设想。《日本改造法案大纲》描述了日本走向法西斯的道路:第一步,以天皇的名义发动政变,抛弃宪法,解散议会,全国戒严;第二步,依靠复员军人建立以天皇为首的军事独裁政权,根除阶级斗争,禁止罢工,标榜限制私有财产;第三步,向海外扩张,建立遍及亚洲太平洋的日本大帝国,其帝国所及犹如蛇吞大象,不仅要占领中国、印度,还要把东南亚和西南太平洋并入日本的版图,甚至打算攫取澳大利亚和西伯利亚。

日本法西斯意识形态的核心内容是以天皇为中心的国家神道,天皇是天神的化身是人间活神,千秋万代统治日本,日本国民要对天皇绝对忠诚。在日本法西斯看来,日本的天皇制决定了日本民族的优越性,决定了日本在"大东亚共荣圈"中的领导地位。

与同为轴心国阵营的德国法西斯相比,虽然同样借用了"种族优越论""生存空间""唯意志论"等法西斯理论,但日本的扩张打着"大东亚共荣圈"的旗号,以神化天皇象征为民族群体性想象,迅速完成近现代"民族国家"及其"征服世界"的法西斯主义想象。

与织田信长和丰臣秀吉时代的"逆袭大陆中心"但遭遇失败的历史

相比，可以看到作为边缘地带的日本文明体具有"船小好调头"的优势。由于其体量的限制，日本在明治维新之后，希望同时在大陆与海洋两个方面"逆袭文明中心"并征服世界，这造成日本军国主义内部"陆军与海军"路线的长期对立，而这种矛盾正是日本法西斯最终落败的深层原因之一。①

因此，虽然二战早期日本法西斯势力甚嚣尘上，但仍然难以避免最终失败的必然命运。1941年10月，日本法西斯主义的代表人物东条英机出任首相。东条身兼首相、陆相、军需相、参谋总长等要职，史无前例地掌握了独裁权力，其领导的政府被称为"东条幕府"。他以谈判为烟幕，偷袭美国海军基地珍珠港，一头栽进了太平洋战争的泥潭。战争初期，日军攻马来西亚、新加坡，陷菲律宾，侵占缅甸，战争的硝烟四处弥漫，日本的太阳旗到处飘扬。此时此刻，日本法西斯陶醉在"大东亚共荣圈"的美梦中。在短短的4个月时间里，日本法西斯占领了东南亚地区大约386万平方公里的土地，其疯狂和贪婪可见一斑。但是面对日本令人眼花缭乱的胜利，中国没有屈服，中国军民在敌后战场展开了游击战、地道战、地雷战，使日军陷入持久战的泥沼不能自拔，大量兵力被拖在中国战场。美国则凭借强大的国力展开了反攻。在正义力量的反击下，日本法西斯主义一步一步走向灭亡。

可见，身处东亚儒家文明区边缘地带的日本，希望以自身的微小体量，逆袭大陆文明的核心地位，建立所谓的"大东亚共荣圈"，并企图征服海洋文明中心地带，建立世界霸权，是何等自不量力。在某种程度上，这种狂妄也来源于其对民族国家世界文明体系的某种错误想象和建构，骨子里是作为边缘地带的文明对文明中心的向往和追逐。当然，在其追逐世界强势文明的过程中，其对文明中心区的贡献和反哺仍然值得肯定，如现代汉语有很大一部分用词来自日语对英语世界的汉字翻译。

二战失败后的日本，被美国强行植入了所谓"民主"体制，但其本质上仍然处于世界文明体系的边缘和中间地带，在以中国和美国为代表的强大文明体系之间左右摇摆。此外，其身处边缘和中间地带所潜藏的对中心文明的渴慕甚至是征服欲望（天皇虽然在宪法的意义上不再是神，

---

① 同样，中国在抗日战争期间"以空间换取时间"的大后方战略，也是大陆文明中心体量优势的体现，"持久战"也是此种文明中心体量及其时空优势的综合性体现。

但这种渴慕仍可能再次激发日本的非理性民族情绪，并以不同的"神话"方式出现，如对靖国神社的参拜等），以及其本身可能存在的文明融合属性，都值得我们深入研究。

总之，无论是作为儒家文明区"天下体系"边缘存在所具有的"学习"本能，还是在明清朝贡体系内部"锁国"与否的反复摇摆，抑或在近现代"黑船事件"后与东西方文明中心的多重博弈，日本的历程都值得我们深度反思。从世界文明体系的视角来看，日本作为儒家文明区一分子的内在历史脉络，是脱离传统的"锁国"与"开国"话语，重构全球史视角下日本真实发展历程的必经之路，也是理解儒家文明区"天下体系"及其近现代转变的必要方式。

本章小结

本章从世界文明体系和全球史的视角出发来看待儒家文明区朝贡体系与威斯特伐利亚体系的互动过程，尤其注重儒家文明自身内部发展动力及其主动适应性。

具体而言，明清以来儒家文明区的一个主要变化，就是对南方海洋世界的开发达到了一个新的高度，传统的农业文明与游牧文明的二元互动逐渐发展为农业、游牧与海洋文明的三元互动。其突出表现就是由"郑和下西洋"开启的一系列文明拓展，如朝贡体系的扩大化以及民间"下南洋"移民的高涨。同时，这也引发了海洋贸易的"国家主导"与"民间社会主导"之争，在朝贡（海禁）和"开海"之间持续博弈（日本作为儒家文明体系的边缘地带也同样处于此种博弈争斗之中）。在某种程度上，此种争斗最终引发了明末王朝的崩溃，直至再次引入北方游牧文明传统重建中央集权体制，才重归稳固的朝贡体系，并与西方威斯特伐利亚体系展开相对平等的贸易和政治交流。

晚清之后，这种内外的平衡再次被打破。经南洋华侨辗转传入的基督教思想和农民起义结合成为"太平天国运动"，由此引发南方汉人士族地主势力的兴起，并逐渐主导"晚清中兴"，陆续开展洋务运动和戊戌变法。同时，西方的入侵以及鸦片战争的爆发所引发的民族和国家危机，已经凸显了晚清中央集权政府的诸多不足，需要在民族国家体系下重建民族、国家和世界想象。值得注意的是，此种民族国家建构过程中的民族、国家和世界想象，虽然主要由西方外族入侵引发，其建构过程却仍深具儒家文明区内部历史脉络，如民族想象自"满汉矛盾"出发到"五族共和"最后到"中华民族"（多元一体格局），国家想象中的国家与社会之争，世界想象中对各种复杂类型文明的兼容，这体现了儒家文明区民族国家建构路径中的"包容性"特色。

在此种想象过程中，儒家文明区"天下体系"格局内部边缘地带与文明中心地带的互动同样值得重视。以日本为例，它在中国明清时期就已经在吸纳西方海洋文明力量，并在其"战国"和"安土桃山"时代之后，经历了与中华文明类似的"海禁"与"锁国"历程，这一过程本质上是重归朝贡体系，作为儒家文明区的一部分与威斯特伐利亚体系展开互动。至"黑船开国"之后，日本"脱亚入欧"，试图以边缘地带的文明体量，通过大陆和海洋两条路径进入世界文明中心，改写世界格局，但最终选择了法西斯道路，并被资本主义文明和社会主义文明体系联手打败，成为两大文明区核心国家——中国和美国——的某种中间地带。

总之，从世界文明体系和全球史的视角重新审视儒家文明区发展道路的内部格局和主动变迁，能够帮助我们认清在亚欧大陆世界文明体系向民族国家世界文明体系转变的过程中，儒家文明区自身的历史脉络，摆脱亚洲地区在西方入侵下被动"锁国和开国"的简化观点，获得关于儒家文明区内在变迁规律的深度理解。

第十四章
亚欧大陆旧有文明体系融入
民族国家世界文明体系的过程：
　印度教文明的转变过程

如前所述，印度次大陆多神教（印度教）以"以轮回消解和接纳外来统治秩序"为特色，在某种程度上，印度次大陆一直处在与外来文明秩序的融合接纳过程中，只是每个阶段的文明特征有所不同。自1500年代以来，其历史大体可以分为三个阶段。

第一阶段，在1500年代以前原有亚欧大陆世界文明体系中，印度教文明与莫卧儿帝国、伊斯兰文明相互融合接纳，上层建筑是伊斯兰教，而下层基础是印度教，波斯语是宫廷、公众事务、外交、文学和上流社会的语言。

第二阶段，1500年代以后，印度地区先后与欧洲殖民者接触，受葡萄牙、荷兰和英法等持续殖民，1756—1763年的七年战争之后与英国开发殖民模式融合，成为大英帝国璀璨夺目的东方明珠，并在长期的文明融合过程中逐渐形成印度特色的"民族国家"意识。印度民众主要通过"非暴力不合作运动"获取民族独立，并于1947年宣布独立，但仍隶属于英联邦。

第三阶段，1947年独立以后，印度的治理始终在资本主义和社会主义、世俗主义和宗教取向、民主平等体制和种姓制度差异等之间寻找平衡。

值得注意的是，印度文明是亚欧大陆世界文明体系向民族国家世界文明体系转变的关键因素之一。大英帝国所代表的海洋文明在亚欧大陆世界文明体系中最初处于边缘地带，其在崛起过程中将旧秩序中的一部分——以印度为代表——也纳入了新的世界贸易格局。这种新旧因素的结合，才是以英国为代表的亚欧大陆边缘地带的海洋文明能够逐渐成长为新的资本主义文明体系的基础所在。本章将重点分析大英帝国的开发殖民模式何以能够在印度胜出。这种模式既有海洋文明权力离散型特色，也有印度文明对外来文明的包容特质，两种文明内在的某种协调性构成了世界文明体系转变的关键因素之一。①

---

① 与儒家文明区积极主动应变和武力寻求民族独立不同，印度文明与大英帝国的开发殖民模式相融合的过程，显得更加和平顺畅。同时，大英帝国正是因为在印度种植茶叶和鸦片获得成功，才逐渐具备了对华贸易的优势。在这个意义上，印度文明和海洋文明的融合，对世界文明体系转变所产生的影响，颇耐人寻味，也需要我们深入研究。

第一节　印度经历的三个阶段：莫卧儿帝国到大英帝国再到民族国家独立

一、莫卧儿帝国治理阶段的印度

近现代西方文明成为主流文明之前，伊斯兰文明是亚欧大陆最主流的一神教政教合一型文明传统，伊斯兰世界并立着奥斯曼、萨法维、莫卧儿三大帝国。

其中萨法维帝国又称波斯第三帝国，实际上承继着一神教早期模式琐罗亚斯德教的传统，是近现代伊朗的前身。

莫卧儿帝国则结合了亚欧大陆近现代之前主流的伊斯兰教和蒙古帝国治理传统，并成为印度次大陆的上层社会结构，其疆域覆盖了今天的印度、巴基斯坦、孟加拉国和阿富汗等地区。

奥斯曼帝国的版图和影响最大，实际上继承了古罗马（尤其是东罗马）的传统疆域和治理文明，是近现代土耳其的前身。

在一定程度上，正是因为伊斯兰文明占据了古代亚欧大陆的西亚和中亚地区，并成为古代一神教文明中心，欧洲（尤其是西欧）一神教文明才被迫成为边缘文明，并融合蛮族、基督教以及古希腊罗马传统，重新寻找新的振兴之路。在这个过程中，印度以印度教出世宗教为底色，首先融合了大陆帝国治理传统，然后逐步与大英帝国所代表的海洋帝国治理传统相互融合，由此形成了印度文明自身的特色。

其中，莫卧儿帝国治理时期（1526—1858年），印度上层信奉的是伊斯兰教，所使用的语言是波斯语，而下层信仰的是印度教。

莫卧儿帝国是蒙古人帖木儿的后裔巴布尔在印度建立的封建专制王朝。帖木儿帝国崩溃后，其皇室后裔巴布尔率军入侵南亚次大陆，建立了莫卧儿帝国。在其子胡马雍时期，帝国曾一度衰落，后在第三代皇帝阿克巴时期进入全盛时期。这一时期，莫卧儿帝国内部实行文化融合和宗教宽容政策，但这一政策在第四代皇帝贾汗吉尔时期因叛乱而被抛弃。到了第五代皇帝沙贾汗时，莫卧儿帝国空前强大，但由于沙贾汗大兴土木和频征赋税而发生内部争斗。1657年，沙贾汗被其子奥朗则布推翻。奥朗则布时期的莫卧儿帝国领土规模达到了顶峰。

印度正是以印度教为宗教秩序的内核，承接了以上强势的大陆帝国的政治统治，并融合了其文明特色。伊斯兰教在其强盛时期，也一度采取宗教宽容和融合政策，这奠定了各宗教宽容发展的基调。

正如孔雀王朝对印度次大陆的统一以及阿育王时期佛教的流行，是受到亚历山大东征以及一神教平等观念的影响，伊斯兰教虽然并没有完全深入印度内部替代印度教，但印度本土仍然有一部分人向往人人平等而改宗伊斯兰教，伊斯兰教也成为印度的主要宗教之一（其他宗教还有基督教、锡克教、耆那教、祆教等）。①

莫卧儿帝国统治印度时期，印度存在大量松散的土邦，并没有明显的"国家"概念。各种宗教人群相互夹杂，生活中虽有摩擦但也能相互尊重，并没有以"民族国家"分治的需求。"民族国家"想象在印度的兴起和发展，尤其是印巴分治的结局，显然是英国人治理和影响的结果。但是结合佛教在印度的兴衰历史来看，这也可看作民族国家世界文明体系在印度的影响之一——以印度教为主体的印度文明，始终受到外来宗教和文明的不断冲击，并进行相应的调整适应。

二、英帝国治理阶段

15世纪末，随着通往印度的新航路被发现，欧洲殖民者纷至沓来，葡萄牙、荷兰、英国、法国等先后来到印度，在印度进行殖民掠夺和瓜分，并发生激烈的斗争。

英国于1600年成立东印度公司，对印度进行殖民开发。到17世纪末，英法成为争夺印度的最大对手。英法殖民路线不同，法国更加注重直接治理和欧洲大陆争霸，这为英国在印度和北美率先占据有利地位提供了机会。其中，英国在北美的移民和开发，得到了深入研究，而与之相应的英国在印度的治理特色，却没有得到应有的重视。有学者研究表明，正是因为在与法国争夺印度的过程中消耗太大，英国才想要在北美

---

① 但是，如果比较佛教最终被印度教吸纳的历史，就会发现印度强势宗教的内核仍然是轮回基础上的出世取向。印度虽然会受到各种外来文明影响，但最终的趋势仍然是回归印度教及其轮回信仰。

征税，由此引发了北美革命。此种分析已经具有世界体系的视角，看到了大英帝国的印度治理与北美治理的关联，但仍然没有揭示出，正是英国治理特色与印度文明特质的深度融合，才使得英国具有打败法国的实力。在这个意义上，印度作为"大英帝国皇冠上的明珠"，是世界文明体系转变中重要的一环，其意义并不亚于英国在北美的开发殖民。

从 1600 年建立东印度公司开始，大英帝国在印度的治理分为两个阶段：第一阶段是东印度公司治理阶段（1600—1849 年），第二阶段是直接治理阶段（1849—1947 年）。在第二阶段，英国内阁设印度事务大臣，印度总督改称副王，成为英国驻印度直接代表，直至 1947 年印度独立。

1. 东印度公司治理阶段（1600—1849 年）

在东印度公司治理阶段，英国人与莫卧儿王朝打交道的方式以"怀柔"为主。如上文所言，莫卧儿帝国时期，印度上层主要信仰伊斯兰教，而下层主要信仰印度教。莫卧儿帝国在印度的统治，事实上是亚欧大陆帝国治理特色——强大的大陆帝国文明（如伊斯兰帝国、蒙古帝国、波斯帝国）与印度教文明内核的双向融合，印度基础社会仍然以印度教宗教秩序为主。

17 世纪末 18 世纪初，莫卧儿帝国已经日薄西山，对东印度公司商业贸易背后的殖民真面目也并不了解，这当然与东印度公司进入印度时实施的怀柔政策有关。起初来到印度大陆的东印度公司，也许真的只是想来做生意的。为了获得能够与印度做生意的权利，他们对于莫卧儿帝国极尽谄媚和恭顺，由此获得莫卧儿帝国恩赐的经济和军事特权。东印度公司在 1613—1615 年的三年内，以建立商馆的名义，从莫卧儿帝国皇帝贾罕吉尔手中巧取得到苏拉特、亚格拉、艾哈迈达巴德和布罗奇四地的"永久建立"权。这在今天看来是匪夷所思的。如果说建立商馆是为了发展贸易，那么永久建立居住地，则不亚于将这些土地永久租赁给了英国。18 世纪初，英国东印度公司加大了对印度的渗透力度，他们使用大量的金钱为自己的目的铺平道路。1717 年，在英国长期怀柔献媚的迷惑下，莫卧儿帝国皇帝法鲁克希尔为了彰显印度王朝的慷慨，颁布了一个扭转此后英国和印度实力的命令，给予了东印度公司一系列特权，例如，东印度公司每年交付 3000 卢比后，可在印度帝国境内交易免内地税；在交付马德拉斯租金后，可在海得拉巴地区免税；允许在加尔各答周围租借领地，随意选址居住；允许在吉吉拉特（地名）免除一切关税；允许雇佣当地民兵保护其领地。此外，莫卧儿帝国中央政府为了减轻征税压力，将税收权、财政权下放给东印度公司，这实际上已经出让了部分主权。

这些特权的让渡，除了有东印度公司的手腕因素外，当然也与莫卧儿帝国晚期王室内部争权夺利和宗教迫害、统治阶层内部分崩离析有很大关系。随着奥朗则布皇帝去世，印度的各个省都开始迫不及待地划定自己的地盘，忙着闹独立。各个地方势力一方面奉莫卧儿帝国为表面之尊，另一方面疯狂划分地盘，其典型的特征就是"北控南散"。在这一时期，莫卧儿帝国的实际控制范围已经严重萎缩，有强控制力的区域仅限于北方的德里、阿格拉、信德、克什米尔等区域，而南方的省督们在实力得到扩充之后，直接宣布脱离莫卧儿帝国。名义上统一的印度，又开始回到分崩离析的局面，一发不可收拾。在印度地方封建势力为利益争得头破血流之时，东印度公司对它们或拉拢，或中立，或打击，一步步分化瓦解了印度的地方势力。尤其是在卡纳迪克、比哈尔、孟加拉建立了殖民地之后，东印度公司积极参与印度南方的封建势力之间的争斗，典型的如1766年英国人与马拉塔、尼姆扎组成联盟，共同打击南部势力"迈索尔"。此后，英国人最终实现了对印度的完全统治。

可见，东印度公司在印度的成功有以下因素：印度王室和地方势力的对立以及他们对东印度公司实力的低估，东印度公司的怀柔献媚渗透策略的成功，几次关键战役的胜利等。

总之，东印度公司在印度早期治理的成功，更多地取决于两种文明内在的关联。针对印度的土邦林立、权力分散，东印度公司的怀柔献媚和离间，尤其是以公司模式进行的私人征服和渗透，确实是两种权力离散型文明早期接触融合的最佳方式。较之法国的直接治理殖民模式，以及中华帝国那种垄断海洋贸易的大一统帝国治理模式①，可以发现，大英帝国与印度的早期融合具有某种内在的契合。大英帝国并不追求全面征

---

① 较之大英帝国自1600年成立东印度公司以来对印度的长期怀柔和渗透，1793年马嘎尔尼出使大清帝国铩羽而归的故事，虽然最后成为大清"闭关锁国"话语的佐证，但其背后恰好体现了大清帝国大一统治理的权威，既难以通过怀柔献媚获取特权，也不能通过收买地方势力进入朝贡贸易体系。

服和直接治理印度，印度则无论是皇室还是土邦都并不害怕与外来势力合作。皇室为借助外来势力收税，不惜出让本就难以统治地方的各项权力，而在各土邦观念里，外来势力迟早会离开，与之虚与委蛇并无太多不妥之处。

东印度公司正是以这种长期的"怀柔"为基础，成功入侵印度，从中攫取了大量的利益。再加上其在北美开发殖民获取的利益，大英帝国已经为英法系列战争的获胜奠定了坚实的物质基础（在某种程度上，正是大英帝国在印度和北美的成功殖民，让海洋文明及其代表的模式率先进入工业化体系成为可能）。

1763 年，英法七年战争结束，英国击败了法国，取得了法国在印度的大量殖民地，法国则退守印度沿海几个殖民据点，英国排除了阻挠其称霸南亚次大陆的最大竞争者。1764 年，莫卧儿帝国皇帝阿拉姆沙在布克萨尔战役中向英国东印度公司投降，莫卧儿王朝沦为英国殖民者的附庸（仍作为名义上的统治者，直到 1858 年）。从 1765 年开始，英国开始侵占印度的大片领土。英国殖民者先后侵占了印度的孟加拉、奥德、迈索尔、马拉塔联盟、德里和信德等地，并于 1849 年正式吞并了印度。

2. 英国直接治理阶段（1849—1947 年）

这个阶段，英国已经基本完成工业革命，北美也已经脱离英国宣布独立，走上自由发展道路，英国在印度的统治阶段也逐渐由"怀柔"式的工业化原始积累阶段，进入更直接的原材料获取和工业品生产和倾销阶段。英国对印度的治理模式发生了转变。

如前所述，东印度公司统治时期（1600—1849 年），英国从印度榨取的巨额财富成为英国发展的强大动力，为英国工业革命的开展奠定了坚实的基础，也为英国成为世界头号工业强国提供了有利条件。

18 世纪末 19 世纪初，英国工业革命基本完成，工业资产阶级迫切要求开拓印度市场，以便扩大商品销售市场和原料产地。为此，英国政府先后于 1813 年和 1833 年取消公司对印度和中国的贸易垄断权，并于 1858 年撤销东印度公司。公司除股本外，其余财产归英国国家所有，东印度公司在印度的统治宣告结束。

撤销了东印度公司之后，英国政府开始对印度进行直接统治。英国内阁设印度事务大臣，印度总督改称副王，成为英国驻印度直接代表。完成工业革命的英国加紧了对外扩张的脚步，逐步使印度沦为它的原料产地、销售市场和投资场所。从19世纪中期起，英国开始对印度进行资本输出。到第一次世界大战结束，英国资本大量进入印度的工业部门，印度彻底沦为英国的原料产地、销售市场和投资场所。

可见，英国在印度的殖民过程，是伴随着民族国家世界文明体系的整体发展而渐进展开的，在某种程度上也是英国代表的亚欧大陆权力离散治理模式与印度教文明传统逐步融合的过程。在这个意义上，印度与世界其他地方输入的资源，成为英国开展工业革命的基础，而英国人也给印度留下了大量铁路设施和工厂，并间接培育出印度的民族和国家意识，最终促成了印度的统一和独立。在这个意义上，印度独立可以说是一种文明融合的结果，其中当然也有着历史和现实中的文明冲突印记。

三、印度民族意识的觉醒和国家独立过程

从1848年开始，英国直接统治下的印度（称英属印度）分为13个省，其中包括缅甸。另外约有700个由印度王公统治的土邦在英国的严密监督下存在着，这些土邦的统治区域占整个印度领土的2/5（有些省里也有土邦）。

在社会和经济方面，英国人在印度创立了现代教育体系，修筑起铁路，发展了印度的本地工业。自19世纪中期起，英国资本大量输入印度，印度资本主义得以快速发展。在此基础上产生了印度资产阶级，其精英阶层将影响印度的未来。以罗姆摩罕·罗易为代表的知识分子掀起了印度的启蒙运动，意图通过对印度教进行改革，古老的印度社会向现代文明转变。梵社、雅利安社、罗摩克里希纳传教会等宗教改革社团积极活动，它们在推动社会进步、唤醒民族意识上产生了巨大作用。在进行印度教改革的同时，比较激进的印度知识分子发起了政治改革运动，要求英国政府给予印度人民更多的权利。在此呼吁下，孟加拉、孟买和马德拉斯三大管辖区都出现了民族主义组织。1885年，印度国民大会党（简称印度国大党）成立，该党的早期政治主张主要是实行代

议制。后来鉴于国大党的政治影响，印度的伊斯兰教领袖们认为穆斯林在适应现代社会要求方面落后印度教教徒太多，遂于1906年组建全印穆斯林联盟。英国人则有意识地利用印度教教徒和穆斯林之间的这种矛盾谋取自身利益。

第一次世界大战对印度民族主义的发展造成了重大影响。印度精英阶层在战时积极支持英国，希望以此换取民族自治，但英国在战后的行为令他们大失所望。英政府在战争结束后继续执行军管法令，而且还制定了新的镇压法案（罗拉特法）。1919年4月13日还发生了英国殖民当局屠杀印度群众的阿姆利则惨案。这些事实使国大党主要人物莫罕达斯·卡拉姆昌德·甘地转变了对英政府的态度，并于1920年改组国大党。国大党在两次世界大战期间多次领导反英斗争，其指导方针是甘地提倡的"非暴力不合作"。①

二战结束后，英国实力急剧衰落，其在印度的殖民统治已经不可能维持。1946年发生印度皇家海军起义，事件之后英国立刻派遣内阁特使团前来谈判，主要内容是讨论国大党和穆斯林联盟之间的矛盾以便移交政权。1947年，英国提出蒙巴顿方案。根据该方案，巴基斯坦和印度两个自治领分别于1947年8月14日和15日成立，英国在印度的统治宣告结束。

从世界文明体系的视角来总结印度"民族国家"建构的过程，可以发现印度文明的显著特色。相对于儒家文明区的主动应对和深入历史时空的游牧、农业和海洋文明之间的矛盾脉络，印度文明的转变过程，更多体现出强势文明入侵和长期殖民的影响，其历史脉络主要是不同宗教文明的冲突和交融。

具体而言，印度的"民族国家"想象，固然来源于大英帝国长期殖

---

① 莫罕达斯·卡拉姆昌德·甘地出生在一个印度教家庭，父亲是当地土邦首相。他19岁时远赴英国学习法律。1893年，甘地来到英国统治下的南非，领导南非印度人争取权利。他把印度教的仁爱、素食、不杀生的主张，同《圣经》《古兰经》中的仁爱思想相结合，并吸收了梭伦、列夫·尼古拉耶维奇·托尔斯泰等人的思想精髓，逐渐形成了非暴力不合作理论。1915年，甘地回到印度，很快成为国大党的实际领袖，使"非暴力不合作"成为国大党的指导思想，开始为印度的独立而奔波。二战后，"印巴分治"形成印度与巴基斯坦两个国家。面对两国的冲突，对双方都有重要影响的甘地多次以绝食来感化他们，呼吁团结。1948年1月30日，甘地被印度教顽固教徒刺杀身亡。

民的思想影响，但是在争取民族和国家独立的过程中，主要依托的是圣雄甘地的"非暴力不合作"原则，其精神内核来自印度教的仁爱和不杀生等"轮回"和"出世"理念，以及其与世俗化"民族国家"和"政党"融合之后产生的印度民族主义想象。

除此之外，宗教文明的深度影响还体现在印巴分治上。虽然有许多学者强调印巴分治是英国人分而治之策略的后果，但印度的伊斯兰教领袖们希望能够独立建立"民族国家"的努力也不容忽视，即使是圣雄甘地也无法完全弥合不同宗教基础上"民族国家"想象的差别。

当然，以上两个方面只是印度"民族国家"想象的主要特色。事实上，面对新的世界文明体系，作为独立的"民族国家"的印度，同样面临着"世界想象"的困境，需要在各种道路和诸多新旧思想（如资本主义和社会主义、世俗主义和宗教取向、民主平等体制和种姓制度差异等）中寻找平衡，这构成了印度独立之后的"文明想象"特色。

第二节　印度独立之后的道路选择

一、印度独立之后的混合路线

如上文所述，印度独立以后，以尼赫鲁为首的国大党政府把社会主义、世俗主义和民主政治作为建国的基本原则。1949年11月，印度宪法最终草案在制宪会议上通过，宪法制定程序完成。印度宪法参考了《北美法案》《澳大利亚宪法》等成文宪法，是世界上文本最长、内容最为庞杂的宪法之一。宪法全文由序言、正文和附件组成，正文有20个部分。宪法在序言中规定将印度建设成为主权的、社会主义的、世俗的民主共和国，确保全体印度公民享有充分的公正、自由和平等，维护个人尊严、国家统一和领土完整。所以，印度一方面被当作世界上人口最多的民主选举制国家，另一方面奉行一定社会主义取向的公有制原则，体现出具有印度特色的混合主义路线。

以宪法为基础，印度在社会经济政策方面，高举社会公正、经济平等和建立福利国家的旗帜。尼赫鲁时期实行的许多重大内外政策，如不结盟政策、混合经济政策、"自力更生"政策以及"温和的"土地改革政策，本质上都是一种民族主义和民主社会主义的混合物，对印度后来的发展具有重大影响。

不结盟政策主要包括四个方面：尽可能维护印度的国家利益，遵从独立性，不加入或不与任何军事集团结盟，维护世界和平。它不仅得到了广大发展中国家的积极认可，而且在冷战期间同时获得了美苏两大军事集团的大力支持，极大地维护了印度的国家利益。因此，这一政策被历届印度政府奉为对外方针的"圣经"，事实上这也是印度在强势文明冲突中保持自身灵活性的一贯作风的延续。

混合经济政策（"自力更生"主要指限制外国企业进入印度）主要包括两个方面。一是公营经济和私营经济的混合。印度允许公营、私营部门共同存在，并规定它们各自拥有和经营的领域。在国民经济中，占据"制高点"地位的行业，或具有"战略意义"的行业，如金融业、重工业、基本工业以及基础设施等的全部或主要部分应由公营部门拥有并经营。农业和消费品工业等，则由私人拥有并经营。1956年的工业政策决议把工业分为三大类：第一类是完全由国家拥有并负责经营的工业，共包括17种，如武器弹药、原子能、钢铁、重型机器、煤和矿物油、飞机制造、空运和铁路运输、造船、电话和电报以及发电等。决议颁布时，有些私营企业已在经营某种第一类工业，政府允许其继续存在甚至发展。第二类是逐步由国家拥有和经营的工业，一般由国家建立这类工业的新企业，但同时私营部门也起补充作用。它包括12种，主要有铝、铁合金、非铁金属、机床、抗生素、化肥、化学纸浆、合成橡胶、公路运输等。除第一、二类以外的都属于第三类，由私营部门拥有和经营。二是计划经济与自由经济的混合。印度公营部门基本上按指令性方式实施生产，私营部门则基本上属于自由经济范畴，不服从指令性的规定，但是政府可以通过工业许可证发放、财政货币控制、外汇管制、价格调控等手段影响私营部门，使其与公营部门在国家的统一计划下发挥各自的作用。但印度经济的这种混合状态，在一定程度上造成了印度权力寻租和腐败的流行。

"温和的"土地改革是指印度国大党政府为了统一国家的田赋征收制度，简化地权，促进农村资本主义发展，在英属印度土地制度的基础上进行的一种温和改革。印度独立后，北方邦于 1950 年首先制定取消中间人地主的土改律法，接着其他各邦相继制定了类似的律法。这项律法的主要内容是由国家付出赎金征收中间人地主的土地，原佃农交纳地价后可取得所耕土地的所有权。整个律法的制定和执行过程大约持续了 10 年，即 1950—1960 年。这项改革使大约 2000 万户有财力支付地价的佃农（实际上大多是二地主或富裕农民）同国家直接发生了关系，包括柴明达尔、贾吉尔达尔和伊纳姆达尔在内的各种中间人地主，除了获得 67 亿卢比的补偿金外，还以"自留园"或"自耕地"等名义保留了大量肥沃的土地。改革的不彻底，使得印度仍然残留着各种大小地主，但拥有土地所有权的农户数目也有所增加。

在尼赫鲁执政期间，这些政策取得了一定成效。由于政治上保持了稳定，政府得以表现出较强的治理能力并比较顺利地解决了当时面临的诸多重大问题，例如印巴分治带来的难民的安置问题。政府还用和平的方式合并了全国大大小小的 560 多个土邦，消除了封建王国的割据状况，实现了国家的统一，国大党也因此一度获得大量民众的支持。

二、二战之后印度的变化

20 世纪 70—80 年代，国大党日渐衰落。国大党的衰落有着多方面的原因，但是根本原因在于该党自身。在领导民族独立运动的年代里，该党通过民众运动的形式唤醒了广大民众的民族主义情感和爱国热情。它几乎动员了全国各种社会力量和各个阶层反抗英国的殖民统治。这一时期，国大党代表了整个民族的利益。独立以后，印度民族与殖民统治者之间的矛盾消失了，民族斗争长期掩盖的民族内部矛盾开始显现。不同社会阶层和社会集团之间的利益冲突不仅表现在国大党的外部，而且不可避免地反映到该党的内部。尼赫鲁在世期间，党内的矛盾和斗争已经存在，但是尼赫鲁凭借其崇高的威望和成熟的政治经验尚能避免党内的分裂。尼赫鲁去世以后，国大党内元老派和少壮派之间的政见分歧加剧，争夺最高权力的斗争激化，最终导致 1969 年的第一次重大分裂。此后国大党又经历了多次分裂，元气大伤。

国大党走向衰落的更重要原因在于它未能满足广大民众的利益要求。该党在其执政期间制定的许多社会、经济发展目标和政策，如实现社会公正和经济平等、实施土地改革以及充分就业和消除贫困等，实际上既没有真正实现，也没能认真贯彻执行。几十年过去，广大贫困民众的生活状况几乎没有得到改善，这使国大党逐渐失去了人心和政治号召力。此外，由于国家严重干预经济活动，各级政府官员中"寻租"现象普遍，贪污腐败之风盛行。这一切都使广大选民感到失望和不满，国大党的社会基础不断削弱。一些传统上属于该党"选票银行"的阶层和集团纷纷成立了自己的政党，在选举中由国大党的支持者变成了竞争者。

从20世纪80年代末开始，由于没有一个政党能够在联邦议会选举中获得单独组阁的多数席位，印度进入了或是少数派执政，或是多党联合执政的时期。

政治力量趋于多元化，具体表现为印度教民族主义势力的崛起，地区政治力量的增强，低种姓政治意识的觉醒[①]，由此导致印度始终被种族、宗教和种姓问题深深困扰。这些问题不仅容易导致大规模的动乱和暴力冲突，而且威胁着社会、政治的稳定和国家的统一。在当今的印度，由种族、教派、种姓冲突引发的社会、政治暴力事件已日益成为比国际战争更为严重的安全问题。

另外，印度的社会结构虽然具有复杂多样的特点，但又有着基本的"一致性"。这种一致性的载体就是印度独特的、自成体系的文明。印度教不只是一种宗教或一种社会制度，它还是印度文明的核心。虽然种姓制度造成了社会的分裂与相互隔绝，但种姓之间的冲突不会威胁到国家的统一。尽管印度教社会内部宗派林立，但所有印度教教徒在基本信仰方面又是一致的。尽管各种宗教和种族有着不同的信仰、风俗习惯和社会结构，但是印度文化的长期熏陶使印度社会在世界观、价值观、道德观等精神特质方面以及生活习惯方面有着很大的相似性。这种超出"民族国家"的文明"一致性"，是印度走向未来的稳定基石。

[①] 印度独立后，在1949年的宪法中对种姓问题作出了明确的规定，申明禁止种姓歧视，就业机会平等，禁止不可接触者制度及其实践，并要求国家保护表列种姓与表列部落不受任何经济与社会的剥削和歧视。但在许多农村地区，特别是在北方邦、比哈尔邦和中央邦等印地语地带，种姓制度陋习依然盛行。

🔺 本章小结

总之，从世界文明体系的视角出发，我们可以发现印度教文明在亚欧大陆世界文明体系转向民族国家世界文明体系中的冲突与融合状况。从根本上而言，印度教中的"以轮回消解和接纳外来统治秩序"的"世界主义"因素一直在起着某种主导作用，印度教文明始终以自身的特质在包容、吸纳和改造外来文明。在印度的民族国家建构过程中，主要包含三个层次的文明矛盾。

第一，外来文明（主要指来自英国）与印度的文明传统。英国对印度的殖民，既有掠夺和征服的一面，也有开发和整合的一面。无论是东印度公司治理时期还是英国直接统治时期，英国所代表的海洋离散型文明传统与印度教文明传统有着某种内在的一致性。英国与印度的相互影响，塑造了印度"非暴力不合作"和广泛民主参与的民族国家特征。

第二，印度教与伊斯兰教的文明传统。这两种宗教在印度历史中长期存在，但在帝国时期并无根本性冲突。只是在民族国家认同强大的前提下，从宗教认同的差异转变为国家认同的分裂，并被强化为世俗化国家的对立。在这个意义上，宗教世俗化和宗教极端分子的出现，才是印度教文明和伊斯兰文明冲突最大的困境所在。

第三，印度教内在的世俗化困境在当下的多重表现。印度教以"轮回"消解当下世俗生存意义，是其能够接纳各种世俗不平等的文明内核。但印度已经宣布废除种姓制度，实现广泛的民主参与，以社会主义平等和福利为主要诉求。这种世俗化目标，与现实中仍然存在的种姓歧视、性别歧视和经济不发达等状况存在巨大反差，由此导致各种种族、种姓、宗教和政治利益矛盾。

综上所述，印度教文明在民族国家世界文明体系中的转变，以印度教"轮回"思想为内核，实现了对包括英国与印度、印度教与伊斯兰教、印度教内在的世俗化种种矛盾的改造和融合，成功塑造了印度特色的民族国家文明形态。其发展历程中的关键性影响因素，仍然是宗教文明的极端化和世俗化困境，只有回到"印度教"本身内在的"文明"一致性及其与外部世界文明体系的相互协同，才能保证印度文明的持续发展。

第十五章
冷战格局终结之路以及终结之后

由于篇幅所限，本书对亚欧大陆世界文明体系转型为全球民族国家世界文明体系的介绍只能是挂一漏万，主要涉及了亚欧大陆的三大文明区——环地中海一神教文明区、印度次大陆多神教文明区和东亚儒家文明区，重点在原属于亚欧大陆"边缘"地带的"西方文明"如何通过发现"新大陆"和改造"旧大陆"、一步步逆袭建立新的民族国家世界文明体系，印度教和儒家文明区又如何应对和融入此种变革的过程。在某种程度上，甚至主要强调的是各古老文明中心内在的"旧世界性"如何转变为"新世界性"的过程，既强调所谓文明的"世界主义"历史渊源，也注意到其时代变迁，而并不只是简单地复述各种全球史事实。

此种建立在全球史和世界文明体系视角上的发展与现代化探讨，回应了发展社会学关于"人类发展观"的整体性思考，尤其是改变了以往民族国家视角下对于文明内在"世界主义"的忽视。从全球史和世界文明体系两个层面入手，既避免了那种仅仅从单一民族、单一国家、单一文明体出发所强调的过度"独特性"，也避免了仅仅从某一历史时间段出发而过度强调"某一种文明的强大与普适性"状态。既反对当下西方主流社会科学和话语中默认的"西方中心论"，也反对某些仅仅为反对"西方中心"而人为建构出的"东方中心论"，而是强调世界文明体系和人类文明共同体从古至今就存在的"世界主义"特质，并粗略探讨了其全球范围内的历史演变过程。

由于此种研究的探索性和创新性，所涉及的内容过于庞杂烦琐，其思想史线索的提炼显得非常必要，但粗疏错漏之处肯定在所难免，各种细节的纰漏应该比比皆是，笔者一方面接受各种批评，强调文责自负，另一方面也希望能够引发更多更全面的思考，推进民族国家"世界主义"主题的深入研究。

一切历史都是当代史。事实上，本书主要是粗疏地以资本主义文明和社会主义文明对峙平衡的"冷战"格局作为"民族国家世界文明体系"最终建立的标志。随着苏联的解体，冷战结束，世界文明体系又将进入下一个历史周期，我们也尝试对此做一个同样非常粗略的介绍，以保持本书思路的相对完整性。

总体而言，冷战格局的解体，包括各大文明区域核心国家的各种社会变迁，同样受世界文明体系运行规律的影响，下面尝试分析之。

第一节　世界文明体系视角下的冷战格局解体——文明冲突由外而内的发生路径

苏联在 70 年的社会主义实践过程中，取得了伟大的成就，成为冷战格局中非常重要的一极，但其仍然属于世界文明体系的一部分，其运行和发展，仍然服从世界文明体系运行的基本规律和历史脉络。随着冷战格局的确立，"核恐怖平衡"使得热战退出世界性争斗的历史舞台，文明体系之间的争斗逐渐转变为"相互渗透"以及"和平演变"。以此为背景，"对外输出革命"也逐渐转变为内部的"自我继续革命"。如何在新的形势下保持"民族国家"和"世界主义"想象的统一性，成为每一个文明体系内部争斗的关键，而这种"自我继续革命"和"自我清洗"，在不同文明内部沿着不同历史路径展开。每一种文明都在自身内部"理性"与"非理性"、"极端"与"非极端"的文明内在冲突意义上进行国家认同和世界认同的重整，这才是"文明冲突论"更真实的内涵——文明冲突不仅发生在各种文明的边界，而且也蕴含在每一种文明的内部。换句话说，冷战格局的形成，是世界文明体系化对立规律的体现，而冷战格局的终结，则更多地可以归因为文明内在合理性的逐渐丧失，其深层原因，早就埋藏在各种文明体系的内部。

在这个意义上，东欧剧变的过程，既是冷战"体系失衡"的过程，也是其"自我继续革命"和"自我清洗模式"的失衡过程。更重要的是，这种世界文明体系失衡，导致的不只是苏联的解体，其体系化对立面——尤其美国，同样深陷于体系化失衡和内部的社会分裂状态。

在世界文明体系对立背景下，文明冲突由某一文明（核心国家为代表）外部逐渐向内部蔓延，并形成各自文明内部的"自我继续革命"道路惯性，是各种文明内部失衡和非理性的体系化原因。

第二节　美国式的"自我继续革命"与"社会分裂"

一、世界文明体系视角下美国与苏联具有同样的"自我继续革命"困境

从世界文明体系的视角出发，我们应该注意到，原有冷战平衡格局一极的崩解，并不意味着另一极的最终胜利，而往往意味着文明体系化的不断革新。我们已经从全球史和世界文明体系的视角，分析了近现代西方文明从新教伦理的个体自由主义出发，历经英国革命、美国革命、法国革命和俄国革命，开创出以民族国家文明体系为载体，以人类平等与自由发展为指向的两条"世界主义"道路：资本主义文明道路和社会主义文明道路。同时，也指出存在着异化的"世界主义"，即"种族国家"和法西斯主义的"世界霸权"道路。

在冷战"核恐怖平衡"建立之后，原有的热战革命道路无法继续，文明体系之间的对立冲突，更多地转变为文明体内部的"自我继续革命"和思想清洗，当此种背景下的"民族国家"和"世界主义"想象失去理性主义支撑，更多地转变成为非理性情绪和霸权统治之时，无论是社会主义体系还是资本主义体系，都开始进入自身裂解的周期。在民族国家世界文明体系中，这个周期表现为 20 世纪 60 年代的各种"自我继续革命"的发展以及各种体系化崩解。

其中，苏联背离了社会主义文明的"平等和消灭阶级差异"本质，依托其自身的历史轨迹，不断自我裂解，走上了文明堕落和谋求世界霸权的道路，最终解体。

而以美国为首的资本主义文明体系，同样也面临文明的堕落和自我裂解的困境。

如前所述，从新教伦理到资本主义个体自由精神，是西方理性一神教文明发展的近现代表现，但当这种个体自由发展到所谓"非理性"哲学和尼采"超人"哲学阶段时，则每个人的自由背离了与"上帝"立约的理性契约状态，背离了"天赋人权"的理性精神内核，形成了"人人

自以为神"的"众神狂欢"姿态。实际上,这是理性一神教向原始多神崇拜的某种历史复归。希特勒的上台,在某种程度上,就是这种非理性"超人崇拜"融合民族复仇情绪的"集体欢腾"式后果。但是,"超人崇拜"及其非理性释放并不是只有"集体欢腾"式这一种模式,全民的"娱乐至死"与"自我狂欢",同样是以"自我为神"的僭越体现。

在美国,这种原始多神崇拜逐步消融了20世纪60年代以来"黑人民权"运动的内在合法性,从"人人平等"走向了"众神狂欢"。各种极致政治正确的"LGBT平权运动",实际上具有某种将个体自由固化为"人人自以为神"的非理性取向,但由于其中包含"黑人民权"的历史合法性,有"向被奴役几百年的非洲裔还债"的意味,使得真正的反思很难深入进行,只能以"黑白"对抗和极端平权的模式继续展开。在某种程度上,这也是特朗普上台以及美国日益分裂的历史渊源和思想背景,每一种文明的发展都无法脱离自身的历史文化路径设定,必须为自身的历史还债。

二、美国式"自我继续革命"与"社会分裂"的具体历史路径:黑白对立

如前所言,美国革命是一个民族国家世界文明体系内部海洋法理道路的不断展开过程,大概可以分为18世纪下半叶的独立战争、19世纪60年代的南北战争及20世纪60年代的民权运动等,这场横跨3个世纪的思想和政治革命,对整个民族国家世界文明体系具有极大的影响。

美国独立战争和南北战争,是民族国家世界文明体系"冷战平衡"之前的思想革命;而20世纪60年代的民权运动,则已经进入世界范围内的文明体系内部"自我继续革命"的阶段,在某种程度上,这种资产阶级内部的"自我清洗",当其日益发展至极端状态时,就背离了其理性主义的初衷。

众所周知,美国的宪法建立在七个基本原则之上:人民主权、共和制、联邦制、三权分立、制约与均衡、有限政府、个人权利。

其中权力制衡、间接民主和个体主义是重点,是由所谓古典共和走向自由共和的关键。共和政体是一种混合均衡政体,西方政治思想家认为共和政体混合了多种政体的优点,能够摆脱"由王政到僭主政体,继

而到贵族政体、寡头政体，再到民主政体、暴民政体，最后到君主制"这样一个可悲的循环。人们希望这样的政体可以最大限度地融合各阶层的利益，人民得以通过直接民主共享政治权力。

古典共和由公民美德维系，强调公民的公益心和公民义务，其美德是集体本位的美德。其期望中的实践是反推过来的：公民具有公共美德，积极参与城邦政治，共享政治权力，实现大多数人的利益，从而共和永存。然而，这样的一个金字塔，它的基石——公共美德，是十分脆弱而经不起考验的。最终的结局往往和多数人的暴政、效率低下、正义缺失、缺乏对多元的宽容等不美妙的词语联系起来。

为了克服古典共和的悲剧走向，联邦党人设计了一套相互制衡的权力原则。在权力结构上，联邦政府和州政府相互制约；在政府内部，引入启蒙思想家的立法、行政、司法（鉴于司法的弱势地位和重要地位，联邦党人尤其强调司法的独立）三权分立；在社会层面上，国家和人民相互制约，人民监督国家行为，国家规范个人行为。这就避免了"一切权力合而为一"的可怕后果。这是开国先贤们所做的第一个改进：对"公权力"进行约束。相对于直接民主，联邦党人更偏爱间接民主，或者说是一种精英主义的审议性民主。原因涉及普通民众缺乏审议公共政策的相关知识经验和条件环境，美国幅员辽阔难以让每个人都直接参与决策中去等。虽然美国在表面上看是少数人的统治，但是其合法性来源于多数民众的同意。"它是来自社会上的大多数人，而不是小部分人，或者社会上某个幸运阶级；否则少数暴虐的贵族通过他们所代表的权力进行压迫，有可能钻入共和者的行列，并且为他们的政府要求共和国的光荣称号。"这是宪法之父们所做的第二个改进：削弱人民的权力（当然是相对古典共和中的直接民主而言），使之和国家权力达到均衡。

古典的公共美德是一种一元化的价值追求，在"小国寡民"的城邦中还有可能实现，但美国地域广大，不同的经济生活、政治传统、宗教信仰、文化取向则要求多元化，维系古典共和的"美德"很难在美国的土壤里生根发芽。"古代政治制度与美国政府的真正区别，在于美国政府中完全排除作为集体身份存在的人民。"①

---

① 汉密尔顿、杰伊、麦迪逊著，程逢如译：《联邦党人文集》，北京：商务印书馆，1980年版。

在这个意义上，美式民主总体而言是理性主义个体如何形成精英群体和总统决策的体制。这种体制既反对国王的暴政，也反对少数人的暴政，更反对多数人的暴政。如果失去了理性主义个体和间接民主精英决策，则民主就会变成非理性的个体主义的明星追捧式治理以及多数暴政的状态。

特朗普被选举为总统的过程，在某种程度上就验证了此种民主体制走向非理性状态的过程，这个过程并不是凭空出现的，而在一定程度上依托着"黑白对立"的人权斗争线索。

由于美国是个移民国家，尤其黑白移民代表着欧洲传统和非洲传统在美洲的重新融合，使得这种"个人自由权利如何在民主体制中保持理性状态"的革命路径及其"自我继续革命"，深具种族对立的特色。

也是在这个意义上，从历史的路径而言，我们可以以"黑白对立"为基本线索来分析美国民主在独立战争—南北战争—人权运动这一过程中包含的"自我继续革命"和非理性主义因素。

美国独立战争时期（1775—1783年），黑人们已经被当作奴隶奴役了300余年，而深具"自由平等"精神实质的"独立宣言"，更多的是白人移民精英化"新教伦理"的延续。体现在联邦宪法里，就是《联邦党人文集》中的"为什么奴隶在收税的时候算一人，投票的时候算五分之三人？"等问题，黑人并没有自由选举权，只是在计算税收和选举人票时需要作为一个人数群体加以对待。

到了南北战争时期（1861—1865年），由于工业化发展的需要，把黑人从种植园奴隶变成自由劳动力成为某种必需，以此为基础，才有了解放黑奴的运动。战争之初，北方为了维护国家统一而战，后来，逐渐演变为一场消灭奴隶制的革命战争。其中的内在逻辑，除开美国政治革命的理路及其演进之外，在"黑白对立"的意义上，重点是"工业革命"需要解放自由劳动力。经过这场战争，美国实现政治制度和经济发展意义上的真正统一。

民权运动（20世纪50—70年代）代表着美国黑人反对种族歧视和种族压迫，争取政治经济和社会平等权利的运动达到了"自我继续革命"时代的高峰。1954年美国联邦最高法院判定教育委员会种族隔离的学校违法，1955年亚拉巴马州蒙哥马利市，黑人公民以全面罢乘来反对公车上的黑白隔离措施，1963年华盛顿的林肯纪念馆广场聚集25万名群众反种族隔离，美国民权运动领袖马丁·路德·金博士发表的著名的演说《我有一个梦想》为民权运动的思想象征，民权运动逐渐深入妇女及各种少数族裔。

从世界文明体系的视角，我们可以发现"黑白对立"及其发展线索的两面性：一方面，"黑白对立及其不断和解"包含英美道路内核"个体权利"及其理性化表达的必然趋势，逐渐走向真正的"人人平等"；另一方面，当世界文明体系由"冷战平衡"转变为"自我继续革命"时期，这种来自白人精英移民的"理性主义个体的自由"，被泛化为"非理性的个体自由"，每个人的"自我神话"，尤其是来自非洲的多神教传统，逐渐侵袭了盎格鲁-撒克逊传统意义上的"新教伦理"精神，成为美国"自我继续革命"非理性主义的渊薮。① 当"种族和少数族裔的平等政治正确"发展到极端状态，就不可避免地破坏了美国民主体制中的理性平衡和权力制衡的思想基础（特朗普通过煽动"黑白对立"，获取大多数"红脖子"白人的支持，实质上是以同样的非理性情绪对抗这种极端的"政治正确"）。

可见，美国式的"自我继续革命"，同样包含非理性的"自我清洗"，是资本主义文明体系内部失衡的表现，由"黑白对立"发展出来的非理性"政治正确"极端情绪，已经逐渐破坏了美国民主体制的理性精神内核，有可能转化为多数人非理性情绪的暴政体制。

在此基础上，我们也能看到美国逐渐走向以"美国优先"的世界霸权路线，这种民族国家路线的异化，需要全世界加以警惕和制衡。

---

① 试以美国本土化的宗教"大觉醒运动"（The Great Awakening）来分析理性化的新教传统如何变得非理性化。众所周知，北美殖民地是在欧洲各国一系列海外扩张和殖民活动下形成的，因此形成许多教派，但都被英格兰国教的官方教会看作异端邪教并加以排斥和迫害。这样就引发了为争取宗教信仰自由的复兴运动，即18世纪开始的"大觉醒运动"。"大觉醒运动"的直接影响体现在1790—1830年礼拜者组织的宗教活动——野营会。礼拜者多是来自社会底层的黑人和白人信徒，他们带着野营用的生活用品来到野外的树林，进行4~7天的宗教仪式。该仪式通常包括牧师讲道、祈祷和唱颂歌，每场有成千上万名教徒参加。早期的野营会规模较大，嘈杂且混乱。最著名的一次野营会是莱克星顿东北部举行的，持续6天，参加人数在1万~2.5万，礼拜者昼夜祈祷、呼喊、演唱宗教歌曲，一种奇特、超自然的力量弥漫在所有礼拜者的思想中。

实际上，依托此种宗教大觉醒运动，来自非洲裔黑人的多神教非理性体验融入了美国新教传统，形成了诸如"黑人灵歌"、福音、摇滚音乐节等一系列流行文化，将强烈的个体感情和身体节奏带入宗教生活并逐渐世俗化，以身体话语塑造了美国式个体自由和黑人平权等"政治正确"的极端化表达特征，并成为后续美国非理性思潮的重要来源之一。

总之，从世界文明体系的视角来看待苏联式和美国式"自我继续革命"的道路，可以发现冷战格局之后，社会主义文明体系和资本主义文明体系的对立逐步转变为每种文明体系"内部对立"和"自我清洗"的过程，虽然表现各有不同，但都自有其历史的路径依赖，其后果都是对文明体制及其理性化成果的破坏，需要我们以新的认知方式加以分析和面对。①

第三节　其他文明体系的内在困境和解决之道

冷战平衡格局的终结，实际上意味着民族国家世界文明体系开始进入下一个历史变化周期，而这种变化，难以脱离历史文化的路径依赖。苏联解体之后的俄罗斯在极力维护其"大国"姿态，甚至不惜在一定程度上借助"普京大帝"的个人崇拜和"神化"；而美国深陷"黑白"分化和由此引发的"极端平权"的各种政治正确路线之争。由此，俄罗斯重新建构了人道的、民主的社会可能，而美国的建制派也不断在立宪体制下迎接各种对立和挑战。在这个意义上，每一种文明都在"理性"与"非理性"的文明冲突意义上进行国家认同和世界认同的重整，这才是"文明冲突论"更真实的内涵。文明冲突不仅发生在各种文明的边界，而且发生在每种文明的内部。保持每种文明内部的理性姿态，并努力寻找"人类命运共同体"的可能，才是未来文明融合发展更应该思考和努力的方向，而不是简单地攻击其他文明的非理性状态。

事实上，每一种深具历史渊源的人类文明，都有其内在的理性与非理性可能。

一、伊斯兰文明中的民族国家"革命"与"继续革命"以及发展前途

众所周知，与世界上其他宗教文明一样，当下的伊斯兰文明存在着个别极端的非理性宗教思想，但值得注意的是，伊斯兰教内部的这种

---

① 欧盟的精神内核走向与美国具有某种同源性，只是没有那么严重的"黑白对立"，而是以宗教对立、种族对立、极端左右对立（含各种形式的新纳粹）为特征。

"极端化思潮"也只是其文明的极小部分。总体而言，伊斯兰文明同样在努力建构人类命运共同体大业，也同样面临民族国家世界文明体系建立及其后续发展中的诸多挑战。

如前所述，由西欧发展出来的民族国家世界文明体系，在某种程度上是基督教文明（尤其是新教伦理）在与当时强势横扫亚欧大陆腹地的伊斯兰文明竞争基础上发展起来的，在基督教文明日渐强大的过程中，代表着亚欧大陆法理某些特色的伊斯兰文明却日渐衰落，但这并不等于伊斯兰文明毫无社会变迁和应对。

事实上，近现代西方文明成为主流文明之前，伊斯兰文明是亚欧大陆最主流的一神教政教合一型文明，伊斯兰世界并立着奥斯曼、萨法维、莫卧儿三大帝国。

莫卧儿帝国结合了亚欧大陆近现代之前主流的伊斯兰教和蒙古帝国治理传统，并成为印度次大陆的上层社会结构，本书前面章节已有所介绍。

萨法维帝国又称波斯第三帝国，实际上承继着一神教早期模式琐罗亚斯德教的传统（伊斯兰教什叶派）。

奥斯曼帝国版图和影响最大，实际上继承了古罗马（尤其是东罗马）和伊斯兰教帝国的传统疆域和治理文明。

另一个具有历史文明传统的国家是沙特阿拉伯王国，在伊斯兰教原发地阿拉伯半岛上，继承了阿拉伯帝国的诸多传统。8世纪为阿拉伯帝国鼎盛时期，版图横跨欧、亚、非三大洲。11世纪开始衰落，16世纪为奥斯曼帝国所统治。19世纪英国侵入，当时分汉志和内志两部分。1924年内志酋长伊本·沙特兼并汉志，次年自称为国王。经过多年征战，终于统一了阿拉伯半岛，于1932年9月23日宣告建立沙特阿拉伯王国。

当以基督教文明为历史起点的民族国家世界文明体系强势崛起之时，伊斯兰文明也在寻找其近现代民族国家建构和发展道路，其中尤以伊朗、土耳其和沙特为代表。虽然同为环地中海一神教文明区，但伊斯兰教和基督教（尤其是新教）几乎是相互对立的文明镜像。面对以权力离散型的海洋文明为特征建立的民族和国家认同，以政教合一和大一统为特征的伊斯兰文明显得较难适应，其民族和国家认同只能艰难地回到政教合一的几个大帝国传统之中去寻找，但因为过于强大的"政教合一"传统而很难实现

"世俗化"转变,也很难在世俗化"世界主义"基础上融入资本主义或者社会主义阵营。由此导致所谓伊斯兰文明在近现代民族国家文明体系中的诸多"宗教—世俗"化对立和反复"革命"。

伊朗沿袭了波斯帝国几千年的大陆法理传统,在宗教上又主要偏于什叶派,相对而言容易建立起民族和国家认同。但即便如此,在其世俗化进程中仍然有所反复,尤其在二战之后,巴列维王朝的世俗化改革,于1979年被霍梅尼领导的"全盘伊斯兰化革命"推翻。伊朗在民族国家道路上的世俗化革命和反世俗"全盘伊斯兰化"革命,成为其民族国家"革命"和"继续革命"的特征。

土耳其靠西欧更近,其世俗化改革受到西方尤其是法国影响较大,奥斯曼帝国19世纪的现代化改革"坦齐马特改革"就以法国为样板。土耳其境内最早的世俗主义呼声也来自法国(土耳其语中世俗主义一词"laiklik"就是法语借词)。但直到土耳其共和国成立,世俗主义的观念都只是局限于少数西化的精英阶层中的一种"思想游戏",不可能为人民群众所接受。土耳其国父凯末尔几乎是以其一己之力,将世俗主义的观点在全国范围内普及,并大张旗鼓地推行世俗化改革。1924年凯末尔废除哈里发制度,将奥斯曼家族的最后一位哈里发驱逐出境时,他面对的不仅仅是国内的反对声音,甚至远至印度、巴基斯坦,都向凯末尔施加了强烈的舆论压力,要求凯末尔尊重哈里发制这一古老的伊斯兰传统。凯末尔进行世俗化改革时面临的阻力可想而知。

凯末尔式的"政教分离"也只能保持在一定范围内。在私生活领域,坚持任何人都有信教的自由;在公共领域,坚持宗教不应该影响政治的运行。在实际操作上,土耳其共和国的世俗主义政策确实有某种反伊斯兰教的倾向。比如关闭一切苏非教团的活动;比如禁止所有女性公职人员,包括公务员、教师、律师佩戴头巾,这项政策一度极端到禁止女学生戴头巾进入校门,禁止母亲戴头巾去学校接送孩子的地步;再比如凯末尔颁布法令禁止土耳其公民穿戴具有"明显伊斯兰特色的"服饰,如灯笼裤、菲兹帽等,因为凯末尔认为这些服饰"不符合现代文明的要求"。这些政策远远超过了世俗主义本身的要求,事实上已经干涉普通民众的宗教信仰方式,侵犯了保守穆斯林群众的宗教感情。因此,也就不难理解土耳其教俗矛盾尖锐了。

以此为背景，在军方和强人的世俗主义取向以及宗教传统之间，土耳其人民和几届领导人反复权衡，逐渐形成了某种"国民观念"和"国民共识"，即土耳其共和国必须坚持政教分离的世俗主义基本原则，但这并不意味着有伊斯兰倾向的政党无法上台执政，更不意味着世俗主义原则可以侵犯普通百姓的宗教信仰方式。同理，伊斯兰主义政党也不能过于极端化，强制推动宗教相关政策的实施。即便土耳其在建立民族国家的过程中保持了世俗主义和宗教主义的相对平衡，避免了伊朗式的"伊斯兰革命"回潮，但面对二战之后的"继续革命"潮流，为实现强大的民族和国家认同，逐渐发展出名义上融合伊斯兰宗教传统和历史传统的所谓"大突厥主义"，其影响利弊参半。

奥斯曼帝国统治沙特几百年，但阿拉伯人也在不断地反抗，后来在英国的入侵和"帮助"下，于1932年9月23日宣告建立沙特阿拉伯王国。沙特于1938年发现了石油，成为著名的石油出口国。沙特是君主制王国，禁止政党活动。无宪法，《古兰经》和穆罕默德的圣训是国家执法的依据。国王亦称"两个圣地（麦加和麦地那）的仆人"。国王行使最高行政权和司法权，有权任命、解散或改组内阁，有权立、废王储，有权批准和否决内阁会议决议及与外国签订的条约、协议。沙特是依附于传统的阿拉伯帝国和伊斯兰教建立的民族国家，实际上以石油工业为基础实行君主化统治。因此，除工业化之外，沙特在某种程度上并没有实现"世俗化"治理，一直沿袭着政教合一的传统，并一度成为伊斯兰文明保守派的象征。

总之，面对民族国家世界文明体系的崛起，伊斯兰文明也在威斯特伐利亚体系的影响下不断向着"世俗化"民族国家演进，但是由于其"政教合一"和"大一统"包袱过重，以伊朗、土耳其和沙特为代表的伊斯兰文明，虽然各自依托帝国和宗教传统完成民族国家建构，但其"世俗化"进程却难言成功。因其建国体制的某种特殊性，伊斯兰文明既没有完全加入资本主义阵营，也没有完全进入社会主义阵营，而成为两个阵营之间的某种中间地带。在二战之后的"继续革命"时代，伊斯兰世界在自我的"世俗化"和"宗教化"进程中不断反复。

在冷战格局解体之后，上述趋势仍在持续，一方面伊斯兰世界内部教派和世俗主义之间仍然争斗不休；另一方面，伊斯兰文明作为基督教文明（尤其是新教）的某种对立面，在欧洲人口减少需要输入劳动力的背景下，借助生育优势不断向西欧输出人口，在某种程度上可能成为改变未来世界文明体系化进程的关键性因素。①

二、如何看待二战后中国的"革命"与"继续革命"道路及未来发展

如前所述，中国的民族国家建构之路，充满着民族、国家、世界和天下体系的各种想象矛盾和路径冲突，其中最重要的冲突之一，是所谓儒家文明区历史路径中的"国家"与"社会"冲突，糅杂着各种文明的道路之争，深刻影响着中国的"革命"与"继续革命"道路。

在中国自明清以来的历史事件中深入分析"国家"与"社会"之争，则可以发现有两个特征。其一，传统国家（政府）在基本垄断海洋贸易利润的情况下政权比较稳固，而民间社会则主要通过不断向海洋的扩展（下南洋）去获取更多的利益。在某种意义上，这构成了更广泛时空意义上的新型"国家"与"社会"的平衡。其二，传统的国家与社会之争，主要表现为皇权、士绅权力和"人民"利益三者之间的动态平衡，无论是由国家主导还是由民间社会主导，当利益大都聚集于皇族和士绅阶层时，相伴随的土地兼并和农民破产就会导致政权动荡甚至是改朝换代。

如前文所述，孙中山所提出的"三民主义"主张，既有"驱除鞑虏，恢复中华"的历史内涵，也吸收了资本主义文明的新内容。在蒋介石背叛孙中山革命道路之后，中国共产党开始独立建立军队和革命根据地，最终成立社会主义性质的中华人民共和国。

当下，凭借此种更具人民性和包容性的文明传统，中国提出了"人类命运共同体"方针，以及"一带一路"倡议，在某种程度上，超越了国家和社会、资本主义和社会主义的旧意识形态之争，回到了文明本身内在的历史包容度和时代创新性，去回应当下的"世界"性问题。

---

① 伊斯兰国家在世俗化并不成功的背景下，却成功保持了较高生育率，而西欧发达国家在世俗化成功和妇女地位较高的状态下，生育率下降。这种文明的镜像式对立，部分说明了文明冲突以及互补的同在。从环地中海一神教的传统而言，其相互争斗和人口互补，有可能成为新的文明平衡趋势。

但是，其中同样存在着各种风险，尤其是中华文明与世界上以宗教为特色的其他文明之间的相互理解和包容问题，个别过度的民族主义情绪影响"人类命运共同体"的道路拓展等问题，需要我们深入研究。尤其在各大文明区都历经"非理性"思潮，西方文明中心面临内部自洽危机，逐渐走向"世界霸权"路线的背景下，如何坚持自身文明的理性和平发展方向，反对各种非理性和霸权路线，是中华文明应有的姿态。

▲ 本章小结

在冷战格局和核恐怖平衡背景下，文明冲突逐渐由世界性的热战，变成以经济竞争以及"和平演变"为主体的斗争，文明体系内部的平衡再造、"革命"和"继续革命"成为主流，文明之间的冲突，更多地转变为各文明内部的"理性与非理性"道路选择之争。此种模式的发展，每种文明体都自有其历史路径依赖，最终导致了社会主义体系中的东欧剧变和苏联解体，资本主义体系的核心美国也陷入"黑白对立"与"社会分裂"，伊斯兰文明的核心国家在世俗化和宗教化中反复，中华文明则在文明包容性基础上提出了"人类命运共同体"道路。[①] 相对而言，苏联解体之后，俄罗斯更多地复归传统治理；美国逐渐走向"非理性民主体制"和"世界霸权"；伊斯兰文明则在世俗化和宗教化之间反复；但从世界文明体系的角度来看，俄罗斯与美国有相互制衡之处，伊斯兰文明和新教文明传统同样互有某种对立和补充，构成未来世界文明体系平衡发展的可能。

中华儒家文明区则在自身"和而不同"文明传统上"与时俱进"，不断地调整自身文明的前进方向。从毛泽东时代对抗美苏"霸权主义"，在马克思主义中国化道路上寻找中国特色的社会主义发展方向和"第三世界"重新联结的道路，到邓小平时代秉持"实事求是"原则的"改革创新"，直至当今习近平新时代提出"人类命运共同体"方针与"一带一路"倡议，中华文明都保持着历史与当下融合的世界性文明姿态。

---

① 印度更多地回归了印度教中心主义，但某些宗教极端化和极端民族主义的融合取向令人担忧；欧盟从合作逐渐走向分离，英国脱欧，以及欧盟面对乌克兰等各种问题的冲击，都表现出其困境。但限于篇幅，分析不再展开。

总之，从融合全球史和世界文明体系的视角，我们对"人类发展观"所面临的"人类文明共同体"新时代进行了一番跨时空的考量。面对着民族国家世界文明体系进入下一个历史周期的转型时期，如何分析各大文明区内在的理性与非理性文明路径的表现和历史渊源，如何避免各个民族国家走向过度封闭的"种族国家"霸权道路，如何始终坚持各大文明的"世界主义"路线，寻找世界文明体系新的对立平衡之道，最终走向"人类命运共同体"的发展方向，是值得我们一直思考和探讨的议题。

附录
对世界文明体系全球史变迁过程的尝试性理论总结

"文明"是指人类社会的进步状态和理性社会体系。文明具有广义和狭义之分。广义的"文明"是指文化发展积极成果的总和，是良好的生活方式和精神风尚，表明物质文明、精神文明和政治文明达到较高的水平。狭义的文明是指与人类失序状态相对的理性化社会体系。

从社会学的角度而言，文明是指与人类失序状态相对的理性化的社会体系。

世界文明体系即具有世界主义文明指向的世界性文明互动体系及其互动机制。

从全球史的角度而言，世界文明体系的产生和发展大致可以分为三个阶段：① 产生于"轴心时代"——形成所谓亚欧大陆世界文明体系及其古代变迁规律；② 亚欧大陆世界文明体系自1500年代以后转变为民族国家世界文明体系，并最终建构冷战格局的过程及其规律；③ 民族国家世界文明体系在新的局势下逐步解体和重建的过程及规律。

一、世界文明体系第一阶段：产生于"轴心时代"——形成所谓亚欧大陆世界文明体系及其古代变迁规律

亚欧大陆世界文明体系在古代史主要表现为中心农业文明和边缘游牧文明的互动。

亚欧大陆世界文明体系内在的文明冲突与融合是其发展的动力机制，从文明的轴心突破时期，到整个亚欧大陆文明发展的古代阶段，其内在的动力主要是中心农业文明和边缘游牧文明的对立统一。伴随着人类历史逐渐从原始村社走向大型王国，再进一步成为大一统世界帝国，社会想象认同的规模也越来越大，亚欧大陆世界文明体系也不断向前演进。

也只有在个意义上，才能理解三大文明区都发展出自身关于"世界"的整体认知路径。旨在救赎本民族的犹太教发展成救赎"世界"所有人的基督教，以及古希腊哲学关于"世界本原"的思辨和探求；婆罗门教和印度教所关心的"创世神""轮回转世"对种姓制度的超越；儒家所关心的"天下秩序"等。本质上都是同一个"世界"，是亚欧大陆世界文明体系内在一致性的体现。

另外，亚欧大陆世界文明体系三大文明区内在的文明对立统一各有其特色。

其中，环地中海一神教文明区可以分为大陆和海洋两部分。大陆部分以一神宗教和律法为主，海洋部分以"逻各斯中心主义"的理性哲学思辨和法理为主，它们具有一种内在的一致性，即以"彼岸世界为此岸（现实）世界立法"。最终大陆部分走向了横跨亚欧非三大洲的大一统帝国模式，如波斯帝国、萨珊帝国、萨法维帝国、阿拉伯帝国、奥斯曼帝国等；阿拉伯半岛游牧民族融合犹太教、基督教等一神教传统，创立伊斯兰教，将一神教文明区大一统帝国模式发展至政教合一的高峰，到公元 1000 年左右，实现了对农耕世界近一半地区的占领。海洋部分的罗马帝国曾经尝试整合理性宗教和哲学法理两种"一神"文明传统，但这种整合并不是那么成功，罗马帝国最终分裂为两个部分，其中东罗马帝国走向大一统模式，而西罗马帝国亡于蛮族，成为亚欧大陆世界文明体系的边缘地带，在漫长的中世纪努力寻找新的文明发展方向。入世的平等法理，历经西欧中世纪宗教和世俗的诸多纷争，在发现新大陆、宗教改革和启蒙运动以后，才逐渐获得了成为世界文明主流的机会。在这个过程中，逐渐形成了带有大一统的大陆法理传统和西欧权力离散的海洋法理传统的差异。

印度次大陆文明区的轴心突破，以"以轮回消解和接纳外来统治秩序"为特色。婆罗门教本就是雅利安人入侵和印度本土原始崇拜融合的产物，安于当下的"轮回转世"思想和种姓制度，既可以散漫应对文明社会内在所需的秩序分化，又可以迎接外来大一统帝国的挑战。亚历山大大帝征服印度北部时期，给印度次大陆直接带来了一神教文明的挑战。从更长时期来看，佛教是亚欧大陆一神教文明和多神教文明交叉融合的反映。佛教主张众生平等和一神崇拜，印度孔雀王朝曾尝试开创以佛教为国教的本土化大一统模式，但最终失败。以婆罗门教为前身的印度教，通过"梵我合一"的"不二"学说，将众生平等的诉求转化为每个人都具有的追求"梵我合一"的平等权利，以"轮回转世"为最高目标消解了现实"种姓制度"带来的不平等感，更贴近印度次大陆的生存事实，最终成为印度次大陆的主要宗教思潮。以此为背景，印度次大陆一次又一次地应对了古代亚欧大陆其他文明区的挑战，如伊斯兰教兴起并入侵印度次大陆，以及蒙古帝国及其后裔建立的帝国文明，无论何种文明进入印度次大陆，印度教文明的底色从未真正变更。

而同样以脱离"轮回"为最高诉求却更注重众生平等的佛教则从印度次大陆出走，分为"藏传""南传""汉传"三支，对亚欧大陆其他文明区域产生重大影响。

东亚儒教（儒家）文明区则以"以阳儒阴法实现人伦秩序和天下治理"为特色。东亚的天下秩序观，是一种文明的差等秩序，既包含"农业文明"中心指向的儒家人本观念和"文明化"的自豪，又有对"游牧文明"指向的"军事化"和"野蛮化"的包容，还包含对周边朝贡国家的文明等级吸引，这一基本秩序原则贯穿整个东亚儒家文明区"一治一乱"的古代发展史。每一次的治乱相续，都意味着农业文明和游牧文明的冲突与融合到达一个新的高度。秦汉两个几乎相连的帝国确立了"阳儒阴法"的融合原则。到隋唐帝国，则将其拓展到周边地区，这种拓展不仅包括唐帝国同时统治两种文明区，既是农业文明区的"皇帝"，也是游牧文明区的"天可汗"，还包括唐帝国时期儒家文化对朝鲜、日本等周边国家的征服和文化输出。宋元帝国则分别将农业文明区和游牧文明区发展到了新的高度。其中宋朝对南方的开发，尤其对海上丝绸之路的开发，通过海洋与东南亚和印度洋甚至更远海域的关联，为日后迎接所谓"欧洲海洋文明"的到来打下了基础，开拓了"儒家文明区"的包容度。元朝则在辽、金的基础上，将融合农业文明的游牧帝国模式发展到极致，建立起几乎一统亚欧大陆的"大元"帝国。成吉思汗死后，蒙古帝国虽分裂为四大汗国，但已经围绕中心的"大元"帝国将亚欧大陆大一统帝国模式发展到"大陆帝国"的极致，拓展了"儒家文明区"的包容度，蒙古帝国的"长生天"与儒家"天下观"，有着某种合一的天下文明一体观念。"大元"帝国治下，以藏传佛教为国教，但对其他宗教几乎一视同仁，并尝试结合伊斯兰文明留下的大一统治理传统，对亚欧大陆各文明区皆有重大影响，如《马可·波罗游记》作为一种富庶东方话语对西欧的吸引，金帐汗国对俄国治理传统的改造，以及莫卧儿帝国对印度次大陆的统治，都是"大元"帝国对亚欧大陆世界文明体系留下的丰厚遗产。

综上所述，亚欧大陆世界文明体系及其三大文明区域，虽然各自有不同的"轴心突破"理性化路径，但其内在动力机制都是不同类型文明的对立统一。在整个古代历史时期，中心农业文明与边缘游牧文明不断冲突与融合的互动过程，促使三大文明将大一统帝国治理模式发展到各自区域的高峰。其中一神教文明区伊斯兰教的兴起、东亚儒家文明区元帝国几乎一统亚欧大陆是其阳面，印度次大陆文明区最终接纳了各种外来统治、佛教出走，是其阴面。另外，环地中海文明区罗马帝国最终分裂，东罗马帝国走向大一统传统并融入政教合一的伊斯兰文明，西罗马帝国灭亡之后，西欧在漫长的中世纪成为亚欧大陆世界文明体系的边缘地带，寻找新的文明发展方向，是整个亚欧大陆古代历史的一种自然选择。

二、世界文明体系第二阶段：亚欧大陆世界文明体系自1500年代以后转变为民族国家世界文明体系，并最终建构冷战格局的过程及其规律

由传统中心农业文明和边缘游牧文明、大陆法理和海洋法理（法俄道路和英美道路）对立所发展出来的资本主义文明和社会主义文明体系化对立是亚欧大陆世界文明体系的动力机制。

在这个过程中，我们应该注意到亚欧大陆原有文明体系，在"轴心突破"时期就已经内含的"世界主义"历史因素。如一神教文明从犹太教只"救赎"本民族扩展到基督教（伊斯兰教）对世界上所有人的平等"救赎"；印度教以"轮回"转世的态度"消解"了此世种姓制度的不平等意义，事实上构建了一个以"轮回"为核心的平等精神世界；儒家"天下观"也包含一个以"修齐治平"为内核的文明世界。只是在亚欧大陆农业文明和游牧文明相互竞争和彼此融合的背景下，原有的世界文明体系逐渐发展出以"大一统帝国"为主流的大陆法理传统，而"罗马帝国"分裂之后的欧洲本就处于原有文明体系的"边缘地带"，并在蛮族入侵的背景下融合亚欧大陆传统，生发出欧洲内部的"英法道路"分野。其中法国道路更倾向于大一统的大陆法理传统，而英国道路则更倾向于权力离散的海洋法理传统。

作为亚欧大陆世界文明体系"边缘地带"的欧洲，在"发现"新大陆并输入大量资源之后，开始了从文明"边缘"向"中心"逆袭的过程。在这个过程中，经历了西班牙和葡萄牙的征服殖民阶段、商业殖民阶段之后，欧洲才进入以英法为主的开发殖民阶段，并在新教伦理和个体主义基础上，逐渐生长出"人人平等"（既包括资本主义文明体系的个体平等，也包括社会主义文明体系消灭阶级的人人平等）的民族国家世界文明体系。

可见，民族国家世界文明体系的建立和渐次传播是一个全球的历史过程，在这个意义上，没有一个个独立的相互隔绝的"民族国家"产生的过程。在欧洲相对分散的人种、语言和权力等各种因素基础上，宗教改革和民族认同、国家形成是一个复合的现象，大体可以分为两个阶段：以"三十年战争"和《威斯特伐利亚和约》的签订为标志，意味着"民族国家欧洲体系"的形成；以英美革命、法国革命、俄国革命、七年战争、一战、二战为标识，意味着以"英法道路"分野为历史渊源的资本主义和社会主义文明体系的形成，民族国家世界文明体系进入冷战平衡格局的状态。

在新的民族国家世界文明体系格局之中，我们应该注意到资本主义文明和社会主义文明体系化对立，是一种文明体系化的进程。从历史和思想渊源而言，其实质是基于亚欧大陆传统的中心农业文明与边缘游牧文明对立和以此为基础的"大一统帝国"与欧洲"权力离散"的对立，以及英法道路分野中的大陆法理和海洋法理对立等文明体系化对立的综合反映。但无论如何，资本主义文明所秉持的"天赋人权，人人平等"、社会主义文明所秉持的"消灭阶级和人类彻底平等解放"文明取向，是民族国家世界文明体系能够联合成为反法西斯同盟，最终战胜"种族主义""大国沙文主义"等源于"殖民掠夺"的非理性野蛮化"种族国家霸权"路线的根本原因。

三、世界文明体系第三阶段：民族国家世界文明体系在新的局势下逐步解体和重建的过程及规律

这一阶段的动力机制由资本主义与社会主义的体系化对立和世界性热战转变为各种大型文明及其核心国家内部的理性与非理性文明元素之

争，在此基础上，世界文明体系面临新的挑战和机遇。

随着冷战格局的确立，"核恐怖平衡"使得热战退出世界性争斗的历史舞台，文明体系之间的争斗逐渐转变为"文化渗透"以及"和平演变"。以此为背景，对外输出革命也逐渐转变为内部的"自我继续革命"，如何在新的形势下保持"民族国家"和"世界主义"想象的统一性，成为每一个文明体系内部争斗的关键，而这种"自我继续革命"和"自我清洗"，在不同文明内部沿着不同历史路径展开。每一种大型文明及其核心国家都在"理性"与"非理性"的文明冲突意义上进行国家认同和世界认同的调整，这才是"文明冲突论"在新时代更真实的内涵。文明冲突不仅发生在各种文明的边界，还发生在每一种文明的内部。

在这个意义上，东欧剧变的过程，既是冷战"体系失衡"的过程，也是其"自我持续革命"和"自我清洗模式"的失衡过程，苏联逐渐蜕化为体系化的世界霸权，是其解体的最终原因。

以美国为首的资本主义文明体系，同样面临文明的堕落和解体困境。如前所述，从新教伦理到资本主义个体自由精神，是西方理性一神教文明发展的近现代表现，但当这种个体自由发展到所谓"非理性"哲学和尼采"超人"哲学阶段时，每个人的自由就背离了与"上帝"立约的理性契约状态，背离了"天赋人权"的理性精神内核，形成了"人人自以为神"的"众神狂欢"姿态。实际上，这是理性一神教向原始多神崇拜的某种历史复归。希特勒的上台，在某种程度上，就是这种非理性"超人崇拜"融合民族复仇情绪的"集体欢腾"式后果。但是，"超人崇拜"及其非理性释放并不是只有"集体欢腾"式这一种模式，全民的"娱乐至死"与"自我狂欢"，同样是以"自我为神"的僭越体现。在美国，这种原始多神崇拜逐步消融了20世纪60年代以来"黑人民权"运动的内在合法性，从"人人平等"走向了"众神狂欢"。更重要的是，美国希望在苏联解体之后维持其单边世界霸权，奉行"美国优先"的政策，并极力输出各种极端"政治正确"的"人权"思想，使其成为新型"世界主义"话语，这具有极强的侵蚀性。

另外，我们应该注意到，虽然冷战格局已经基本解体，但俄罗斯和以美国为首的北约的相互渗透和对立，并没有完全消失。在这个意义上，世界文明体系的新的对立平衡仍在旧体系的基础上延续。

其他大型文明体系及其核心国家，如伊斯兰国家也不例外。在二战之后的"继续革命"时代，伊斯兰世界在自我的"世俗化"和"宗教化"进程中不断反复。欧盟的思想状态与美国有类似之处，体系化联盟也面临逐步崩解，如英国脱欧，各种极端自由化和新纳粹思想流行，只是其与伊斯兰世界的文明冲突以及人口补充同时存在，显出老欧洲与中亚固有的体系化关联。

同样，我们也应该注意到英国脱欧以后，欧洲逐步回归旧有大陆法理和海洋法理对立的体系化路径，乌克兰危机只是其外化表现形式之一。

印度则在逐步回归印度教以"轮回"为中心的文明认同与世俗化的国家认同之间摇摆，同样面临宗教极端思潮的冲击，其追求世俗化成功国家的目标与印度教文明内核有着某种天然的矛盾之处，事实上也是一种天然的自我约束与平衡。另外，印度也受到其他体系化制衡，如伊斯兰教和巴基斯坦国家的存在。

在新的局势下，中华文明同样有着自身内部的"国家"与"社会"道路困境，承担着"继续革命"及其扩大化的某些后果。但总体而言，中华文明的主流是在自身"和而不同"文明传统上"与时俱进"，不断地调整自身文明的前进方向。从毛泽东时代对抗美苏"霸权主义"，在马克思主义中国化道路上寻找中国特色的社会主义发展方向和"第三世界"重新联结的道路，到邓小平时代秉持"实事求是"原则的"改革创新"，直至当今习近平新时代提出"一带一路"倡议，中华文明都保持着历史与当下融合的世界性文明姿态，为形成"人类命运共同体"而努力奋斗。

可见，就世界文明体系的视角而论，文明的发展并不是铁板一块，而存在着体系化的对立统一，这种对立统一称为文明冲突、融合及其辩证发展的动力机制。从这种马克思主义辩证唯物论的视角，我们可以发现世界文明体系从古典"轴心时代"的中心农业文明与边缘游牧文明的对立，到民族国家时代的资本主义与社会主义体系化的对立，直至冷战格局解体之后各种文明内部的理性与非理性元素的冲突与调整，以及突破社会主义与资本主义体系化的对立之后，对更古老的文明对立体系的复归和相互依存。

无论如何，保持世界文明体系的"世界主义"取向，是这个时代避免各种"民族主义"和"国家主义"霸权趋向的良好解毒剂。而回溯每种文明体的历史线索，尽可能保持长时期的认知视角去分析每种"文明"元素的理性与非理性变迁，是避免文明自我遮蔽和固化甚至走向极端非理性状态的认知武器。

从世界文明体系的全球史认知出发，以世界主义和体系化的空间视角化解各种极端民族和国家"霸权"取向，从全球史的时间视角避免对各种文明体内在理性与非理性的固化解读，是本书希望能够传递的基本观点。

总之，从全球史和世界文明体系的视角，从超越单一民族国家和单一历史时期的视角，理解"轴心时代"到当下——亚欧大陆世界文明体系到民族国家世界文明体系的转变及其后续发展，可以避免"西方中心论"的偏见，也可以避免滑入与"西方中心论"刻意对立的某些"东方中心论"。

世界文明的体系化由来已久，自"轴心时代"开始就有其体系化基本规律，将"发展"看作世界文明体系化的演进，理解所谓1500年代以来的近现代发展，只是亚欧大陆世界文明体系扩展为全球民族国家世界文明体系的过程，所建立的资本主义与社会主义的体系化对立及其崩解，以及继续演进，自有其历史路径依赖。由此可以基本避免人类发展观的"西方中心主义"，也避免陷入其他各种多有误区的"东方中心主义"。

将"现代化"看作从世界文明体系边缘地带逐渐成长为文明中心地带的过程，既是以民族国家为载体的世界文明体系逐渐成型和扩展到全球的过程，也是这个体系逐步崩解以及所谓现代化过时和崩解的过程。加入了全球史的时间轴之后，就理解了所谓现代化的实现，也理解了所谓现代化的过时，尤其是理解了某些具有先进性的现代化理性文明要素随着时间的推移，逐步演变为非理性的文明要素。如美国的"人权、平等"如何逐渐融入非理性情绪成为极端的"政治正确"；如新教伦理的个体自由如何转变为多神教的"众神狂欢"，等等。回归到体系化的对立平衡视角，来看待各种现代化之后的文明对立和冲突及其新的发展可能。

统而言之，从世界文明体系整体的空间角度，可以看到各种文明体的对立，也可以看到各种文明体的互动和融合，还可以看到其体系依赖和演进的可能；从全球史的时间角度，可以看到现代化文明的理性与非理性之间微妙的平衡、嬗变和失衡。保持"和而不同"的文明姿态，为人类命运共同体添砖加瓦，是我们给岁月以文明的某种必然选择。①

---

① 再次强调，由于本书涉及世界文明体系和全球史知识驳杂，本人学识有限，很多资料都来源于书本和网络，可能良莠不齐，挂一漏万，错漏百出，责任全在编著者本人。

参考文献

[1][以]S.N. 艾森斯塔德. 现代化：抗拒与变迁[M]. 张旅平, 沈原, 陈育国, 等译. 北京：中国人民大学出版社, 1988.

[2][美]伊曼纽尔·沃勒斯坦. 现代世界体系（第一卷）[M]. 罗荣渠, 等译. 北京：高等教育出版社, 1998.

[3][美]塞缪尔·亨廷顿. 文明的冲突与世界秩序的重建[M]. 周琪, 刘绯, 张立平, 等译. 北京：新华出版社, 1998.

[4][德]卡尔·雅斯贝尔斯. 论历史的起源与目标[M]. 李雪涛, 译. 上海：华东师范大学出版社, 2018.

[5]吴忠民, 江立华. 发展社会学[M]. 北京：中国人民大学出版社, 2021.

[6]张琢. 国外发展理论研究[M]. 北京：人民出版社, 1992.

[7]罗荣渠. 现代化新论——世界与中国的现代化进程[M]. 北京：北京大学出版社, 1993.

[8][德]贡德·弗兰克. 白银资本：重视经济全球化中的东方[M]. 刘北成, 译. 北京：中央编译出版社, 2001.

[9][美]斯塔夫里阿诺斯. 全球通史：从史前到21世纪（第7版）[M]. 吴象婴, 梁赤民, 董书慧, 等译. 北京：北京大学出版社, 2005.

[10][美]威廉·麦克尼尔. 世界史：从史前到21世纪全球文明的互动[M]. 施诚, 赵婧, 译. 北京：中信出版社, 2013.

[11] [美] 杰里·本特利, 赫伯特·齐格勒. 新全球史（第五版）: 文明的传承与交流（1750 年至今）[M]. 魏凤莲, 译. 北京: 北京大学出版社, 2014.

[12] 马克垚. 世界文明史 [M]. 2 版. 北京: 北京大学出版社, 2016.

[13] 吴于廑, 齐世荣. 世界史: 古代史编（上卷）[M]. 北京: 高等教育出版社, 2011.

[14] [英] 诺曼·戴维斯. 欧洲史 [M]. 刘北成, 郭方, 等译. 北京: 中信出版集团, 2021.

[15] [澳] 约翰·赫斯特. 你一定爱读的极简欧洲史 [M]. 席玉苹, 译. 桂林: 广西师范大学出版社, 2011.

[16] [以] 尤瓦尔·赫拉利. 人类简史: 从动物到上帝 [M]. 林俊宏, 译. 北京: 中信出版社, 2014.

[17] [法] 乔治·维加埃罗, 等. 身体的历史（卷一）[M]. 张竝, 赵济鸿, 译. 上海: 华东师范大学出版社, 2019.

[18] [美] 彭慕兰, 史蒂文·托皮克. 贸易打造的世界——1400 年至今的社会、文化与世界经济 [M]. 黄中宪, 吴莉苇, 译. 上海: 上海人民出版社, 2018.

[19] [日] 杉山正明. 蒙古帝国的兴亡（上下）: 军事扩张的时代·世界经营的时代 [M]. 孙越, 译. 北京: 社会科学文献出版社, 2015.

[20] [日] 羽田正. 东印度公司与亚洲之海 [M]. 毕世鸿, 李秋艳, 译. 北京: 北京日报出版社, 2019.

[21] [法] 勒内·格鲁塞. 草原帝国 [M]. 蓝琪, 译. 北京: 商务印书馆, 1998.

[22] 沈卫荣. 大元史与新清史 [M]. 上海: 上海古籍出版社, 2019.

[23] 李华瑞. "唐宋变革"论的由来与发展 [M]. 天津: 天津古籍出版社, 2010.

[24] [美] 本尼迪克特·安德森. 想象的共同体: 民族主义的起源与散布 [M]. 吴叡人, 译. 上海: 上海人民出版社, 2016.

[25] [英] 安东尼·吉登斯. 民族-国家与暴力 [M]. 胡宗泽, 等译. 北京: 生活·读书·新知三联书店, 1998.

[26]［法］米歇尔·福柯.疯癫与文明：理性时代的疯癫史［M］.刘北成，杨远婴，译.北京：生活·读书·新知三联书店，1999.

[27]［美］刘易斯·M.霍普费，马克·R.伍德沃德.世界宗教（第11版）［M］.辛岩，译.北京：北京联合出版公司，2018.

[28]［法］卢梭.社会契约论［M］.2版.何兆武，译.北京：商务印书馆，1980.

[29]［法］托克维尔.论美国的民主［M］.董果良，译.北京：商务印书馆，1988.

[30]［法］托克维尔.旧制度与大革命［M］.冯棠，译.北京：商务印书馆，1992.

[31]［德］马克斯·韦伯.宗教社会学·宗教与世界［M］.康乐，简惠美，译.桂林：广西师范大学出版社，2011.

[32]苏国勋.理性化及其限制［M］.北京：商务印书馆，2016.

[33]赵汀阳.天下体系：世界制度哲学导论［M］.北京：中国人民大学出版社，2011.